Pesquisas em Contabilidade, Controladoria e Finanças

VOL. 2

Conselho Editorial

FERNANDO DE ALMEIDA SANTOS
JOSÉ CARLOS MARION
ROBERTA CRISTINA DA SILVA
ORGANIZADORES

Pesquisas em Contabilidade, Controladoria e Finanças

VOL. 2

MATRIOSKA
EDITORA

Publisher – Editorial: Luciana Félix
Publisher – Comercial: Patrícia Melo
Copidesque e preparação de texto: Ana C. Moura
Revisão: Equipe Matrioska Editora
Editoração e capa: Marcelo Correia da Silva

Matrioska Editora
Atendimento e venda direta ao leitor:
www.matrioskaeditora.com.br
contato@matrioskaeditora.com.br
facebook.com/matrioskaeditora
instagram.com/matrioskaeditora

Dados Internacionais de Catalogação na Publicação (CIP)
(Câmara Brasileira do Livro, SP, Brasil)

Pesquisas em contabilidade, controladoria e finanças : vol. 2 / organização Fernando de Almeida Santos, José Carlos Marion, Roberta Cristina da Silva. -- São Paulo, SP : Matrioska Editora, 2022.

Vários autores.
Bibliografia.
ISBN 978-65-86985-64-1

1. Contabilidade 2. Controladoria 3. Finanças I. Santos, Fernando de Almeida. II. Marion, José Carlos. III. Silva, Roberta Cristina da.

22-114283 CDD-330

Índices para catálogo sistemático:

1. Economia 330

Eliete Marques da Silva - Bibliotecária - CRB-8/9380

Impresso no Brasil
2022

Plano de Incentivo à Pesquisa

PIPEq

PUC-SP

SAPIENTIA

ET AVGEBITVR SCIENTIA

PUC-SP

Plano de Incentivo à Pesquisa – PIPEq
Pontifícia Universidade Católica de São Paulo

Agradecemos à PUC-SP pelo apoio, destacando-se a Reitoria e a Pró-Reitoria que incentivam o PIPEq. Também agradecemos os Alunos e Docentes do Mestrado de Ciências Contábeis, que muito contribuíram para a elaboração deste livro.

Fernando de Almeida Santos
José Carlos Marion
Roberta Cristina da Silva

Os autores

Alcidis Ferreira da Costa
Graduado em Ciências Contábeis pela PUC-SP, MBA em Controladoria Auditoria e finanças pela FGV, mestrando em Ciências Contábeis, Controladoria e Fianças pela PUC-SP. Atualmente é controller numa multinacional de e-commerce. Email: Alcidis.ferreira@gmail.com

Alexandre Franco de Godoi
Doutor em Administração (Finanças) pelo Programa de Estudos Pós-Graduados em Administração da Pontifícia Universidade Católica de São Paulo (PUC/SP). Integrante do Núcleo de Estudos em Administração e Finanças. E-mail para contato: godoi_franco@outlook.com

Alexandre Fernandes Andrade
Advogado, Graduado em Direito pela UNAERP, Especializado em Direito Tributário pela EPD (Escola Paulista de Direito), Graduado em Ciências Contábeis pela UNIMES, mestrando em Ciências Contábeis, Controladoria e Finanças pela PUC-SP. Atualmente é sócio, consultor e advogado na empresa Pizzi Andrade Advogados. E-mail: alexandre.andrade@pizziandrade.com.br

Alexandre Moysés Vargas Nascimento
Mestre em Ciências Contábeis pela PUC-SP. MBA em Finanças Corporativas pela FGV-SP. Bacharel em Administração de Empresas pela PUC-SP. Superintendente de Melhoria Contínua e Riscos Corporativos na B3 (Brasil, Bolsa e Balcão). Colíder do BL4CK [B]^3 — Núcleo de Diversidade com Foco em Raça e Etnia. Associado ao Institute of Internal Auditors (IIA). Associado ao Association of Certified Fraud Examiners (ACFE). E-mail para contato: amoyses5@gmail.com

Carlos Vital Giordano

Pós-doutorando pelo PEPG Ciências Contábeis, Controladoria e Finanças da PUC-SP. Doutor em Ciências Sociais, mestre e graduado em administração, pela PUC-SP. Professor da pós-graduação e do MBA da Fundação Armando Álvares Penteado (FAAP) e professor do mestrado, da graduação e do MBA do Centro Paula Souza. Professor no mestrado profissional, ligado à Área de Concentração Educação e Trabalho. Consultor em empresas públicas e privadas, desenvolvendo projetos relacionados à Inteligência Artificial, Ciência dos Dados, Análises de Dados Corporativos, Gestão e Avaliação Educacional e Práticas Educacionais. E-mail para contato: giordanopaulasouza@yahoo.com.br

Cristiano dos Anjos Ribeiro

Possui Graduação em Administração pela Faculdades Integradas Tibiriçá (2007), possui MBA em Marketing pela PUC/SP (2010), é mestrando do curso de Ciências Contábeis pela PUC SP. Atualmente, é Gerente Comercial Sênior na Petz, possui 19 anos de experiência nas áreas Comercial e Compras, atuando com gestão de pessoas e desenvolvimento de categorias para Varejo e Atacado, com BIG, Makro e Walmart. E-mail para contato: cristiano.anjos.ribeiro@gmail.com

Denise Fabretti

Doutora e pesquisadora. Possui graduação, mestrado e doutorado em Direito pela Pontifícia Universidade Católica de São Paulo (1984, 1991, 2004, respectivamente). E-mail para contato: fabretti@pucsp.br

Elizabeth Borelli

Tem Pós-Doutorado em Ciências Sociais pela rede CLACSO e PUC/SP. Professora do Mestrado Profissional em Ciências Contábeis, Controladoria e Finanças da PUC/SP. Diretora da FEA (PUC/SP). E-mail para contato: eborelli@pucsp.br

Feliphe Ulisses Brito

Graduado em Ciências Contábeis pela PUC/SP (2012), é mestrando do curso de Ciências Contábeis também pela mesma instituição. Atualmente é Auditor-Chefe na Fundação CASA SP. Com vasta experiência no Terceiro Setor e suas áreas administrativa e de Gestão, já atuou como docente do Centro Paula Souza-SP e também atua como empresário prestador de serviços contábeis e consultoria em gestão. E-mail para contato: feliphe.ulisses.brito@gmail.com

Fernando de Almeida Santos
Doutor em Ciências Sociais pela Pontifícia Universidade Católica de São Paulo-PUC/SP. Coordenador do Mestrado Profissional em Ciências Contábeis, Controladoria e Finanças da Pontifícia Universidade Católica de São Paulo-PUC/SP. Pesquisador do NUPA do Centro Universitário ENIAC. Professor da FATEC-Osasco. E-mail para contato: fernando@fernandoasantos.com.br

Gustavo Adolfo Rubio-Rodríguez
Doctor en Ciencias Económicas y Administrativas (Universidad para la Cooperación Internacional – México). E-mail para contato: gustavo.rubio-r@uniminuto.edu.co

José Carlos Marion
Possui graduação em Ciências Econômicas (1973) e em Ciências Contábeis (1974), ambas pela Escola do Comércio Álvares Penteado, mestrado (1982) e doutorado (1987) em Controladoria e Contabilidade, ambos pela Universidade de São Paulo, livre docência pela FEA/USP (1990) e pós-doutorado pela Kansas University, no Kansas, EUA (1992). Atualmente é professor associado da Pontifícia Universidade Católica de São Paulo (PUC/SP), atuando principalmente nos seguintes temas: normas e práticas contábeis, contabilidade societária, metodologia do ensino de contabilidade e contabilidade internacional. Das atividades exercidas, foi docente e pesquisador do Departamento de Contabilidade da FEA/USP por 30 anos. E-mail para contato: jcmarion@usp.br

José Odálio dos Santos
Livre-Docente em Administração (Finanças) pela Faculdade de Economia, Administração e Contabilidade da Universidade de São Paulo (FEA/USP). Professor do Programa de Estudos Pós- Graduados em Administração

da Pontifícia Universidade Católica de São Paulo (PUC/SP). E-mail para contato: j.odalio@pucsp.br

José Roberto Securato

Professor Titular PUC SP e USP, professor, consultor e coordenador na FIA. Possui graduação em Engenharia de Operação Modalidade Mecânica pelo Centro Universitário da FEI (1969), graduação em Licenciatura e Bacharelado em Matemática pela PUC SP (1974), graduação, mestrado em Educação Matemática pela PUC SP (1979). Doutorado (1991) e Livre Docência (2000), em Adm. pela USP. E-mail para contato: jrsecurato@pucsp.br

Leandro Evangelista Poli

Mestrando em Ciências Contábeis, Controladoria e Finanças pela PUC-SP. Graduado em Ciências Atuariais pela PUC-SP e em Ciências Econômicas pela FAAP. Atua desde 1995 no mercado segurador, na área de atuariais e de subscrição. Email: lepoli@uol.com.br

Luiz Teruo Kawamoto Júnior

É professor do Instituto Federal de Educação, Ciência e Tecnologia de São Paulo (IFSP). Possui experiência em docência nos níveis técnico, graduação, especialização, mestrado e doutorado. É avaliador de cursos do INEP. Atuou em empresas nacionais e multinacionais. Tem experiência em gestão de clínicas de saúde e pós-doutorado em Engenharia Biomédica. Além disso, é doutor em Engenharia Biomédica; mestre em Tecnologia Ambiental; MBA em Tecnologia da Informação Aplicada à Gestão; Especialista em Informática na Saúde; Tecnólogo em Informática; e Bacharel em Administração. E-mail para contato: luizteruo@hotmail.com

Marcelo Eloy Fernandes

Possui dois Pós-Doutorados, sendo o primeiro no Programa de Ensino de Ciências e Matemática, e em Engenharia de Produção. É doutor em Engenharia de Produção, mestre em Administração e bacharel em Análise de Sistemas, Administração, Ciências Contábeis, Engenharia de Produção, Pedagogia, além de Tecnólogo em Gestão Pública. Tem

29 anos de experiência profissional nas áreas de sistemas integrados (ERP), gestão e arranjo de processos produtivos, auditoria de sistemas, da qualidade e modelagem de sistemas de informação para tomada de decisão em organizações nacionais e internacionais. E-mail para contato: marceloeloyfernandes@gmail.com

Michele Moraes Martins Oliveira
Atualmente é Mestranda em Ciências Contábeis, Controladoria e Finanças pela Pontifícia Universidade Católica de São Paulo. Advogada Graduada pela Universidade Salesiana de São Paulo (2008), Bacharel em Ciências Contábeis pela Pontifícia Universidade Católica de São Paulo (2018). Atua há mais de quinze anos na área tributária. E-mail para contato: michelemmoliveira@hotmail.com

Napoleão Verardi Galegale
Doutor em Controladoria e Contabilidade pela USP. Mestre em Engenharia de Produção pela mesma universidade. Graduado em Ciências Contábeis pela USP e graduado em Processamento de Dados pela FATEC São Paulo. Professor e pesquisador da PUC-SP e do Centro Paula Souza. Editor da Revista CAFI — Contabilidade, Atuária, Finanças & Informação. Líder do Grupo de Pesquisa em Gestão Estratégica da Tecnologia da Informação (CNPq). Consultor de empresas com experiência profissional nas áreas de Engenharia de Produção e Administração, com ênfase em tecnologia da informação. E-mail para contato: nvg@galegale.com.br

Neusa Maria Bastos Fernandes dos Santos
Professora Titular da PUC/SP. Doutora em Controladoria e Contabilidade pela USP. Mestre em Administração pela USP, Graduada em Administração pela USP. Pós-Doutoramento na McGill University (Canada) no Faculty Research Program Fellow. Fulbright Scholar (CIES-USA), na Ross Business School, University of Michigan, Ann Abor (UMI). Lider do Grupo de Pesquisa em Cultura, Governança e Desempenho Organizacional (CNPq). Emails para contato: admneusa@pucsp.br e admneusa@gmail.com

Ricardo Pereira Rios

Doutor em Educação: Currículo pela PUC/SP. Mestre em Ciências Contábeis e Atuariais pela PUC-SP. Pós-graduado em Gestão Empresarial pela UNINOVE/SP. Bacharel em Ciências Contábeis. Empresário Contábil. Professor. Autor e coautor de livros na área contábil. Colunista do portal contábeis. Delegado do CRC/SP. Diretor Acadêmico e Administrativo do Centro Universitário de São Roque. E-mail para contato: ricardopereirarios@gmail.com

Roberta Cristina da Silva

Doutoranda na Universidade de São Paulo pelo PROLAM-USP. Mestre em Ciências Contábeis e Atuariais pela Pontifícia Universidade Católica de São Paulo-PUC/SP. Especialista em Gestão Tributária pelas Faculdades Oswaldo Cruz e Especialista em Formação em EAD pela UNIP/SP. Professora na Universidade Paulista - UNIP/SP. Professora na Universidade São Judas Tadeu/SP. E-mail para contato: robertasilvact@gmail.com

SUMÁRIO

CAPÍTULO UM..........1
O Relato Integrado no setor de açúcar e álcool brasileiro: análise comparativa entre os relatos das empresas listadas na B3 2019-2020..........1
Resumo..........1
INTRODUÇÃO..........2
1.1 REFERENCIAL TEÓRICO..........3
1.1.1 A essencialidade do Relato Integrado para a divulgação das práticas sustentáveis..........4
1.1.2 O setor de açúcar e álcool brasileiro..........8
1.2 MÉTODO..........9
1.3 RESULTADOS E DISCUSSÕES..........11
CONSIDERAÇÕES FINAIS..........21
REFERÊNCIAS..........22

CAPÍTULO DOIS..........27
Contabilidade 4.0: um ensaio teórico sobre mudanças que afetarão a profissão contábil e o perfil do profissional da contabilidade..........27
Resumo..........27
INTRODUÇÃO..........28
2.1 ENSAIO TEÓRICO..........29
2.1.1 O avanço da globalização..........29
2.1.2 O avanço da tecnologia..........30
2.1.3 A harmonização às normas internacionais de contabilidade..........32
2.1.4 Cenário atual da profissão contábil..........35
2.1.5 O futuro da profissão e as mudanças necessárias para o novo perfil do profissional da contabilidade..........37
CONSIDERAÇÕES FINAIS..........45
REFERÊNCIAS..........46

CAPÍTULO TRÊS..........48
Antecedentes da aceitação e adoção da auditoria contínua pelos auditores internos..........48
Resumo..........48
INTRODUÇÃO..........49
3.1 REFERENCIAL TEÓRICO..........50
3.1.1 Auditoria Interna..........50
3.1.2 Auditoria Contínua (AC)..........52
3.1.3 Unified Theory of Acceptance and Use of Technology (UTAUT)..........54

3.1.4 Desenvolvimento das hipóteses e modelo teórico ... *55*
3.1.4.1 Expectativa de Desempenho (ED) ... *55*
3.1.4.2 Expectativa de Esforço (EE) ... *55*
3.1.4.3 Influência Social (IS) ... *56*
3.1.4.4 Condições Facilitadoras (CF) ... *56*
3.1.4.5 Influência da CF na EE ... *56*
3.2 METODOLOGIA ... **57**
3.3 RESULTADOS ... **60**
CONSIDERAÇÕES FINAIS ... **70**
REFERÊNCIAS ... **72**

CAPÍTULO QUATRO ... **76**
Fundos patrimoniais filantrópicos a partir da Lei nº 13.800/2019 e a captação de recurso por entidades do terceiro setor ... **76**
Resumo ... **76**
INTRODUÇÃO ... **77**
4.1 REFERENCIAL TEÓRICO ... **80**
4.1.1 Terceiro setor ... ***80***
4.1.2 Endowments ... ***82***
4.1.3 Captação de recursos e doações ... ***86***
4.2 METODOLOGIA ... **88**
4.3 RESULTADOS ... **89**
4.3.1.Governança ... ***89***
4.3.2 Arcabouço legal ... ***92***
4.3.3 A Lei nº 13.800/2019 ... ***93***
CONSIDERAÇÕES FINAIS ... **95**
REFERÊNCIAS ... **97**

CAPÍTULO CINCO ... **102**
A estrutura de capital é relevante para a rentabilidade dos bancos?: evidências empíricas nos maiores bancos brasileiros com papéis negociados na B3 ... **102**
Resumo ... **102**
INTRODUÇÃO ... **103**
5.1 REVISÃO TEÓRICA ... **106**
5.1.1 Principais aspectos da atividade dos bancos e de sua estrutura de capital ... ***106***
5.2 MÉTODOS DE PESQUISA ... **110**
5.3 RESULTADOS ... **115**
CONSIDERAÇÕES FINAIS ... **121**
REFERÊNCIAS ... **124**

CAPÍTULO SEIS ... **130**
Análise do benefício fiscal do ICMS nas empresas de *e-commerce* ... **130**

Resumo 130
INTRODUÇÃO 131
6.1 Referencial teórico 132
6.1.1 E-commerce no Brasil 132
6.1.2 Imposto sobre Circulação de Mercadorias e Prestação de Serviços (ICMS) 135
6.1.3 Incentivo fiscal do ICMS, guerra fiscal e empresas de E-commerce 135
6.1.4 Subvenção para investimento no IRPJ/CSLL e sua relação com os incentivos fiscais do ICMS 136
6.1.5 Análise econômico-financeira de empresas e modelos de previsão de falência 137
6.2 METODOLOGIA 138
6.2.1 Pesquisa qualitativa 138
6.3 RESULTADOS 140
6.3.1 Análise vertical e horizontal 140
6.3.2 Análise dos indicadores convencionais e do desempenho econômico 142
6.3.2.1 Via Varejo 142
6.3.2.2 Magazine Luiza 144
6.3.3 Modelos de previsão de falências 145
CONSIDERAÇÕES FINAIS 148
REFERÊNCIAS 150

CAPÍTULO SETE 152
Tributação de serviços na internet 152
Resumo 152
INTRODUÇÃO 153
7.1 A TRIBUTAÇÃO DE SERVIÇOS NA INTERNET 154
7.1.1 Serviços de Valor Adicionado 156
7.1.1.1 Conceitos técnicos e jurídicos que envolvem o serviço de streaming 157
7.1.1.2 Serviços dos provedores 158
7.1.1.3 Serviços de Valor Adicionado e Respectiva Tributação 158
7.1.2 Serviços de comunicação e telecomunicação 161
7.2 COMENTÁRIOS ACERCA DO SISTEMA NACIONAL DE TRIBUTAÇÃO 163
7.2.1 Princípio federativo 163
7.2.2 Sistema Tributário Nacional — competência tributária 165
7.2.3 Conceito de tributo 167
7.2.4 Bitributação e bis in idem 168
7.2.5 O Imposto sobre Circulação de Mercadorias 169
7.2.6 O Imposto Sobre Serviços 170
7.3 METODOLOGIA 172
7.4 MECANISMOS DE DEFESA DO CONTRIBUINTE, DECISÕES DO STF, REPERCUSSÃO GERAL E MODULAÇÃO DOS EFEITOS 172
7.4.1 Repercussão geral 173
7.4.2 Modulação dos efeitos 173
7.4.3 A Modulação de efeitos no Recurso Especial das Ações Declaratórias de Inconstitucionalidade nº 1.945 (MT) e nº 5.659 174
7.4.3.1 Repetição do Indébito 176

7.4.3.2 Cobrança de ISS *176*
7.4.3.3 Cobrança de ICMS *177*
7.4.3.4 Declaração de Inconstitucionalidade *177*
7.4.3.5 Parcelamentos *177*
CONSIDERAÇÕES FINAIS **177**
REFERÊNCIAS **179**

CAPÍTULO OITO **185**
Avaliação histórica PBL em IES para cursos de graduação em Ciências Contábeis: um levantamento nacional e internacional **185**
Resumo **185**
INTRODUÇÃO **186**
8.1 REFERENCIAL TEÓRICO **187**
8.1.1 Artigos nacionais ***187***
8.1.2 Artigos internacionais ***194***
8.2 METODOLOGIA **197**
8.3 RESULTADOS **198**
CONSIDERAÇÕES FINAIS **208**
REFERÊNCIAS **210**

CAPÍTULO **UM**

O Relato Integrado no setor de açúcar e álcool brasileiro: análise comparativa entre os relatos das empresas listadas na B3 2019-2020

Resumo

A sociedade tem sido impactada por grandes mudanças nos mais diversos âmbitos no decorrer do tempo. Nesse sentido, as atividades e relações empresariais têm significativa atuação. O consumidor passou a se interessar não somente pelo produto ou serviço adquirido, mas também pelas informações das organizações, alcançando as práticas empresariais e a postura corporativa no mercado, bem como sua presença mercadológica quanto aos funcionários, às comunidades que estão no entorno do estabelecimento e ao modo como se estabelecem e se desenvolvem as relações com essas comunidades, além de ações preventivas e corretivas quanto às questões ambientais. O Relato Integrado é um relatório corporativo não obrigatório que tem conquistado a adesão de muitas companhias, com o intuito de divulgar informações financeiras e não financeiras. O objetivo da pesquisa se pautou em identificar a existência de semelhanças e/ou dissemelhanças entre os relatos emitidos pelas empresas listadas na B3 que compreendem o setor de açúcar e álcool. Como metodologia para o estudo, escolheu-se a análise de conteúdo com abordagens quantitativa e qualitativa e a investigação incorre na análise comparativa entre os documentos elaborados pelas correspondentes à safra 2019/2020. Os resultados obtidos implicam a existência de significativas dissemelhanças quanto à apresentação dos capitais, impossibilitando uma análise assertiva sobre o setor. O grau de detalhamento discrepante corrobora para essa constatação. Como contribuição, o estudo incorre na reflexão sobre a padronização de indicadores mínimos que componham o relato integrado.

Palavras-chave: *Relato Integrado. Transparência. Indicadores mínimos. Setor sucroalcooleiro.*

1

O Relato Integrado no setor de açúcar e álcool brasileiro: análise comparativa entre os relatos das empresas listadas na B3 2019-2020

Roberta Cristina da Silva
Fernando de Almeida Santos
Gustavo Adolfo Rubio-Rodríguez
Víctor Manuel Escobar Zuñiga

INTRODUÇÃO

As práticas sustentáveis provocam reflexos nos âmbitos interno e externo do país de maneira relevante, com setores e desenvolvimento de atividades que se relacionam diretamente com o meio ambiente natural e recebem cobranças contundentes quanto à exploração consciente e à preservação dos recursos naturais, como a água, a minimização de resíduos e de poluição atmosférica, entre outros.

Ações de sustentabilidade estão além dos quesitos pertinentes ao meio ambiente natural. Essa extensão condiz a todos os demais agentes envolvidos no negócio, a exemplo de funcionários, clientes, concorrentes, fornecedores, equipamentos e demais itens materiais, além das pessoas externas à organização, como as comunidades que estão no entorno da empresa e recebem os reflexos e efeitos das atividades organizacionais realizados.

O Relato Integrado (RI) tem como premissa demonstrar, em aspectos qualitativos e quantitativos, todas as ações empresariais. Estas contemplam seis capitais, quais sejam: financeiro, manufaturado, humano, intelectual, social e de relacionamento e natural.

O setor escolhido para a análise é o de açúcar e álcool, com quatro empresas listadas na B3 (Brasil, Bolsa, Balcão): Bioserv S.A., Jalles Machado S.A., Raízen Energia S.A. e São Martinho S.A.

O objetivo geral deste estudo encontra-se na tarefa de análise dos Relatos Integrados das empresas citadas para identificar quais semelhanças e dissemelhanças nos documentos elaborados.

Os objetivos específicos, por sua vez, consistem em:

i. verificar a existência de semelhanças e dissemelhanças quanto à apresentação dos seis capitais;
ii. identificar se há diferentes graus de detalhamento apresentados pelas empresas escolhidas;
iii. averiguar se a forma de apresentação dos documentos implica a possibilidade ou impossibilidade de comparabilidade entre as entidades que compõem o setor.

A delimitação do objeto de pesquisa está no setor estabelecido pela escolha relativa ao propósito, bem como à relevância e à magnitude dele em relação ao cenário econômico brasileiro.

O estudo justifica-se pela possível oportunidade de análise comparativa aos usuários e demais interessados na informação financeira e não financeira constante dos relatos integrados emitidos.

Como contribuição, buscou-se promover uma reflexão quanto ao estabelecimento de critérios mínimos em forma de indicadores que integrem o Relato Integrado e sejam essenciais para compreender a realidade empresarial e as práticas sustentáveis estabelecidas.

1.1 REFERENCIAL TEÓRICO

Variados aspectos pertencentes ao âmbito empresarial podem estabelecer uma análise quanto à imagem da entidade ou, ainda, quanto à realidade que esta apresenta em determinado período. Assim, o Relato Integrado, ao ter caráter de relatório corporativo, certamente contribui para que sejam feitas inferências quanto às organizações que os apresentam. Para tanto, é válido refletir acerca da forma como eles são estruturados nas diversificadas atividades empresariais e como sua contextualização pode atender à premissa que possuem, no que concerne à transparência como norteadora de sua emissão.

1.1.1 A essencialidade do Relato Integrado para a divulgação das práticas sustentáveis

O Relato Integrado é um documento não obrigatório e de cunho corporativo que tem como premissa apresentar, em seis capitais, informações financeiras e não financeiras que corroborem para a obtenção de clareza quanto às atividades desenvolvidas pela entidade. Isso inclui mostrar as consequências oriundas dessas operações, ao pensar no capital natural, o qual, por sua vez, visa às questões pertinentes ao meio ambiente e à exploração de recursos naturais. Não obstante, outras são as preocupações que compõem o RI, a exemplo do relacionamento da entidade com a sociedade de uma maneira geral.

Quanto aos capitais, a Tabela 1 dispõe sobre as principais características de maneira individualizada:

Tabela 1: Os capitais que compõem o Relato Integrado

Capitais	Elementos evidenciados
Financeiro	Esse capital é composto por investimentos ou ativos operacionais necessários à atividade operacional, como fundos disponíveis para a utilização na produção de bens ou na prestação de serviços obtidos pelo financiamento, além de dívidas, ações, subsídios ou fundos gerados por operações de investimentos;
Manufaturado	Compreende os bens tangíveis, objetos físicos fabricados, disponíveis para uma organização utilizar na produção de bens ou na prestação de serviços; muitas vezes é criado por outras organizações, mas inclui ativos fabricados pela organização que está fazendo o relatório quando são retidos para seu próprio uso;
Intelectual	Com difícil mensuração, é a base de conhecimento em posse da empresa e a capacidade da empresa em mantê-lo e expandi-lo, com intangíveis baseados no conhecimento;
Humano	De grande importância, esse capital é o conjunto de competências, capacidades, experiências e motivações dos colaboradores para buscar melhoria contínua na atividade operacional;

Capitais	Elementos evidenciados
Social e de Relacionamento	Contempla as instituições e relações estabelecidas dentro e fora do mercado. Contribui para o alinhamento entre a ética e a transparência;
Natural	Constitui-se dos recursos da natureza de posse da empresa. Os recursos podem ser renováveis e não renováveis.

Fonte: Elaborado pelos autores, com base em CBARI, 2019.

A responsabilidade social é um elemento significativo presente nas relações empresariais e, segundo Del Águila (2014), trata-se de uma categoria ética que tem imposto, ao longo das últimas décadas, ações pessoais e empresariais nas vertentes sociais, econômicas e políticas. Portanto, faz-se necessário implementar e modificar ações observando-se essas circunstâncias.

A *Global Report Initiative* (GRI) é a organização que promove diretrizes para a elaboração do RI. Tais diretrizes abarcam elementos econômicos e sociais, além de métricas acerca dos impactos que resultam das atividades empresariais ao meio ambiente (GRI, 2018).

Segundo o GRI, o Relato Integrado tem como principal objetivo a evidenciação, aos detentores do capital, da forma como a organização gera valor no decorrer do tempo, com os seguintes intuitos:

- Possibilitar uma alocação de recursos mais assertiva devido à melhoria da qualidade da informação apresentada aos provedores desses recursos;
- Incrementar a atuação da gestão subsidiada pela gama dos capitais em prol da observação de suas interdependências;
- Prover uma abordagem eficiente quanto à variedade de fatores que materialmente afetam a capacidade de uma empresa gerar valor;
- Desenvolver a integração entre o pensamento, a tomada de decisões e as ações, com enfoque objetivo na criação de valor ao curto, médio e longo prazos.

Para Balardim (2017), a empresa demonstra comprometimento das entidades com o cuidado que dedicam à transparência da divulgação de seus resultados. Isso implica a tentativa de atender usuários internos e externos.

As transformações mundiais se entrelaçam com esse aspecto, tendo em vista que os consumidores estão cada vez mais exigentes e atentos quanto à postura das empresas, não somente no que se refere à capacidade destas de atenderem suas necessidades de consumo, mas também à forma como essas organizações se posicionam na sociedade.

Iudícibus e Marion (2018) acreditam que, no momento da divulgação, informações objetivas, claras e fidedignas são ferramentas imprescindíveis para uma tomada assertiva de decisão. Destacam, ainda, que o conhecimento do planejamento estratégico da entidade, vislumbrando projeções futuras com informações precisas dos ambientes interno e externo, refletem no desempenho financeiro.

Nesse sentido, é possível evidenciar a significância que o RI vem adquirindo em relação à possibilidade de um relatório corporativo ampliado, por abordar tanto informações financeiras quanto não financeiras. O Conselho Federal de Contabilidade (CFC), em novembro de 2020, emitiu o Comunicado Técnico Geral (CTG) n.º 9 – Relato Integrado, que consiste em uma iniciativa para promover a necessária padronização desse tipo de documento (GIROTTO, 2020).

Ainda sobre o espaço conquistado pelo Relato Integrado em escala mundial, atualmente muitos são os estudos e pesquisas desenvolvidos acerca desse instrumento. É possível identificar algumas pesquisas sobre o assunto na Tabela 2, a seguir.

Tabela 2: Estudos anteriores

Fonte	Ano	Título	Objeto de Pesquisa
Wesley Paulo Santos, Raimundo Nonato Rodrigues e Luiz Carlos Miranda	2018	Um estudo do posicionamento adotado pelos *stakeholders* sobre a materialidade e a responsabilização das informações contidas no Relato Integrado	A preocupação com a fidedignidade das informações contidas no RI.

Fonte	Ano	Título	Objeto de Pesquisa
Leonardo Fabris Lugoboni, Nelson Muniz Souza Junior, Bruno de Souza Santos, Eduardo Carcelen Machado e Renato Paulo de Souza	2019	Aspectos de governança corporativa no *Global Reporting Initiative* (GRI) em empresas alimentícias	Evidenciar as práticas de governança corporativa nos relatórios de sustentabilidade (GRIs), com enfoque em empresas do setor de alimentos e bebidas.
Elena Pantoja de Moraes, Leila Marcia Elias e Josep Pont Vidal	2018	Uma análise sobre a adoção das boas práticas de governança pelo estado do Pará	Estudo de caso sobre a importância da governança no setor público estadual do Pará.
Nadson Jaime Ferreira Alves, José Roberto Kassai, Edimilson Costa Lucas e Humberto Medrado Gomes Ferreira	2017	Relato integrado e o formato da informação financeira para evidenciar a criação de valor das empresas do Programa Piloto	Descrever forma e conteúdo de expressão das informações financeiras no Relato Integrado, com base nos princípios definidos no *framework* emitido pelo *International Integrated Reporting Council*, em 9 de dezembro de 2013.
Instituto Brasileiro de Governança Corporativa (IBGC)	2018	Relatório integrado ressalta geração de valor da companhia	Evidenciar as benesses com relação à criação de valor para as companhias que emitem o Relato Integrado.

Fonte: Elaborado pelos autores, 2021.

Pelo que se apresenta na Tabela 2, diversas são as temáticas abordadas acerca do Relato Integrado. Elas contemplam as diretrizes GRI, as práticas de governança corporativa, a transparência empresarial e a comparabilidade entre empresas no setor de instituições financeiras.

Nesse sentido, é possível compreender que as pesquisas têm sido realizadas em busca de maior conhecimento sobre o RI e de como esse documento pode impactar nas práticas empresariais em sentido amplo, devido às diversas correlações que se estabelecem a partir dele.

1.1.2 O setor de açúcar e álcool brasileiro

A safra da cana-de-açúcar brasileira para 2020/2021 tem previsão de 630 milhões de toneladas, um pouco abaixo do período anterior, de 640 milhões, e com perspectivas negativas, em vista do impacto direto sofrido pela pandemia do coronavírus, a qual acarretou a queda significativa na demanda do etanol. Esse acontecimento só acentuou a fase negativa de perdas de quase 40% no preço do biocombustível devido à baixa de mais de 50% na cotação do petróleo no mercado internacional (VEROTTI, 2020).

Segundo Verotti (2020), o Brasil é o maior produtor de cana-de-açúcar do mundo e está em segundo lugar como produtor de etanol, com 35,58 bilhões de litros, atrás apenas dos Estados Unidos, que tem uma produção a partir do milho de 1,6 bilhão de litros desse total. Além disso, o Brasil figura como líder em produção e em exportação de açúcar. Portanto, trata-se de um setor bastante significativo no âmbito econômico do país.

Sobre a exploração dos recursos e a possível degradação do meio ambiente na produção de álcool e açúcar, Pugliese, Lourencetti e Ribeiro (2017) evidenciam, em suas pesquisas, que a produção de etanol, tanto no âmbito agrícola quanto no industrial, pode gerar poluição hídrica e atmosférica, sendo tais impactos desconhecidos pela maior parte da população. Enfatizam, ainda, que, entre os principais impactos encontrados no processo produtivo no campo, estão a compactação do solo por tratores e implementos agrícolas, a contaminação das águas e terra pelo uso indiscriminado de fertilizantes e agrotóxicos, a vinhaça (que corresponde ao resíduo pastoso e malcheiroso que sobra após a destilação fracionada do caldo de cana fermentado para a obtenção do etanol), entre outros, além da própria poluição do ar pelas queimadas da palha da cana-de-açúcar.

Para o processo industrial, as autoras destacam também a poluição atmosférica oriunda da queima do bagaço e da palhada excedente para a geração de energia elétrica e cinzas, além da água de lavagem da cana e dos equipamentos e das águas residuais de condensadores e residuais domésticas.

No entanto, a União da Indústria de Cana de Açúcar (UNICA) atualizou, em junho de 2020, os dados de emissões de poluentes evitados pelo setor, com base na RenovaBio. Esta consiste na Política Nacional de Biocombustíveis e destaca que o Brasil atingiu um novo patamar quanto à mensuração de emissões de gases de efeito estufa (GEE), considerando o ciclo de vida dos combustíveis. O estudo divulgado abrange o período de março de 2003 a maio de 2020 e afirma que o consumo de etanol evitou a emissão de 515 milhões de toneladas de CO_2, segundo os cálculos da entidade, que tem por base os dados da Agência Nacional de Petróleo, Gás Natural e Biocombustíveis (ANP). O volume resultante do cálculo equivale às emissões consolidadas anualmente dos seguintes países: Argentina, Chile, Colômbia, Paraguai e Uruguai (USO DO ETANOL..., 2020).

Assim, é possível compreender tanto os prejuízos quanto as benesses causadas ao meio ambiente e decorrentes da atividade e ação desse setor. A região Centro-Sul brasileira concluiu a safra de 2019/2020 com 590,36 milhões de toneladas de cana-de-açúcar processadas, o que representa um acréscimo de quase 3% sobre as 573,17 milhões de toneladas registradas na safra anterior de 2018/2019 (UNICA, 2020).

Quanto à quantidade de empresas em atividade, 87 operavam no primeiro trimestre de 2018, contra 80 até a mesma data do ano seguinte. Das 87, um total de 76 moeu cana-de-açúcar. No processo de cana e milho, são 8 no total, enquanto 3 fabricaram etanol exclusivamente a partir do milho. Ao término da primeira quinzena do mês de abril de 2018, a expectativa era que 198 usinas estivessem em atividade, contra 157 no mesmo período de 2019 (UNICA, 2020).

Quanto aos números de faturamento do etanol, o mercado apresenta uma discrepância positiva, com um aumento na maior parte sobre o ciclo de 2019/2020. A safra encerrada recentemente teve uma alta de 7,1%, com um total de 33,27 bilhões de litros comercializados pela região Centro-Sul, contra os 31,06 bilhões de 2018/2019. Um montante de 31,36 bilhões de litros foi comercializado em território nacional e, para a exportação, o aumento é de 17% com 1,91 bilhão de litros vendidos (UNICA, 2020).

1.2 MÉTODO

A metodologia procedeu-se pela análise de conteúdo com abordagens qualitativa e quantitativa. Segundo Bardin (2010), o observador vislumbra, mediante os cenários existentes, as relações sobre os fatos e fenômenos ocorridos.

No intuito de identificar as relações existentes entre a forma de elaboração dos Relatos Integrados, a pesquisa descritiva explicativa contribui sobremaneira, pois observa os fatores existentes e evidencia, assim, possíveis circunstâncias que implicam a constatação da natureza dessas relações (GIL, 2010).

A pesquisa documental (SEVERINO, 2012) encontra-se nos procedimentos metodológicos, por meio da verificação do Relato Integrado da safra 2019-2020 das empresas analisadas. A análise comparativa, por sua vez, buscou identificar se existem e, em caso positivo, quais são as semelhanças e dissemelhanças nos documentos investigados.

As empresas que compõem a pesquisa desenvolvida encontram-se listadas na B3 no setor de álcool e açúcar, quais são: Bioserv S.A., Jalles Machado S.A., Raízen Energia S.A. e São Martinho S.A.

A Bioserv S.A. é uma das líderes do setor e produz açúcar, etanol e energia. Sua matriz está estabelecida em São Paulo e atua com oito unidades agroindustriais em operação nas regiões Sudeste e Centro-Oeste, além de um terminal no porto de Santos (SP) (BIOSERV S.A., 2021).

Possui capacidade anual de processamento de 31,6 milhões de toneladas de cana-de-açúcar e autossuficiência em energia elétrica, devido à geração energética a partir da reutilização do bagaço da cana em suas usinas, com exportação do excedente de 1.316 GWh (BIOSERV S.A., 2021).

A comercialização dos produtos da Bioserv S.A. ocorre em mais de trinta países da América do Norte, Europa, Ásia, Oriente Médio, Oceania e África. Além disso, a organização tem ações negociadas no Novo Mercado da B3, desde 2013, quando ocorreu a abertura de seu capital (BIOSERV S.A., 2021).

Suas estações produtivas empregam mais de 10.000 colaboradores, mediante o aumento de capacidade de processamento anual de 900 mil toneladas que ocorreu ao longo do tempo, chegando ao montante de 31,6 milhões de toneladas de cana-de-açúcar (BIOSERV S.A., 2021).

Já a Jalles Machado S.A. possui três unidades em Goiás e teve início em 1980, para atender um chamado do governo brasileiro, tendo em vista a então falta de empregos na região. Na época, com o intuito de enfrentar a crise do petróleo, o Governo Federal, por meio do Proálcool-Programa

Nacional do Álcool, investiu na produção e ofereceu trabalhou em prol do incentivo de consumo do combustível de cana (JALLES MACHADO S.A., 2021).

Entre os produtos da Jalles Machado S.A., estão: etanol, açúcar, orgânicos, energia, saneantes e levedura (JALLES MACHADO S.A., 2021).

A Raízen Energia, por sua vez, foi fundada em 2011, a partir do negócio em conjunto entre a Shell e a Cosan. Em 2019, ocorreu a inauguração da primeira planta de energia solar, em Piracicaba (SP). É a quarta maior empresa brasileira em faturamento e exporta açúcar bruto, transformado por indústrias mundiais. Além disso, o grupo produz cerca de 2,5 bilhões de litros de etanol por ano (RAÍZEN ENERGIA, 2021).

A São Martinho S.A. teve início no final do século XIX, na Itália, com a imigração da família Ometto para o Brasil. A empresa montou o primeiro engenho de cana-de-açúcar em 1914. No ano de 1932, produziu açúcar pela primeira vez na região de Limeira (SP) (SÃO MARTINHO, 2021).

Em 1949, a família adquiriu a Usina São Martinho, que se transformou em uma das maiores empresas atuantes no processo da cana no mundo. Em 2007, na busca por competitividade contínua, ocorreu a abertura de capital da organização, que possui três unidades produtivas em cidades do interior de São Paulo e uma em Goiás. Localizada na cidade de Pradópolis (SP), com moagem de 10 milhões de toneladas por safra, é a maior processadora de cana do mundo e conta com quase 5 mil colaboradores (SÃO MARTINHO, 2021).

Mediante essas informações e analisando-se fatores como porte, atividades de exportação e estrutura organizacional, capacidade produtiva e corpo de colaboradores, constata-se que todas as companhias e entidades aqui mencionadas exercem uma atuação relevante no setor e no mercado econômico. Além disso, a partir dos números expressivos delas, é possível inferir que a exploração de recursos ambientais possui amplitude e, por isso, a pesquisa tem justificativa plausível.

1.3 RESULTADOS E DISCUSSÕES

Os Relatos Integrados analisados são referentes à safra 2019/2020 e constam dos sites das companhias. Mediante o objeto de estudo estabelecido neste texto, a análise de conteúdo dos documentos será feita com embasamento nos seguintes critérios:

i. detalhamento apresentado em cada capital;
ii. averiguação de riqueza de detalhes em algum capital específico;
iii. preocupação latente, passível de ser entendida no capital natural;
iv. grau de detalhamento em cada capital, com a seguinte categorização: "1: Pouco detalhamento"; "2: Detalhamento razoável"; "3: Detalhamento expressivo";

As Tabelas 3 a 8 contemplaram de maneira individualizada cada um dos seis capitais.

Tabela 3: Capital financeiro

Empresas	Indicadores Apresentados	Grau de Detalhamento
Bioserv S.A.	(i) Receita líquida; (ii) CPV; (iii) EBITDA; (iv) Despesas com vendas, gerais e administrativas; (v) Investimentos; (vi) Endividamento; (vii) Resultado no período; (viii) DVA; (ix) Perspectivas.	3
Jalles Machado S.A.	(i) Distribuição da receita líquida; (ii) Produtos vendidos; (iii) Valor econômico direto gerado e distribuído; (iv) Investimentos em infraestrutura.	1
Raízen Energia	(i) Principais resultados financeiros: Raízen Energia e Raízen Combustíveis (Brasil e Argentina).	1

Empresas	Indicadores Apresentados	Grau de Detalhamento
São Martinho S.A.	(i) Destaques financeiros; (ii) Principais resultados; (iii) Receita líquida; (iv) Demonstrações financeiras; (v) EBTIDA; (vi) Lucro líquido e lucro caixa; (vii) Endividamento; (viii) DVA.	3

Fonte: Elaborada pelos autores, 2021.

Para o capital financeiro, foi possível observar um grau de detalhamento expressivo (3) para as empresas Bioserv S.A. e São Martinho; por outro lado, tanto a Jalles Machado quanto a Raízen apresentaram o capital com pouco detalhamento (1).

Tabela 4: Capital manufaturado

Empresas	Indicadores Apresentados	Grau de detalhamento
Bioserv S.A.	(i) Integração agroindustrial; (ii) Central de inteligência agrícola; (iii) Inovação; (iv) Indicadores agroindustriais; (v) Eficiência e produtividade; (vi) Produção de açúcar e etanol; (vii) Cogeração de energia; (viii) Gestão agrícola: uso do solo e plantio adequado; (ix) Tecnologias agrícolas; (x) Qualidade dos canaviais; (xi) Gestão industrial; (xii) Gestão comercial; (xiii) Gestão de logística: armazenagem, transporte e distribuição dos produtos; (xiv) Qualidade; (xv) Certificações.	3
Jalles Machado S.A.	(i) Monitoramento por drones.	1

Empresas	Indicadores Apresentados	Grau de detalhamento
Raízen Energia	(i) Postos de serviços com a marca Shell; (ii) Terminais de distribuição de combustível; (iii) Bases de abastecimento de aeronaves; (iv) Lojas de conveniência; (v) Na Argentina: uma refinaria; uma planta de lubrificantes; dois terminais de abastecimento de aeroportos; quatro terminais terrestres (incluindo o terminal da refinaria); cerca de 730 postos com licença da marca Shell; (vi) Tecnologia para inovar processos: transformação digital; inovação no campo; veículos aéreos não tripulados; drones para controles biológicos; (vii) Inovações na indústria.	3
São Martinho S.A.	(i) Capacidade de estocagem; (ii) Localização e logística diferenciadas; (iii) Gestão da inovação: inciativas de inovação; automação agrícola 4.0; gestão de canavial: método de MPB (Mudas Pré-Brotadas) atrelado à MEIOSI (Método Inter-rotacional Ocorrendo Simultaneamente); (iv) Resultados operacionais.	3

Fonte: Elaborada pelos autores, 2021.

O capital manufaturado tem relevância por tratar dos itens pertencentes à entidade e corroborar para a operacionalização da atividade, a exemplo das máquinas e equipamentos, das filiais, entre outros. Observa-se, assim, que a única que não traz detalhamento e, de certo modo, praticamente não menciona nada nesse sentido é a Jalles Machado; as demais companhias evidenciam o capital com detalhamento expressivo.

Tabela 5: Capital humano

Empresas	Indicadores Apresentados	Grau de Detalhamento
Bioserv S.A.	(i) Diretrizes de gestão; (ii) Práticas de gestão de pessoas no dia a dia; (iii) Comunicação Interna; (iv) Remuneração, carreira e avaliação de desempenho; (v) Benefícios; (vi) Relações Sindicais; (vii) Indicadores de números de colaboradores; (viii) Indicadores de rotatividade de colaboradores; (ix) Diversidade; (x) Gênero; (xi) PCDs; (xii) Mutirão de empregos; (xiii) Saúde e segurança; (xiv) Resultados em saúde; (xv) Resultados em segurança.	3
Jalles Machado S.A.	(i) Valorização do capital humano; (ii) Benefícios; (iii) Saúde e segurança; (iv) Saúde ocupacional.	1
Raízen Energia	(i) Segurança; (ii) Ética e respeito; (iii) Inclusão e diversidade.	1

Empresas	Indicadores Apresentados	Grau de Detalhamento
São Martinho S.A.	(i) Gestão do capital humano: atração e seleção; rotatividade; (ii) Comunicação interna; (iii) Relacionamento com entidades sindicais; (iv) Diversidade; (v) Participação das mulheres; (vi) Inclusão de pessoas portadoras de deficiência; (vii) Direitos humanos; (viii) Combate ao trabalho infantil e ao trabalho forçado ou análogo ao escravo; (ix) Equidade salarial; (x) Saúde e segurança: Sistema de Gestão de Saúde e Segurança Ocupacional; Comitês de Saúde e Segurança Ocupacional; Normas Regulamentadoras; Saúde dos trabalhadores; (xi) Remuneração e benefícios; (xii) Educação: bolsas de estudo.	3

Fonte: Elaborada pelos autores, 2021.

As empresas Jalles Machado e Raízen apresentam pouco detalhamento relativo ao capital humano. Em contrapartida, a Bioserv S.A. e a São Martinho apresentam esse capital com detalhamento expressivo. Por se tratar de um capital bastante significativo, tendo em vista que as empresas são formadas por pessoas, certamente a indicação 3 corrobora para uma imagem positiva da empresa, além de ser um chamariz para possíveis talentos que queiram integrar o corpo de colaboradores.

Tabela 6: Capital intelectual

Empresas	Indicadores apresentados	Grau de detalhamento
Bioserv S.A.	(i) Treinamento e capacitação.	1
Jalles Machado S.A.	(i) Treinamento e desenvolvimento.	1
Raízen Energia	(i) Capacitação e desenvolvimento.	1

Empresas	Indicadores apresentados	Grau de detalhamento
São Martinho S.A.	(i) Desenvolvimento humano e organizacional; (ii) Avaliação de competências e de desempenho; (iii) Sucessão; (iv) Ações de desenvolvimento voltadas a jovens talentos; (v) Desenvolvimento de lideranças: Academia de Lideranças; Job Rotatio; Programa de Formação de Líder; Programas gerais de capacitação e treinamento; (vi) Programas de capacitação e treinamento; (vii) Transição pós-carreira.	3

Fonte: Elaborada pelos autores, 2021.

O capital intelectual apresenta as ações e programas que a empresa estabelece em prol do desenvolvimento dos colaboradores e possíveis planos de carreira. No entanto, apenas a companhia São Martinho apresenta detalhamento expressivo acerca desse aspecto, ao promover diversas iniciativas nesse sentido. Em contrapartida, as demais empresas apenas mencionam isso em seus relatórios com os títulos apresentados na tabela e não trazem qualquer tipo de detalhamento a respeito desse elemento.

Tabela 7: Capital social e de relacionamento

Empresas	Indicadores apresentados	Grau de Detalhamento
Bioserv S.A.	(i) Diretrizes de relacionamento com as comunidades; (ii) Principais ações e programas sociais; (iii) Educação ambiental; (iv) Educação para a saúde; (v) Integração comunitária; (vi) Relacionamento com clientes e consumidores; (vii) Gestão de fornecedores; (viii) Demais cadeias de fornecimento; (ix) Foco na contratação local; (x) Processos de contratação, análise e avaliação; (xi) Outros relacionamentos externos: órgãos governamentais e partidos políticos; associações e entidades de classe.	3

Empresas	Indicadores apresentados	Grau de Detalhamento
Jalles Machado S.A.	(i) *Stakeholders*; (ii) Apoio a instituições filantrópicas; (iii) Ações sociais: educação, cultura, esporte e lazer.	1
Raízen Energia	(i) Projeto com *startups* na Argentina; (ii) Produtores de cana; (iii) Transportadoras; (iv) Revendedores; (v) Clientes; (vi) Consumidores.	2
São Martinho S.A.	(i) Comunidades; (ii) Investimento social privado; (iii) Ações de voluntariado; (iv) Ações de responsabilidade social: educação e desenvolvimento; cultura e lazer; esportes; (v) Relacionamento com clientes; (vi) Relacionamento com fornecedores; (vii) Relacionamento com investidores; (viii) Relacionamento com governos e partidos políticos; (ix) Relacionamento com associações de classe.	3

Fonte: Elaborada pelos autores, 2021.

O capital social e de relacionamento evidencia a interação e as ações promovidas pela entidade com relação às comunidades que vivem no entorno do estabelecimento e participam dos reflexos e impactos da atividade empresarial na região em que vivem, além das relações estabelecidas com os públicos externos.

Para tanto, constata-se que as empresas Bioserv S.A. e São Martinho recebem categorização 3 (detalhamento expressivo); a Raízen, grau 2 (detalhamento razoável), e a Jalles Machado apresenta pouco detalhamento, isto é, enquadra-se na categoria de grau 1.

Tabela 8: Capital natural

Empresas	Aspectos observados	Grau de Detalhamento
Bioserv S.A.	(i) Diretrizes de gestão; (ii) Ações de mitigação de impactos: vinhaça e águas residuárias; produtos químicos; incidentes ambientais; proteção de áreas nativas; controle de emissões atmosféricas; defensivos agrícolas; gestão de resíduos sólidos; (iii) Prevenção e controle de incêndios rurais; (iv) Biodiversidade no radar; (v) A Bioserv e as mudanças climáticas; (vi) RenovaBio: um olhar sobre o futuro; (vii) Gestão de riscos das mudanças climáticas; (viii) Uma postura proativa em gestão de carbono; (ix) Gestão de recursos hídricos.	3
Jalles Machado S.A.	(i) Monitoramento para melhoria contínua; (ii) Transição energética; (iii) Gestão das mudanças climáticas; (iv) Participação nas emissões escopo 3; (v) Gestão dos recursos hídricos e efluentes: gestão da água e reaproveitamento de 100% dos efluentes; (vi) O potencial da vinhaça; (vii) Gestão dos resíduos sólidos; (viii) Preservação e proteção da biodiversidade.	3
Raízen Energia	(i) Energia renovável: etanol de 1ª geração; cogeração de energia; biogás; etanol de 2ª geração; pellets; soluções energéticas; geração distribuída; (ii) Compromisso com o desenvolvimento sustentável; (iii) Tecnologia que minimize impactos.	3

Empresas	Aspectos observados	Grau de Detalhamento
São Martinho S.A.	(i) Mitigação e adaptação às mudanças climáticas: emissões de GEE; (ii) Biodiversidade; (iii) Preservação do solo; (iv) Gestão eficiente de resíduos sólidos; (v) Uso consciente dos recursos hídricos; (vi) Atendimento a legislações, regulamentações e compromissos assumidos pela Companhia; (vii) Promoção da conscientização ambiental.	3

Fonte: Elaborada pelos autores, 2021.

Em seus relatórios, as empresas apresentam detalhamento expressivo para o capital natural. Tal postura vem ao encontro do fato de que a atividade desempenhada pelas companhias implica exploração de recursos naturais e possíveis consequências ao meio ambiente, e por esse motivo a questão deve receber atenção especial, por meio de ações preventivas e corretivas.

A Tabela 9 apresenta de maneira consolidada o grau de detalhamento de cada empresa para os seis capitais, conforme as categorias apresentadas nas tabelas individualizadas:

Tabela 9: Grau de detalhamento consolidado

Capitais	Financeiro	Manufaturado	Humano
Bioserv S.A.	3	3	3
Jalles Machado	1	1	1
Raízen	1	3	1
São Martinho	3	3	3

Capitais	Intelectual	Social e de Relacionamento	Natural
Bioserv S.A.	1	3	3
Jalles Machado	1	1	3
Raízen	1	2	3
São Martinho	3	3	3

Fonte: Elaborada pelos autores, 2021.

Constata-se que a empresa São Martinho traz o relatório de maneira detalhada em todos os elementos constantes. O segundo relato integrado mais pormenorizado é o da Bioserv S.A. O documento da Raízen, por sua vez, pode ser categorizado como razoavelmente detalhado, com um capital em grau 3, um capital em grau 2, e três capitais em grau 1. Por fim, é possível observar que a Jalles Machado apresenta pouco grau de detalhamento na maioria dos capitais, excetuando-se apenas o capital natural.

CONSIDERAÇÕES FINAIS

Existem, ainda, aspectos interessantes que devem ser mencionados, como o fato de nenhuma das organizações utilizar a nomenclatura "capital" para designar os elementos aqui estudados.

Os relatórios emitidos apresentam quantidade de páginas bastante diversificada: o RI da Bioserv S.A. tem 148, o da Jalles Machado, 61; o da Raízen, 63, e o documento da São Martinho apresenta 141 páginas.

Quanto ao objetivo geral que motivou a pesquisa, pode-se observar a existência de dissemelhanças significativas nos documentos elaborados.

Acerca dos objetivos específicos que nortearam este estudo, têm-se: (i) verificar a existência de semelhanças e dissemelhanças quanto à apresentação dos seis capitais; (ii) identificar se há diferentes graus de detalhamento apresentados pelas empresas escolhidas; (iii) averiguar se a forma de apresentação dos documentos implica a possibilidade ou impossibilidade de comparabilidade entre as entidades que compõem o setor;

Para ambos os objetivos, foi possível, de maneira substancial, verificar a existência de semelhanças, mas especialmente de dissemelhanças quanto à apresentação dos capitais; identificaram-se diferentes graus de detalhamento; constatou-se a impossibilidade de comparabilidade assertiva entre as empresas do setor.

A empresa São Martinho apresenta, em seu relatório, maior detalhamento e significativa organização, com a ressalva de itens pertencentes ao capital "humano", que estão em "social e de relacionamento". Destaca-se, o aspecto do capital natural em referida empresa, que conta com um total de 24 páginas. Por outro lado, a Jalles Machado apresenta o documento com menor grau de detalhamento, além de apresentar elementos do capital "humano" no "social e de relacionamento". Em sentido parecido, a Raízen acaba por agrupar elementos dos capitais: "manufaturado" e "natural", no capital "social e de relacionamento".

Faz-se importante mencionar também que as companhias destacam ações frente ao combate da pandemia do coronavírus, bem como portfólios de produtos e certificações obtidas.

A partir de tudo isso, percebe-se que é possível realizar certa comparação entre as empresas. No entanto, os diferentes graus de detalhamento e as dissemelhanças quanto à estrutura dos relatórios impossibilitam uma análise comparativa mais objetiva e clara.

A reflexão iniciada acerca da necessidade de uma padronização coesa para a emissão do RI sugere que novas pesquisas sejam realizadas, promovendo a investigação de outros setores, além de estudos que apresentem uma proposta de formulação de indicadores mínimos a constar do Relato Integrado.

REFERÊNCIAS

ALVES, Nadson Jaime Ferreira; KASSAI, José Roberto; LUCAS, Edimilson Costa; FERREIRA, Humberto Medrado Gomes Ferreira. Relato integrado e o formato da informação financeira para evidenciar a criação de valor das empresas do Programa Piloto. **Revista Evidenciação Contábil & Finanças**, João Pessoa, v. 5, n. 3, p. 99-122, 2017.

BALARDIM, Adriana Rodrigues. **Relato Integrado**: uma validação das diretrizes do *Global Reporting Initative* nas empresas listadas no índice de sustentabilidade empresarial da Brasil, Bolsa e Balcão. 2017. Dissertação (Mestrado em Ciências Contábeis e Atuariais) — Pontifícia Universidade Católica de São Paulo, São Paulo, 2017. Disponível em: https://tede2.pucsp.br/handle/handle/20555. Acesso em: 18 mai. 2021.

BARDIN, Laurence. **Análise de Conteúdo**. 5. ed. São Paulo: Almedina Brasil, 2010.

BIOSERV S.A. **História da empresa**. [*S.l.*], Bioserv S.A., [2021]. Disponível em: https://www.biosev.com/a-biosev/perfil/historia/. Acesso em: 10 mai. 2021.

BIOSERV S.A. **Relatório de Sustentabilidade 2019/2020**. [*S.l.*], Bioserv S.A., [2021]. Disponível em: https://www.biosev.com/sustentabilidade/relatorio-de-sustentabilidade/. Acesso em: 10 mai. 2021.

CBARI. Comissão Brasileira de Acompanhamento do Relato Integrado. **Os capitais do IR**. [*S.l.*], Comissão Brasileira de Acompanhamento do Relato Integrado, [2019]. Disponível em: https://relatointegradobrasil.com.br/home/os-capitais-do-ir/. Acesso em: 9 mai. 2021.

DEL ÁGUILA, Levy. Las exigencias éticas de la responsabilidad social y el desarrollo sostenible. *In:* DEL ÁGUILA, Levy (ed.). **Ética de la Gestión Desarrollo y Responsabilidad Social**. Lima: Fondo Editorial Pontificia Universidad Católica del Perú, 2014, p. 105-132. Disponível em: https://www.researchgate.net/publication/334210826_Del_Aguila_Levy_ed_2014_Etica_de_la_gestion_desarrollo_y_responsabilidad_social_sobre_industrias_extractivas_y_proyectos_de_inversion_Lima_Fondo_Editorial_PUCP. Acesso em: 10 abr. 2021.

GIL, Antônio Carlos. **Como elaborar Projetos de Pesquisa**. 5. ed. São Paulo: Atlas, 2010.

GIROTTO, Maristela. CFC aprova norma sobre Relato Integrado: CTG n.º 9. Brasília, **Conselho Federal de Contabilidade (CFC)**, 27 novembro 2020. Disponível em: https://cfc.org.br/noticias/cfc-aprova-norma-sobre-relato-integrado-ctg-09/. Acesso em: 8 jun. 2021.

GRI. Global Reporting Inititative. **Diretrizes GRI**. [*S.l.*], Global Reporting Initiative, 2018. Disponível em: https://www.globalreporting.org/Pages/default.aspx. Acesso em: 10 abr. 2021.

IBGC. Instituto Brasileiro de Governança Corporativa. **Relatório integrado ressalta geração de valor da companhia**. [*S.l.*], Instituto Brasileiro de Governança Corporativa, [2018]. Disponível em: http://ibgcemfoco.wixsite.com/ibgcemfoco/single-post/2018/08/23/Relat%C3%B3rio-integrado-ressalta-gera%C3%A7%C3%A3o-de-valor-da-companhia. Acesso em: 11 jun. 2021.

IUDÍCIBUS, Sérgio de; MARION, José Carlos. **Curso de Contabilidade para não contadores**: para as áreas de Administração, Economia, Direito e Engenharia. 8. ed. São Paulo: Atlas, 2018.

JALLES MACHADO S.A. **Nossa história**. [*S.l.*], Jalles Machado S.A., [2021]. Disponível em: https://www.jallesmachado.com/pt/a-jalles/nossa-historia. Acesso em: 15 jun. 2021.

JALLES MACHADO S.A. **Relatório de Sustentabilidade 2019/2020**. [*S.l.*], Jalles Machado S.A., [2021]. Disponível em: https://www.jallesmachado.com/pt/home/56/relatorio-de-sustentabilidade. Acesso em: 10 mai. 2021.

LUGOBONI, Leonardo Fabris; SOUZA JUNIOR, Nelson Muniz; SANTOS, Bruno de Souza; MACHADO, Eduardo Carcelen Machado; SOUZA, Renato Paulo. Aspectos de governança corporativa no Global Reporting Initiative (GRI) em empresas alimentícias. **Revista Metropolitana de Governança Corporativa**, São Paulo, v. 4, n. 2, p. 4-33, 2019. Disponível em: http://www.spell.org.br/documentos/ver/56976/aspectos-de-governanca-corporativa-no-global-reporting-initiative--gri--em-empresas-alimenticias. Acesso em: 7 abr. 2021.

MORAES, Elen Pantoja; ELIAS, Leila Márcia Sousa de Lima; VIDAL, Josep Pont. Uma análise sobre a adoção das boas práticas de governança pelo

Estado do Pará. *In:* VIII Congreso Internacional en Gobierno, Administración y Políticas Públicas GIGAPP, Madrid, 2017. [**Anais**]. Disponível em: http://www.gigapp.org/administrator/components/com_jresearch/files/publications/abs_393_1504400341GOVERNANAEGPA.pdf. Acesso em: 12 jun. 2021.

PUGLIESE, Lilian; LOURENCENTTI, Carolina; RIBEIRO, Maria Lúcia. Impactos ambientais na produção do etanol brasileiro: uma breve discussão do campo à indústria. **Revista Brasileira Multidisciplinar**, Araraquara, v. 20, n. 1, p. 142-165, 2017. Disponível em: https://www.revistarebram.com/index.php/revistauniara/article/view/472. Acesso em: 18 mai. 2021.

RAÍZEN ENERGIA S.A. **Quem somos**. [*S.l.*], Raízen Energia S.A., [2021]. Disponível em: https://www.raizen.com.br/sobre-a-raizen/quem-somos. Acesso em: 12 jun. 2021.

RAÍZEN ENERGIA S.A. **Relatório Anual 2019/2020**. [*S.l.*], Raízen Energia S.A., [2021]. Disponível em: https://www.raizen.com.br/sustentabilidade/transparencia/relatorio-anual. Acesso em: 11 mai. 2021.

SANTOS, Wesley Paulo; RODRIGUES, Raimundo Nonato; MIRANDA, Luiz Carlos. Um estudo do posicionamento adotado pelos stakeholders sobre a materialidade e a responsabilização das informações contidas no relato integrado. **Revista em Educação e Pesquisa em Contabilidade** (REPEC), Brasília, v. 12, n 3, 2018. Disponível em: http://www.repec.org.br/repec/issue/view/95/PORTUGU%C3%8AS. Acesso em: 25 mai. 2021.

SÃO MARTINHO. **A companhia — Negócios & Unidades**. [*S.l.*], São Martinho S.A., [2021]. Disponível em: https://www.saomartinho.com.br/show.aspx?idMateria=rk2CGXH5SOIFTobanx1b+g==. Acesso em: 10 jun. 2021.

SÃO MARTINHO. **Relatório Anual e de Sustentabilidade 2019/2020**. [*S.l.*], São Martinho S.A., [2021]. Disponível em: https://www.saomartinho.

com.br/ListRelatorio.aspx?idCanal=E/5CI5hbGiTfjZ7mhu2y5w==. Acesso em: 12 mai. 2021.

SEVERINO, Antônio Joaquim. **Metodologia do trabalho científico**. 23. ed. São Paulo: Cortez, 2012.

NÚMEROS FINAIS da safra de cana-de-açúcar 2019/20 (atualizado): fim de safra no Centro-Sul registra produção recorde de etanol. [*S.l.*], **União da Indústria da Cana-de-Açúcar**, 14 abril 2020. Disponível em: https://www.novacana.com/n/cana/safra/unica-numeros-finais-safra-cana-de-acucar-2019-20-140420. Acesso em: 19 mai. 2021.

USO DO ETANOL evita 515 milhões de toneladas de CO_2 na atmosfera. [*S.l.*], **União da Indústria da Cana-de-Açúcar**, 5 junho 2020. Disponível em: https://unica.com.br/noticias/uso-do-etanol-evita-515-milhoes-de-toneladas-de-co2-na-atmosfera/. Acesso em: 21 jun. 2021.

VEROTTI, Angelo. Do etanol ao açúcar. São Paulo, **Isto é — Dinheiro Rural**, n. 174, 5 jun. 2020. Disponível em: https://www.dinheirorural.com.br/do-etanol-ao-acucar/. Acesso em: 18 jun. 2021.

CAPÍTULO **DOIS**

Contabilidade 4.0: um ensaio teórico sobre mudanças que afetarão a profissão contábil e o perfil do profissional da contabilidade

Resumo

O cenário futuro para a profissão contábil e o perfil do profissional da contabilidade já estão delineados. O forte crescimento da tecnologia da informação, em especial da inteligência artificial, influencia a profissão contábil e os profissionais da contabilidade, o que, somado ao avanço dos processos de globalização e consequentemente da necessidade de modificação nas normatizações, são os ingredientes para a construção desse cenário. O presente trabalho tem por objetivo aprofundar os estudos nessa linha, verificando as tendências dessa influência da tecnologia da informação na profissão contábil, as necessidades do mercado em relação aos profissionais da contabilidade e a consequente necessidade de adequações em sua formação. Desenvolveu-se, nesse sentido, um ensaio teórico, responsável por apresentar pesquisas que trazem um claro panorama da profissão contábil deste momento e da próxima década e por traçar o perfil do profissional da contabilidade desejado pelo mercado, perfil bastante abrangente e de formação sólida que vai muito além dos conhecimentos puramente técnicos. Habilidades e competências nas áreas de negócio, regulação, governança, comportamento, ética, liderança, comunicação e, sobretudo, tecnologia da informação já são uma necessidade. Espera-se como contribuição levar os profissionais a uma reflexão sobre sua atuação e possíveis adaptações para atingir esse perfil, bem como instigar as instituições de ensino a uma reflexão sobre seus currículos, sobre as práticas pedagógicas adotadas e sobre a formação docente em vigor, para proporcionar a formação de um profissional alinhada às tendências futuras de mercado e da profissão contábil.

Palavras-chave: *Contabilidade 4.0. Tecnologia da informação. Perfil do profissional da contabilidade. Normas de contabilidade. Globalização.*

2

Contabilidade 4.0: um ensaio teórico sobre mudanças que afetarão a profissão contábil e o perfil do profissional da contabilidade

Ricardo Pereira Rios
Sérgio de Iudícibus
José Carlos Marion

INTRODUÇÃO

Alguns fatores têm sido responsáveis pela modificação da profissão contábil e, por consequência, do perfil do profissional da contabilidade nas últimas décadas. Um deles é a tecnologia da informação, que, de 1990 até a atualidade, cresce de forma exponencial, partindo do surgimento dos *personal computers* (PCs) — ainda na década de 1980 — à chegada da internet e das mídias sociais, seguidas pelas plataformas e mais recentemente pela internet das coisas, pela robótica, pela computação quântica, pelo *blockchain* e pela inteligência artificial. Ainda que façamos um grande esforço de reflexão sobre o que virá para os próximos dez ou vinte anos, jamais chegaremos perto da realidade que se apresentará; basta compararmos tecnologias que temos hoje, e não que existiam há dez anos.

Outro fator são os mercados mundiais abertos. Com o avanço da globalização, das transações financeiras e negócios entre empresas ao redor do mundo, houve uma necessidade de que as normas de contabilidade fossem iguais no mundo todo — tem-se, aqui, um terceiro fator. Eleito o *Internation Accounting Standards Board* (IASB) como o organismo cujo modelo seria adotado pelos países, os processos de convergência começaram a partir dos anos 2000. No Brasil, a implementação ocorreu em 2008 e sua adoção passou a ser obrigatória em 2010. A harmonização às *International Financial Reporting Standards* (IFRS) permitiu não somente que a contabilidade tivesse uma linguagem universal, ou seja, que seus demonstrativos e práticas pudessem ser compreendidos no mundo todo, mas também trouxe outros benefícios importantes, como a redução do custo de captação de recursos pelas empresas.

Essa tríade, formada por tecnologia da informação, globalização e normas de contabilidade, modificou significativamente a profissão contábil nos últimos anos e o perfil dos profissionais da contabilidade. Ela ainda continua influenciando e parece ser a tendência para futuro.

Neste ensaio teórico, pretende-se apresentar essa linha de evolução histórica da tecnologia, da globalização e de normas consubstanciada com as mudanças na profissão contábil e no perfil do profissional, bem como apresentar recentes pesquisas de organismos internacionais que apontam as necessidades atuais de mercado e as tendências futuras da profissão e para o profissional.

2.1 ENSAIO TEÓRICO

2.1.1 O avanço da globalização

O primeiro impulsionador da mudança do perfil do profissional da contabilidade foi sem dúvida o avanço do processo de globalização no mundo. A partir dos anos 1990, esse processo começou a ser mais sentido no Brasil, quando empresas multinacionais vieram para cá e o país começou a participar de blocos econômicos como o Mercosul, inicialmente, e mais adiante o BRICS. Isso fez com que houvesse necessidade do desenvolvimento de outras habilidades nos profissionais da contabilidade, a exemplo do domínio de idiomas estrangeiros, do conhecimento sobre modelos de negócios, da compreensão de mercados estrangeiros e de tributação, do uso de tecnologias disponíveis para o trabalho etc.

2.1.2 O avanço da tecnologia

O segundo fator impulsionador da mudança do perfil dos profissionais da contabilidade da década de 1990 para a atualidade foi o avanço da tecnologia, com o advento da internet e de *softwares* que vieram para ajudar e facilitar a vida desses profissionais. Com isso, o tempo que antes se despendia em atividades manuais passou a ser economizado, proporcionando, por conseguinte, que os contadores se ocupassem de outras atividades, como estudo, prestação de outros tipos de serviços — além daqueles que atendiam somente ao fisco —, atendimento personalizado aos clientes (no caso de organizações contábeis), preparação de relatórios e apresentações etc.

De todo modo, a evolução da tecnologia da informação contempla muito mais aspectos. Fuller (*apud* GABRIEL, 2018), no livro *Caminho crítico*, descreve a curva de crescimento do conhecimento da humanidade a partir do ano 1 d.C. Segundo o autor, o conhecimento da humanidade dobrou depois de 1500 anos; já na segunda vez em que isso ocorreu foram 250 anos, ou seja, em um tempo seis vezes menor que da primeira vez. Em 1900, o conhecimento dobrava a cada 100 anos; a partir de 1945, a cada 25, e em 2015 era de cerca de 13 meses!

O acesso à informação está muito mais fácil, e o perfil de consumo de mídia está se transformando radicalmente; basta verificar os dados do *Visual Capitalist*, na última década:

Figura 1: Mudança no consumo dos meios de comunicação

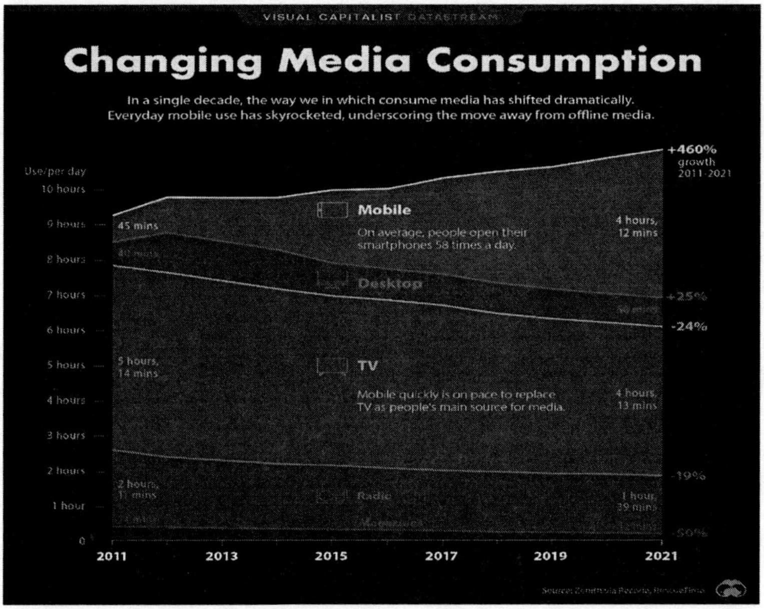

Fonte: ALI, 2021.

Várias profissões estão sendo transformadas em razão dos avanços tecnológicos, e com a contabilidade não será diferente.

Esses avanços tecnológicos estão provocando um movimento novo, denominado de indústria 4.0. De acordo com Yanai *et al.* (2017, p. 1), trata-se de um conceito que "[...] engloba o desenvolvimento, incorporação e aplicação de inovações tecnológicas dos campos de automação, controle e tecnologia da informação, aplicadas aos processos de manufatura". Para simplificar o entendimento, o processo está sendo conhecido como fruto da 4ª Revolução Industrial e fundamenta-se na internet, reunindo ferramentas como armazenamento em nuvem (*Cloud Computing*), internet das coisas (IoT), robôs automatizados, Inteligência Artificial, *Big Data* etc. O objetivo é criar "fábricas inteligentes" para aumentar a competitividade e a produtividade. Da mesma maneira, o uso dessas tecnologias está se expandindo para outras formas de negócios e profissões.

A tecnologia vem para auxiliar, e não para substituir, embora assim possa parecer inicialmente. Para a contabilidade, ela pode ser de grande valia ao viabilizar desde a eliminação completa de digitação e retrabalho até o uso mais avançado de ferramentas como o *Blockchain*.

Portanto, vislumbra-se uma nova era para a profissão contábil, com o uso de tecnologias. Trata-se da era da Contabilidade 4.0, na qual os sistemas se integrarão para realizar automaticamente todo o processo operacional da contabilidade, fazendo com que os profissionais tenham mais tempo ainda para estudos, pesquisas, análises etc.

2.1.3 A harmonização às normas internacionais de contabilidade

A contabilidade se desenvolveu de forma diferente ao longo dos tempos e no mundo. Cada país apresenta um conjunto próprio de normas contábeis, e elas são fruto de sua cultura e de questões políticas, locais e sobretudo jurídicas, de ordenamento jurídico. Muitos países adotavam o modelo americano, advindo do *Financial Accounting Standard Board* (FASB), organismo fundado em 1973 e formado por contadores, auditores, membros da academia etc. com a função de emitir pronunciamentos sobre práticas contábeis que serão, depois, transformadas em normas pelos órgãos reguladores.

Contudo, escândalos em empresas norte-americanas a partir dos anos 2000, a exemplo da Enron (uma das maiores empresas do mundo em distribuição de energia) e do Lehman Brothers (banco de investimentos), ambos acusados de fraudes contábeis — sendo que, no caso da Enron, isso causou, inclusive, o desaparecimento de uma das maiores empresas de auditoria do mundo, a Arthur Andersen —, fragilizaram o FASB. Diante disso, os olhares do mundo voltaram-se para o IASB fundado também em 1973 em Londres e com os mesmos propósitos do FASB.

Como já mencionado, com o avanço da globalização, das transações financeiras e dos negócios entre empresas ao redor do mundo, houve a necessidade de que as normas de contabilidade fossem mundialmente iguais. Eleito o IASB como o organismo cujo modelo seria adotado pelos países, os processos de convergência começaram a partir dos anos 2000.

As normas emitidas pelo IASB são denominadas *International Financial Reporting Standards* (IFRS). No Brasil, a implementação delas ocorreu em 2008 e sua adoção passou a ser obrigatória em 2010.

A harmonização às IFRS permitiu não somente que a contabilidade "fale" a mesma língua no mundo todo, ou seja, que seus demonstrativos e práticas possam ser compreendidos em qualquer lugar do planeta, mas também trouxe outros benefícios importantes. O primeiro deles é a redução do custo de conversão de demonstrações contábeis que as empresas multinacionais possuíam, uma vez que suas subsidiárias ao redor do mundo tinham que manter demonstrações contábeis com a aplicação de normas locais — isto é, do país onde estavam instaladas — e praticamente fazer novos demonstrativos nas normas do país onde ficava sua matriz, para que esta pudesse realizar o processo de consolidação das demonstrações contábeis.

O segundo benefício é a redução do custo de captação de capital por essas empresas, já que seus demonstrativos passam a ter maior credibilidade por serem elaborados a partir das boas práticas inseridas no conjunto de normas emitido pelo IASB, igual a todos os países onde essas empresas atuarem e referido modelo tiver sido adotado. Nesse ponto, fazemos referência tanto à captação de crédito em instituições financeiras quanto à captação no mercado de capitais.

Atualmente, mais de 120 países já fizeram a harmonização às normas do IASB. Entre os que ainda não aderirem a elas, estão os Estados Unidos da América. Essa mudança de normas obrigou os profissionais de contabilidade dos países aderentes a passarem por uma grande adaptação. Algumas normas modificaram conceitos sólidos, instituídos há décadas no conjunto de normas vigentes em cada local; outras passaram a exigir julgamento acerca de mensurações e projeções com responsabilidade do profissional da contabilidade. Nesse sentido, testes de avaliação periódicos nos ativos e passivos para verificar se a contabilidade reflete, de fato, a realidade foram de extrema importância.

As novas normas começaram a conferir à contabilidade e ao profissional um caráter muito mais científico do que antes. Rios e Marion (2017, p. 1), na obra *Contabilidade Avançada*, apresentam, na introdução, a proporção das mudanças em normas, classificando-as como "tsunami":

> Com a adoção e implementação das normas internacionais de contabilidade IFRS (International Financial Reporting Standards), em 2008, no Brasil, um "tsunami" se espalhou na vida de profissionais e professores da área. Assuntos complexos, temáticas e procedimentos novos fazem com que esses profissionais sejam obrigados a rever conceitos, ideias e abrirem a mente para o "novo".

Essa mudança foi muito sentida, especialmente no Brasil, em razão da mudança de sistema conceitual, conforme explica Iudícibus (2021, p. 24):

> [...] No fundo americanos e outras nações de tradição anglo enxergam a contabilidade, basicamente, da mesma forma, ou seja, do ponto de vista dos investidores, primeiramente, e, depois, dos demais stakeholders. Daí denominamos essa visão como Modelo Contábil de Mercado, *em contraste como o Modelo Legalista (antigamente prevalecente na Europa Continental).* (grifo nosso).

O Brasil, tal qual a Europa de antigamente, também teve que se adaptar ao chamado modelo de mercado.

Ao analisarmos essas questões, vemos que esses três pontos estão fortemente interligados: a tecnologia proporciona um avanço na globalização, que, por sua vez, gera mais tecnologia, que acelera ainda mais a globalização. Ambos levam, então, ao crescimento dos negócios e das empresas que precisam de novas respostas para suas transações e negócios e, com isso, requer-se mais controle, transparência, práticas e metodologias de avaliação. Estas exigem, por sua vez, que a contabilidade aperfeiçoe de forma constante suas normas e práticas, o que levou, por fim, ao processo de harmonização e continuará levando a novas adaptações.

Constata-se, diante do exposto, que o profissional da contabilidade teve e terá que adaptar-se de forma muito mais rápida do que décadas atrás, para ter sucesso no mundo corporativo atual e futuro.

2.1.4 Cenário atual da profissão contábil

Mesmo com os avanços nos pontos mencionados anteriormente (tecnologia, globalização e normatização), verifica-se que a mudança do perfil profissional da contabilidade — referindo-se agora ao Brasil — ainda não acompanha a mesma velocidade.

Sobre o primeiro aspecto, a tecnologia, verifica-se que ela ainda é utilizada mais em sistemas para auxiliar nos trabalhos (antes manuais), não sendo explorada, porém, em sua potência máxima, a exemplo do uso de robôs para a eliminação completa do trabalho repetitivo — cenário que já ocorre em outros países —, da adoção de ferramentas de trabalho interligadas para promover a gestão de rotinas, a utilização de inteligência artificial etc.

O profissional da contabilidade no Brasil ainda é muito demandado para resolver questões fiscais, especialmente porque a partir de 2006 houve a criação do Sistema Público de Escrituração Digital (SPED), que determinou a apresentação de obrigações acessórias de forma digital e integrada, com subprogramas como: A Escrita Fiscal Digital (EFD), para apresentação da movimentação de compras e vendas e apuração de impostos como ICMS e IPI; a Nota Fiscal Eletrônica (NF-e), para as emissões em tempo real de notas fiscais pelas empresas; a Escrita Fiscal Digital – Contribuições (EFD-Contribuições), para a apuração de PIS, Cofins e INSS sobre receita; a ECD, para a apresentação dos livros diário e livros-razão; a Escrituração Contábil Fiscal (ECF), para ajustar a contabilidade apresentada na ECD e apurar imposto de renda e contribuição social sobre o lucro líquido; o E-social, para a apresentação de informações sobre a folha de pagamento e a apuração de impostos como o INSS. Muitas dessas obrigações ainda demandam a apresentação de outras complementares, muitas vezes até com informações repetidas. Dessa forma, fica fácil evidenciar a forte atenção e dispêndio de energia dos profissionais da contabilidade para com o fisco brasileiro. Por isso, a importância cada vez maior do uso da tecnologia para que essas obrigações sejam preenchidas de forma automática, cabendo aos profissionais apenas conferi-las e analisá-las.

Em relação às normas, a situação é bem crítica. Na realidade brasileira, mesmo as empresas maiores, listadas na bolsa de valores, não chegam a aplicar 100% das normas que seriam devidas, fato constatado em diversos trabalhos publicados no Brasil nos últimos anos, a exemplo de Santos, Ponte e Mapurunga (2014), em Adoção Obrigatória do IFRS *no Brasil (2010): Índice de Conformidade das Empresas com a Divulgação Requerida e Alguns Fatores Explicativos*.

O mais preocupante é: como estão os estudantes de contabilidade no país? Conhecem ou aprendem as normas nas instituições de ensino superior? São formados para esse perfil e para o futuro da profissão? O Conselho Federal de Contabilidade (CFC) aplica, todos os anos, duas edições do chamado exame de suficiência, obrigatório para os recém-formados obterem registro profissional no órgão e atuarem na profissão. Desde 2018, o Conselho divulga, em seu sítio, os resultados da prova com diversas estatísticas, como: percentual de aprovados por IES, percentual de acertos e erros por conteúdos, e assim por diante. Um levantamento dos dados de 2018 a 2020, em relação ao quesito percentual de acertos e erros por conteúdo e selecionando-se apenas o conteúdo de normas brasileiras de contabilidade, pode ser verificado na tabela a seguir:

Tabela 1: Percentual de Erros por Conteúdo – Exame de Suficiência CFC – 2018 a 2020

EXAMES DE SUFICIÊNCIA - CFC - % DE ERROS POR CONTEÚDOS

	2020	**2019**		**2018**	
	Edição Única	**1ª Edição**	**2ª Edição**	**1ª Edição**	**2ª Edição**
NORMAS	70,11%	66,32%	39,78%	85,21%	69,89%

Fonte: Elaborado pelos autores com base em CFC (2021).

Nota-se o alto índice de erros no conteúdo Normas Brasileiras de Contabilidade em todos os exames, normas essas que são essenciais para o novo perfil do profissional da contabilidade e garantem a ele os conhecimentos técnicos necessários para o exercício da profissão contábil.

2.1.5 O futuro da profissão e as mudanças necessárias para o novo perfil do profissional da contabilidade

Alguns estudos vêm sendo apresentados sobre o futuro da profissão contábil e sobre o papel dela e do profissional da área para o cenário atual e o da próxima década. Renomadas entidades têm apresentado esses estudos e produzido relatórios muito importantes que nos dão base para este ensaio, sendo algumas delas o *American Institute of Certified Public Accountants* (AICPA), cuja história remonta a 1887 e que é responsável por orientações de carreira e pelas certificações de profissionais da contabilidade, e a *Association of Chartered Certified Accountants* (ACCA), fundada em 1904 e que hoje conta com 227.000 membros. Seu propósito é abrir a profissão, fazendo coisas de forma diferente e melhor, com três valores principais: a inclusão, a integridade e a inovação.

Iniciaremos pela análise da AICPA, a qual divulgou em 2018 um guia de referência denominado *Pré-certificação AICPA – Estrutura Central de Competência*, que tem como objetivo ajudar faculdades, alunos e empregadores.

A estrutura foi desenvolvida por educadores e profissionais de contabilidade com o intuito de definir um conjunto de competências baseadas em habilidades que os estudantes de contabilidade precisam adquirir, independentemente da área de atuação na profissão contábil.

Além disso, baseia-se em três pilares: competências contábeis (identificadas como aquelas que agregam valor aos negócios e contribuem para uma sociedade próspera), competências de negócios (que envolvem um amplo ambiente de negócios no qual os profissionais da contabilidade atuam) e competências profissionais (aquelas que se relacionam com as habilidades, as atitudes e o comportamento dos profissionais da contabilidade).

Nas competências contábeis, estão listadas a avaliação, análise e gestão de risco; a análise e interpretação de mensurações; o reporte; a pesquisa; a gestão de sistemas e processos; as tecnologias e ferramentas. Nas competências de negócios: perspectivas estratégicas; perspectivas globais e da indústria; gestão de processos e pesquisa; perspectivas de governança e perspectiva do cliente. Nas competências profissionais: conduta ética; comportamento profissional; tomar decisão; colaboração; liderança; comunicação e gerenciamento de projetos.

A seguir, apresenta-se um quadro com o detalhamento das competências divulgadas pela AICPA:

Quadro 1: *The AICPA Pre-certification Core Competency Framework*

Competências Contábeis	**Avaliação, análise e gestão de risco**	Avaliar, analisar e gerenciar o risco usando estruturas, julgamento profissional e ceticismo para gestão empresarial eficaz.
	Análise e interpretação de mensurações	Identificar e aplicar de forma adequada, confiável e verificável medições para analisar dados para um determinado propósito e uso pretendido.
	Reporte	Identificar o conteúdo apropriado e comunicar de forma clara e objetiva para o público-alvo o trabalho realizado e os resultados regidos por padrões profissionais, exigidos por lei ou ditados pela empresa ambiente.
	Pesquisa	Identificar, acessar e aplicar estruturas profissionais relevantes, padrões e orientações, bem como outras informações para análise e para tomar decisões informadas.
	Gestão de sistema e processo	Identificar os processos de negócios adequados e sistema(s), estruturas e controles relacionados, para auxiliar no projeto e uso de sistemas para operações eficientes e eficazes.
	Tecnologia e ferramentas	Identificar e utilizar tecnologias e ferramentas relevantes para analisar dados de forma eficiente e eficaz, executar tarefas atribuídas, bem como apoiar outras competências.

Competências de Negócios	**Perspectivas Estratégicas**	Identificar, analisar e avaliar objetivamente os dados e informações para um planejamento estratégico eficaz, implementação e gestão.
	Perspectivas globais e da indústria	Identificar os fatores globais e industriais exclusivos e analisar os riscos e oportunidades relacionados e seu impacto em uma organização.
	Gestão de processos e pesquisa	Identificar conceitos e técnicas para planejamento de negócios, operações e processos de avaliação, bem como recursos de gestão, e considerar como eles são usados em uma organização.
	Perspectivas de Governança	Compreender os ambientes legais e regulamentares que afetam uma organização e seus efeitos em operações da organização, controles internos e o gerenciamento de riscos. Reconhecer as responsabilidades sociais e ambientais da organização.
	Perspectiva do Cliente	Identificar e responder às necessidades de clientes e entender como as mudanças relevantes no ambiente e o mercado têm um impacto na organização.

Competências Profissionais	**Conduta ética**	Comportar-se de uma maneira vinculada aos princípios éticos para a proteção da sociedade, incluindo a defesa do Código AICPA de Conduta Profissional.
	Comportamento profissional	Praticar de uma maneira que seja consistente com o papel e altos padrões estabelecidos pelo AICPA e pela contabilidade profissão. Demonstrar ética de trabalho e respeito por diversidade, bem como o compromisso de adquirir continuamente novas aptidões e conhecimentos pessoais e profissionais.

Competências Profissionais	**Tomar decisão**	Identificar objetivamente, avaliar criticamente os problemas e usar o julgamento profissional para desenvolver modelos de decisão apropriados, identificar e analisar os custos e benefícios de alternativas cursos de ação e recomendar soluções ótimas.
	Colaboração	Trabalhar produtivamente com diversos indivíduos em uma variedade de funções, com múltiplos interesses no resultado para alcançar resultados aceitáveis e ótimos.
	Liderança	Conhecer e aplicar modelos de liderança para influenciar, inspirar e motivar diversos indivíduos e grupos. Desenvolver atitudes e comportamentos que reconheçam a diversidade, promover a inclusão e otimizar o indivíduo e o desempenho organizacional.
	Comunicação	Ouvir ativamente e entregar informações de forma eficaz em múltiplos formatos adaptados ao público-alvo.
	Gerenciamento de Projetos	Planejar e gerenciar o fluxo de trabalho individual e em equipe através da utilização eficaz de tempo e outros recursos para cumprir objetivos.

Fonte: AICPA (2018).

Pode-se verificar a amplitude das competências dos profissionais da contabilidade elencadas pela AICPA com base nos *feedbacks* que o próprio mercado estabelece.

Passemos a analisar, então, um importante estudo publicado em junho de 2016 pela ACCA, que identifica os principais impulsionadores para mudanças na profissão na próxima década. O relatório, denominado *Professional accountants – the future: Drivers of change and future skills,* faz uma reflexão sobre as mudanças na economia global, a expansão da tecnologia, sobretudo da inteligência artificial e do uso de dados e ferramentas tecnológicas etc.

A executiva-chefe da ACCA, Helen Brand, destaca que:

> Seja qual for a forma do futuro ambiente de negócios, exigirá flexibilidade e relevância. Profissionais da contabilidade devem manter sua excelência técnica e complementá-la com o desenvolvimento de habilidades altamente pessoais e qualidades profissionais. (ACCA, 2016, p. 3)

O relatório é dividido em duas seções. A primeira apresenta um levantamento dos principais impulsionadores de mudança que terão impacto na profissão e a segunda, as habilidades que no futuro serão requeridas dos profissionais da contabilidade.

Os impulsionadores de mudança, trazidos no relatório para o futuro da profissão contábil, são os seguintes:

a. **Regulação e Governança:** uma maior regulação e uma maior necessidade de governança terão impacto direto sobre a profissão contábil até 2025, aponta o estudo. Um exemplo apresentado é o impacto que haverá na área tributária, na questão intergovernamental, e, consequentemente, em especialistas em impostos. As variações regionais irão influenciar a regulamentação e a governança. Os governos terão aumento de receita com a cobrança de impostos indiretos. Nos próximos cinco a dez anos, os países deverão começar a cobrar o Relato Integrado (RI), a apresentação de informações, as quais vão muito além de demonstrações contábeis e financeiras e abrangem de forma integrada toda a organização. Outras questões são trazidas nesse tópico como as "novas empresas", a exemplo do Facebook, da Amazon, da Netflix, do Google e do Uber, que vão exigir respostas governamentais para a questão de emprego etc. Em resumo, virão mudanças em marcos regulatórios importantes, o que exigirá das organizações fortes adaptações. Aos profissionais da contabilidade, caberá também se adaptar e desenvolver competências e habilidades não apenas em números, mas também na explicação do significado deles, dando uma visão ampla para que as organizações possam alcançar seus objetivos de curto e de longo prazos. Nesse sentido, os contadores terão que se envolver mais ainda em questões estratégicas e no apoio à tomada de decisão. O relatório destaca que: "acima de tudo, espera-se dos profissionais da contabilidade que estes possam fazer julgamentos profissionais e, ao fazer isso, precisarão exercitar os mais altos padrões de integridade, independência e ceticismo" (ACCA, 2016, p. 10).

b. **Tecnologias Digitais:** esse critério é apontado como outro forte impulsionador da profissão contábil nas próximas décadas. O estudo comenta a disseminação da tecnologia digital, seus impactos nos negócios e a transformação das práticas contábeis e as exigências de competências que os profissionais terão. Comenta, ainda, o surgimento de softwares e sistemas que substituirão o trabalho manual, gerando automatizações complexas.

c. **Globalização Contínua:** de acordo com o estudo, a globalização contínua trará oportunidades e desafios para os profissionais da contabilidade. Estes terão que desenvolver novas habilidades para compreender e acomodar diferenças emergentes em práticas de negócios, geografias, papéis, responsabilidades e regulações, bem como desenvolver os conhecimentos técnicos e éticos necessários e demonstrar comportamentos e habilidades interpessoais. Além disso, o estudo fez comentários sobre a harmonização das normas de contabilidade, a qual será responsável por aumentar e demandar equipes multinacionais e culturalmente diversas cujos integrantes sejam multilíngues, compreendam os diferentes países e culturas e tenham habilidades interpessoais para participar e gerenciar equipes. Isso se tornará tão importante como ter habilidades técnicas e será observado nas decisões de recrutamento e seleção.

Verifica-se que o presente estudo confirma nosso relato sobre a mudança de perfil do profissional da contabilidade, na medida em que revela que os mesmos pontos — globalização, tecnologia e harmonização de normas de contabilidade, acrescido de regulação e governança — continuam demandando mudanças no perfil dos profissionais de contabilidade, tendência que parece ser constante ao longo das próximas décadas.

O estudo realizou uma pesquisa com dois mil profissionais da contabilidade e executivos no mundo todo para identificar os fatores externos que, segundo a expectativa deles, terão o maior impacto nos próximos três a dez anos. Muitas outras questões foram elencadas como fatores subjacentes de mudança como: volatilidade econômica, maior harmonização de normas, adoção da computação em nuvem, diferentes aspirações e expectativas de gerações futuras, aumento da participação feminina na força e trabalho, mineração de dados e metodologias analíticas etc.

O estudo revisou as competências e habilidades necessárias ao profissional da contabilidade para as próximas décadas e classificou-os em sete áreas:

a. **Habilidades técnicas e éticas:** habilidades para realizar atividades de forma consistente para um padrão definido, mantendo os mais altos padrões de integridade, independência e ceticismo.
b. **Inteligência:** capacidade de adquirir e usar o conhecimento: pensamento, raciocínio e resolução de problemas.
c. **Criativo:** capacidade de usar o conhecimento existente em uma nova situação, para fazer conexões, explorar potenciais resultados e gerar novas ideias.
d. **Digital:** conhecimento e aplicação das tecnologias digitais existentes e emergentes.
e. **Inteligência emocional:** capacidade de identificar suas próprias emoções e as dos outros, aproveitar e aplicá-las às tarefas, gerenciando-as e controlando-as.
f. **Visão:** capacidade de antecipar tendências futuras com precisão, extrapolando tendências e fatos existentes, preenchendo lacunas e pensando de forma inovadora.
g. **Experiência:** capacidade e habilidade para entender as expectativas do cliente, atingir os resultados desejados e criar valor.

Todas essas competências são detalhadas ao longo das noventa páginas do relatório, e os estudos apresentados, da AICPA e ACCA, convergem quase na totalidade em relação aos pontos apresentados, fortalecendo a tendência do novo perfil do profissional da contabilidade.

Passa-se, então, a analisar o mercado local. A Robert Half, uma das maiores empresas de recrutamento e seleção do mundo, publica anualmente o Guia Salarial. A Robert Half brasileira publicou o *Guia Salarial 2021: Remuneração e Tendências de Recrutamento*. Na área de finanças e contabilidade, há destaque para as habilidades em tecnologia:

> Há alguns anos, a digitalização da área financeira vem sendo vista como importante diferencial para as empresas. Hoje, como consequência dos últimos acontecimentos, a adoção de soluções tecnológicas deixa de ser diferencial e passa a ser obrigação. Com foco na redução de erros e agilidade na tomada de decisões, *os profissionais de Finanças e Contabilidade devem gastar menos tempo na operacionalização de informações e mais em análises estratégicas*. Logo, as habilidades com ferramentas e ERPs In Cloud e de comunicação on-line fazem parte do pacote de tech skills desejado para as funções nessa área. (ROBERT HALF, 2021, p. 19, *grifo nosso*).

A empresa apresenta, ainda, as habilidades mais demandadas pelo mercado brasileiro na área contábil. Entre as técnicas, estão: inglês fluente, tecnologia, modelagem financeira, reestruturação de dívidas e gestão de custos, controle de riscos e planejamento tributário. Entre as comportamentais: flexibilidade, resiliência, relacionamento, *Hands on* e senso de dono. Destaca-se, ainda, que:

> A tendência é de que as empresas passem a dar muito mais ênfase à estratégia a ser adotada, em detrimento ao operacional. Nesse cenário a figura do CFO ou diretor financeiro ganhará muito mais destaque. O mercado necessitará de profissionais que tenham experiência em *enfrentar problemas complexos e grande capacidade de análise de informação. Além do papel essencial no direcionamento e mentoria da equipe, a habilidade de fazer leitura mais abrangente de negócio e tomar as decisões difíceis relacionadas aos recursos financeiros será mais avaliada*

> *e fará toda a diferença para o sucesso das empresas.* (ROBERT HALF, 2021, p. 20, *grifo nosso*).

Diante dos estudos mencionados e delineado o perfil do profissional da contabilidade, fica a pergunta: a formação dos profissionais para esse mercado de trabalho é adequada? Deixamos essa reflexão para futuros ensaios ou estudos sobre o tema.

CONSIDERAÇÕES FINAIS

Pode-se notar, ao longo das últimas décadas, que a profissão contábil foi se modificando em razão do desenvolvimento dos negócios nos mercados mundiais, do avanço da tecnologia da informação e do processo de normatização. Isso exigiu mudança também no perfil dos profissionais da área. As pesquisas e estudos da AICPA e ACCA nos trazem claramente o perfil do profissional da contabilidade desejado pelo mercado, tanto na atualidade como no futuro: trata-se de um perfil bastante abrangente e de formação sólida que vai muito além dos conhecimentos técnicos, sendo necessário um amplo conjunto de habilidades e competências nas áreas de negócio, regulação, governança, comportamento, ética, liderança, comunicação, tecnologia etc. Da mesma forma, a pesquisa brasileira da Robert Half também apresenta várias dessas habilidades já requeridas pelo mercado.

A profissão contábil passa e ainda passará por transformações e adaptações provocadas pela tríade tecnologia da informação, globalização e processo de normatização.

Nesse sentido, é preciso que os profissionais que já estão no mercado de trabalho vislumbrem esse cenário e comecem a se preparar para esse novo perfil e para novos desafios. Além disso, é preciso que as instituições de ensino superior estejam atentas a essas modificações e reflitam profundamente sobre o ensino da contabilidade, desde a concepção do seu currículo até a utilização de metodologias ativas e de investimento em formação docente, para que seja possível proporcionar uma formação profissional mais robusta e adequada às tendências de mercado e da profissão.

REFERÊNCIAS

ACCA. Association of Chartered Certified Accountants. **Professional accountants – the future: Drivers of change and future skills**. Londres: Association of Chartered Certified Accountants, 2016. Disponível em: https://www.accaglobal.com/content/dam/members-beta/images/campaigns/pa-tf/pi-professional-accountants-the-future.pdf. Acesso em: 20 out. 2021.

ALI, Aran. How Media Consumption Has Changed Over the Last Decade (2011-2021). **Visual Capitalist**, Vancouver, 28 abril 2021. Disponível em: https://www.visualcapitalist.com/how-media-consumption-has-changed-in-2021. Acesso em: 22 out. 2021.

AICPA. American Institute of Certified Public Accountants. **The AICPA Pre-certification Core Competency Framework**. [Durham]: American Institute of Certified Public Accountants, 2018. Disponível em: https://www.aicpa.org/content/dam/aicpa/interestareas/accountingeducation/resources/downloadabledocuments/aicpa-pre-certification-core-compentency-framework.pdf. Acesso em: 20 out. 2021.

CFC. Conselho Federal de Contabilidade. **Relatórios estatísticos do Exame de Suficiência.** Brasília: Conselho Federal de Contabilidade, 2021. Disponível em: https://cfc.org.br/registro/exame-de-suficiencia/relatorios-estatisticos-do-exame-de-suficiencia/. Acesso em: 22 out. 2021.

GABRIEL, Martha. **Você, eu e os robôs:** pequeno manual do mundo digital. São Paulo: Atlas, 2018.

IUDÍCIBUS, Sérgio de. **Teoria da contabilidade.** 12. ed. São Paulo: Atlas, 2021.

RIOS, Ricardo Pereira; MARION, José Carlos. **Contabilidade avançada.** São Paulo: Atlas, 2017.

HALF, Robert.. Guia Salarial 2021: remuneração e tendências de recrutamento. [Brasil]: Robert Half, 2021. Disponível em: https://www.roberthalf.com.br/guia-salarial. Acesso em: 22 out. 2021.

SANTOS, Edilene Santana; PONTE, Vera Maria Rodrigues; MAPURUNGA, Patrícia Vasconcelos Rocha. Adoção Obrigatória do IFRS no Brasil (2010): Índice de Conformidade das Empresas com a Divulgação Requerida e Alguns Fatores Explicativos. **Revista de Contabilidade e Finanças – USP,** São Paulo, v. 25, n. 65, p. 161-176, 2014. Disponível em: https://www.revistas.usp.br/rcf/article/view/85359. Acesso em: 22 out. 2021.

YANAI, Angela Emi; SOUZA, Claudia Daniele de; CASTRO, Carlos Eduardo Gomes de; OLIVEIRA, Meire Ramalho de. O desenvolvimento da indústria 4.0: um estudo bibliométrico. In: XXXVII ENCONTRO NACIONAL DE ENGENHARIA DA PRODUÇÃO – ENEGEP, 2017, Joinville. **[Anais]**. Joinville: Associação Brasileira de Engenharia de Produção (ABEPRO), 2017. Tema: A Engenharia de Produção e as novas tecnologias produtivas: indústria 4.0, manufatura aditiva e outras abordagens avançadas de produção, p. 1-16. Disponível em: http://www.abepro.org.br/biblioteca/TN_STO_238_384_34491.pdf. Acesso em: 22 out. 2021.

CAPÍTULO TRÊS

Resumo

O capítulo objetiva avaliar os antecedentes de aceitação e adoção da Auditoria Contínua pelos auditores internos. A investigação se baseou em termos de método no modelo Unified Theory of Acceptance and Use of Technology (UTAUT), em pesquisa com 103 respondentes devidamente qualificados e utilizou, nas análises, a modelagem de equações estruturais com mínimos quadrados parciais (Partial Least Squares). Os resultados alcançados indicam que os auditores internos percebem que há progressos nos seus desempenhos ao utilizar a Auditoria Contínua, desde que a infraestrutura de tecnologia da informação seja condizente com a proposta planejada.

Palavras-chave: *Unified Theory of Acceptance and Use of Technology. Cultura em auditoria. Automatização. Regulação.*

Antecedentes da aceitação e adoção da auditoria contínua pelos auditores internos

3

Antecedentes da aceitação e adoção da auditoria contínua pelos auditores internos

Alexandre Moysés Vargas Nascimento
Napoleão Verardi Galegale
Carlos Vital Giordano

INTRODUÇÃO

Diante do contexto da quarta revolução industrial, com a introdução de novas tecnologias, responsáveis por transformar significativamente o cenário dos negócios, constata-se que o ambiente corporativo se aproxima do extremo de uma década de incerteza, e as empresas enfrentam riscos estratégicos de reputação operacionais, financeiros, regulatórios e cibernéticos. Até recentemente, a Auditoria Interna (AI) ainda não havia enfrentado a necessidade de inovar e muito menos de se reinventar de maneira compulsória.

Nesse sentido, estudos revelam que muitos procedimentos de AI podem ser automatizados, pois reduzem custos para a área e para a empresa, permitindo auditorias mais frequentes e proporcionando mais disponibilidade da equipe de auditores para executar tarefas que exigem o julgamento humano.

Chan e Vasarhelyi (2011) consideram que profissionais da AI e acadêmicos exploram a Auditoria Contínua (AC) como o potencial substituto da auditoria tradicional. Usando tecnologia e automação, a auditoria aumenta a eficiência e a eficácia de seus processos, para dar suporte à avaliação em tempo real.

A inexistência de relatos anteriores sobre a aceitação da AC, em especial a estrutura *Unified Theory of Acceptance and Use of Technology* (UTAUT) nas atividades da AI, mostram-se prejudiciais no instante em que há uma busca de ferramentas e novas abordagens para maximizar os resultados de função e potencializar a cultura de auditoria focada.

Em termos gerais, a investigação tem como objetivo examinar os antecedentes de aceitação e adoção da AC pelos auditores internos, considerando que aquela serve como apoio para a manutenção das funções destes, em vista do avanço tecnológico.

Adicionalmente, entende-se como objetivos específicos: verificar o entendimento dos fatores que influenciam a aceitação do uso da AC pelos auditores internos, sob a perspectiva da UTAUT; identificar os fatores que afetam positiva e/ou negativamente a decisão dos auditores internos em AC, de acordo com quatro fatores contextuais: expectativa de desempenho, expectativa de esforço, influência social e condições facilitadoras, além de três características individuais: gênero, idade e experiência.

Diante do cenário, apresenta-se a questão-problema norteadora da investigação: como os fatores contextuais influenciam a expectativa do auditor interno no uso da AC?

3.1 REFERENCIAL TEÓRICO

3.1.1 Auditoria Interna

Nos tempos atuais, com a tecnologia e a economia mundial evoluindo em um ritmo acelerado, as organizações precisam se adaptar de maneira rápida e eficiente a essas novas exigências. Muitas empresas em países em desenvolvimento enfrentam níveis crescentes de risco devido à expansão de suas operações em mercados emergentes. Enquanto isso, os requisitos regulatórios aumentam, e as forças interligadas da globalização e dos avanços tecnológicos criam novas oportunidades, ao mesmo tempo que também fazem, porém, emergir novos riscos.

A AI é fundamental às empresas de grande porte, às tradicionais e àquelas de diversos segmentos e portes, como as *fintechs*, uma vez que todas essas corporações enfrentam ambientes complexos, dinâmicos e regulados com uma estrutura organizacional muitas vezes informal, sem a robustez necessária à eficácia de seus processos de governança e gerenciamento de riscos.

Segundo Marks (2016), quando a AI é vista como uma área que não consta da agenda do Conselho de Administração, sua função pode até ser importante, mas de fato não importa, ou seja, não traz impactos. Nessa direção, Trotman (2013) esclarece que a dificuldade em entender como os principais usuários e provedores avaliam a qualidade da AI e os fatores que consideram determinantes é um grande obstáculo para o seu progresso.

A AI Ágil (BECOME AGILE, 2017), consiste na concepção acerca das formas que a AI deve adotar para se concentrar nas necessidades das partes interessadas, acelerar os ciclos de auditoria, discutir percepções em tempo hábil, reduzir o desperdício de esforços e gerar menos documentação. A AI Ágil solicita que auditores internos e partes interessadas determinem, antecipadamente, o valor a ser entregue por uma auditoria ou projeto. Também permitem que os auditores internos respondam de maneira rápida e eficaz à medida que estratégias, prioridades, tecnologias, concorrentes, regulamentações e riscos evoluem.

No âmbito regulatório, a Comissão de Valores Mobiliários dos EUA (*Securities and Exchange Commission* — SEC) exigiu, desde novembro de 2003, que as empresas listadas na NASDAQ e na Bolsa de Nova York (NYSE) passassem a ter funções de AI. Segundo a SEC, as empresas listadas devem manter a função de AI para fornecer avaliações contínuas dos processos de gerenciamento de risco e do sistema de controle interno da empresa.

A partir de 31 de dezembro de 2017, a AI torna-se atividade obrigatória nas instituições financeiras e deve dispor das condições necessárias para a avaliação independente, autônoma e imparcial. Para *The Institute of Internal Auditors* (IIA), principal entidade global de defesa, difusão e desenvolvimento da AI com mais de 185.000 membros em todo o mundo, a missão dos profissionais da área é aumentar e proteger o valor organizacional, fornecendo avaliação (*assurance*), assessoria (*advisory*) e conhecimento (*insight*) objetivos e baseados em risco.

Diversos estudos apontam a necessidade premente de oportunidade, para que os profissionais da AI inovem no atendimento às crescentes necessidades da organização e agreguem mais valor. Feizizadeh (2012) afirma que a inovação por meio do uso disseminado da tecnologia é uma característica muito eficaz das funções de AI, utilizada para melhorar processos que vão desde a recuperação de dados até o monitoramento de riscos.

A AI deve fornecer recomendações para a organização sobre os principais riscos por meio da análise de dados e, particularmente, de combinações de conjuntos de dados. Uma oportunidade é dada a AI, na medida em que, tendo acesso aos dados da organização, posiciona-se de forma única para analisar vários conjuntos de dados de forma contínua, identificando tendências, relacionamentos e anomalias que ninguém mais na organização conseguiria identificar.

3.1.2 Auditoria Contínua (AC)

A proliferação de sistemas de informação no negócio proporciona aos auditores o acesso mais fácil à informação e envolve, também, a gestão e a revisão de volumes vastamente aumentados de dados e transações.

A AC contempla a mudança progressiva nas práticas de auditoria em direção ao grau máximo possível de automação como uma forma de aproveitar a base tecnológica da empresa moderna, para reduzir os custos de auditoria e aumentar a sua automação. É importante que o profissional de AI e outras partes interessadas comecem a pensar no impacto da AC imediatamente, quando é mais fácil estabelecer as bases para essa mudança, do que quando as tecnologias e práticas já tiverem se estabelecido (VASARHELYI *et al.*, 2012).

O *Institute of Internal Auditors*, em 2015, explicou que a AC é obtida por meio de avaliações contínuas de risco e controle possibilitadas por técnicas de auditoria baseadas em tecnologia, como *softwares* de auditoria generalizados, *softwares* de planilhas ou *scripts* desenvolvidos com *software* específico, soluções comercialmente empacotadas e sistemas de produção desenvolvidos sob medida.

Embora as funções tradicionais de AI possam aproveitar a análise para selecionar amostras, extrapolar resultados ou identificar exceções, a AC vai além desse processo básico, a fim de melhor abordar problemas e riscos corporativos e de fornecer novos e valiosos *insights* ao gerenciamento. Adicionalmente, auxilia os profissionais da AI a fazerem as perguntas certas, melhorarem a confiança nos resultados da auditoria e identificarem as ações mais apropriadas. Outra vantagem para AI é que a AC apoia a supervisão de qualquer processo de negócio da organização, a exemplo dos recursos humanos, financeiros, bem como o orçamento, a contabilidade e as compras.

Diversos estudos e pesquisas explicaram os benefícios de AC. Entre eles, destacam-se: Vasarhelyi *et al.* (2012), a respeito dos aspectos técnicos da implementação da tecnologia; Kuhn; Sutton (2010), em relação aos efeitos psicológicos da AC em gerentes; Hunton & Jacob (2010), acerca dos avanços nos sistemas de apoio à decisão.

Alles, Vasarhelyi e Kogan (2003) asseguram que a inovação mais importante gerada pela AC é a promessa de continuar monitorando e avaliando as operações da empresa e informando aos usuários e partes interessadas, se ocorrerem exceções substanciais.

Ao tratar da utilização da tecnologia, Pedrosa, Laureano e Costa (2015) corroboram que a utilização das tecnologias de informação para auditoria está desde há muito presente nas orientações das diversas entidades reguladoras que tutelam as profissões associadas à auditoria.

Com essas reflexões, constata-se que os autores supracitados consideram que a AC amplia o foco de atuação da AI, desenvolvendo soluções que agregam valor à organização, sustentam o processo de AI e obtêm um modelo de entrega mais eficiente e eficaz.

Chan e Vasarhelyi (2011), no artigo *Innovation and Practice of Continuous Auditing,* concluíram, entre outros aspectos, que a AC ocorrerá em tempo real nos processos de negócios de alto risco e que auditorias frequentes ocorrerão em outros processos de negócios com baixo risco. Além do mais, o papel do auditor evoluirá da realização de procedimentos tediosos de auditoria a procedimentos de investigação de irregularidades e exceções, para lidar com procedimentos de auditoria que exijam julgamento e ceticismo profissional.

O desafio é apreender a analisar o volume de dados disponíveis e cabe aos auditores internos compreender os processos de negócios, os riscos e os objetivos de controle, a fim de identificar os dados apropriados para a questão.

Em suma, os auditores precisam definir as informações necessárias e o que planejam fazer com elas, uma vez que forem obtidas. As avaliações periódicas da auditoria devem continuar, contudo a natureza e o modelo de avaliação mudarão, isto é, passarão a enfatizar o tempo real por meio de AC. Nesse sentido, os *stakeholders* precisarão de mais serviços baseados em risco e formas mais amplas de avaliação.

3.1.3 *Unified Theory of Acceptance and Use of Technology (UTAUT)*

Diversos pesquisadores estudaram a questão da adoção da tecnologia da informação, criando teorias, estruturas e modelos de modo a compreender essa realidade, dar foco e superar a resistência real à aceitação e acatar os fatores que contribuem para a utilização bem-sucedida da tecnologia.

Um dos modelos mais amplamente utilizados para estudar a adoção da tecnologia é o *Technology Acceptance Model* (TAM), proposto, a princípio, por Davis (1985, 1989). A quantidade de citações a seu estudo ultrapassa as 700 vezes, o que, de fato, é um número expressivo para um artigo. O TAM resistiu ao teste do tempo ao ser o modelo-líder por quase duas décadas, de acordo com Bagozzi (2007).

Após mais de uma década de pesquisa sobre a TAM, conforme relata Venkatesh *et al.* (2006), foi proposta a *Unified Theory of Acceptance and Use of Technology* (UTAUT), em substituição a vários outros modelos.

Com foco na revisão dos modelos anteriores, algumas limitações foram identificadas nos modelos anteriores, como a falta de heterogeneidade nas tecnologias, organizações, setores e funções de negócios, além de a condução dos testes ter ocorrido bem após a decisão de aceitação ou rejeição dos participantes, e não durante o processo decisório de adoção ativa. Assim sendo, a UTAUT foi projetada para superá-los (VENKATESH *et al.*, 2003).

A UTAUT enumera quatro fatores-chave — expectativa de desempenho, expectativa de esforço, influência social e condições de facilitação — e quatro moderadores: idade, sexo, experiência e voluntariedade. Estes estão relacionados à previsão do desejo do uso real da tecnologia em contextos organizacionais.

A inexistência de relatos anteriores sobre a aceitação da AC, em especial a estrutura UTAUT nas atividades da AI, a prejudica no instante em que se buscam ferramentas e novas abordagens para maximizar os resultados de função e potencializar a cultura de auditoria focada.

3.1.4 Desenvolvimento das hipóteses e modelo teórico

3.1.4.1 Expectativa de Desempenho (ED)

Embora a ED seja definida por Venkatesh *et al.* (2003) como o grau em que o indivíduo aceita que o uso de um sistema o ajudará alcançar ganhos no desempenho do trabalho, neste estudo, define-se a ED como o grau em que o auditor interno percebe que alcançará progressos no desempenho do trabalho de auditoria ao utilizar a AC.

Caso a ED do auditor aumente, a intenção de usar AC pelo auditor também aumentará. Por consequência, a hipótese H_1 propõe: a ED afeta positivamente a intenção dos auditores internos para a adoção da tecnologia de AC.

3.1.4.2 Expectativa de Esforço (EE)

A EE é definida como o grau de facilidade associado ao uso do sistema, conforme Venkatesh *et al.* (2003). Entretanto, para esta pesquisa, define-se a EE como o grau de facilidade associada à utilização da tecnologia de AC. Depreende-se de Smith e Langfield-Smith (2004) que a facilidade de uso do sistema é a principal motivação para a adoção tecnológica da contabilidade gerencial.

Dadas as complexidades das ações envolvidas, o uso de sistemas da AC será, portanto, facilitado pelas percepções positivas dos auditores internos em relação à expectativa de esforço. Considera-se a hipótese H_2: a EE afeta positivamente a intenção dos auditores internos na adoção da tecnologia de AC.

3.1.4.3 Influência Social (IS)

IS é o grau em que o indivíduo percebe que outros indivíduos importantes acreditam que ele deve usar o novo sistema, conforme Venkatesh *et al.* (2003). No contexto de adoção de AC, define-se IS como o grau em que o(a) auditor(a) percebe que os outros esperam que ele ou ela deva usar a tecnologia de AC. Assim, fatores sociais também são considerados variáveis externas, pois, de acordo com Thompson, Higgins e Howell (1991), os fatores sociais mostram uma forte influência na utilização de computadores.

Assim, por meio do modelo UTAUT, a IS afeta significativamente a intenção comportamental do usuário para usar a tecnologia. Com isso, tem-se a hipótese H_3: a IS afeta positivamente a intenção dos auditores internos para a adoção da tecnologia de AC.

3.1.4.4 Condições Facilitadoras (CF)

As CFs são definidas como o grau em que um indivíduo aceita que existe uma infraestrutura organizacional e técnica para apoiar o uso do sistema. Essas condições incluem aspectos do ambiente tecnológico e/ou organizacional, que são projetados para remover barreiras ao uso de um sistema (VENKATESH *et al.*, 2003). Isso se relaciona ao suporte técnico e monetário, bem como ao apoio de treinamento e aos recursos disponíveis para os auditores internos, no sentido de facilitar o uso do sistema de AC. Propõe-se, então, a hipótese H_4: as CFs positivas aumentam a intenção dos auditores internos para a adoção da tecnologia de AC.

3.1.4.5 Influência da CF na EE

Segundo Venkatesh e Agarwal (2006), não se espera que o reconhecimento da presença (ou da falta) de CFs favoráveis, por si só, influencie diretamente o uso do sistema. Não importa o quanto o indivíduo seja competente utilizando o sistema, as CFs influenciam a EE se a organização não tiver recursos adequados, como infraestrutura de tecnologia para apoiar o uso do sistema; nesse caso, a expectativa comportamental do indivíduo no uso do sistema será reduzida. Tem-se, então, a hipótese H_5: as CFs positivas reduzem a EE dos auditores internos para a adoção da tecnologia de AC.

Os constructos ED, EE, IS e CF representados no modelo teórico da pesquisa, apresentado na Figura 1 adiante, fundamentam a discussão sobre as hipóteses e os indicadores de cada constructo. As variáveis moderadoras inseridas no modelo são: gênero, idade e experiência.

Figura 1: Modelo Estrutural e de Mensuração

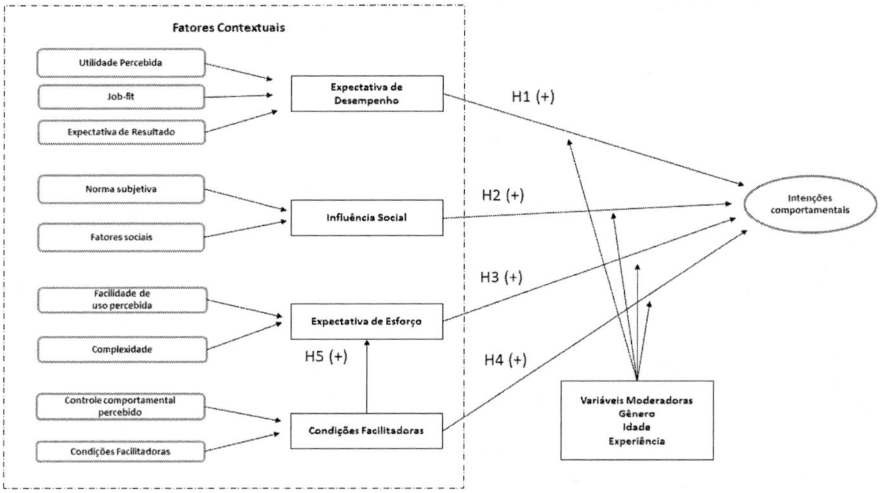

Fonte: Adaptado de Venkatesh *et al.* (2003).

O foco da pesquisa é a análise dos impactos dos fatores contextuais sobre as intenções dos profissionais de AI no uso da AC, no ambiente. Para tanto, propõe-se o modelo estrutural adaptado de Venkatesh *et al.* (2003) e a elaboração das hipóteses (H_1, H_2, H_3 e H_4), que representam os efeitos dos quatro antecedentes: Expectativa de Desempenho, Expectativa de Esforço, Influência Social e Condições Facilitadoras sobre a intenção comportamental. Por fim, tem-se a H_5, que representa a influência dos efeitos das CF sobre a EE.

3.2 METODOLOGIA

Para alcançar objetivos, o modelo escolhido é o *Partial Least Squares* (PLS), ou mínimos quadrados parciais. Esse modelo se concentra na análise de variância, não exigindo qualquer suposição acerca da normalidade ou distribuição das variáveis. O PLS realiza a análise de conjuntos de relações entre as variáveis, de maneira que a variável dependente, numa relação, pode ser a variável independente noutra e, ainda, analisa os impactos, tanto diretos quanto indiretos, das variáveis independentes sobre as dependentes (SMITH; LANGFIELD-SMITH, 2004).

Na modelagem de equações estruturais, as variáveis têm definição diferente daquelas empregadas em outros estudos, como a regressão múltipla. Os constructos ou variáveis que não podem ser medidos diretamente recebem o nome de variáveis latentes. Essas variáveis podem ser representadas por uma ou mais variáveis que podem ser medidas diretamente e recebem o nome de indicadores (HAIR *et al.*, 1998).

O PLS não exige amostra grande, não tem problemas de identificação e não presume que a distribuição entre as variáveis medidas seja normal (CHIN; MARCOLIN; NEWSTED, 2003).

A *Average Variance Extracted* (variância média extraída) é a porção dos dados (nas respectivas variáveis) que é explicada por cada um dos constructos respectivos aos seus conjuntos de variáveis ou quanto, em média, as variáveis se correlacionam positivamente com os seus respectivos constructos. Assim, quando as *Average Variance Extracted* (AVE) são maiores que 0,50, admite-se que o modelo convirja a um resultado satisfatório (FORNELL; LARCKER, 1981).

A análise da Tabela 1 mostra que todos os constructos apresentam valor de AVE > 0,50, indicando que o modelo é satisfatório.

Tabela 1: Valores da qualidade de ajuste do modelo

	Cronbach's Alpha (AC)	rho_A (CC)	Composite Reliability	Average Variance Extracted (AVE)
Condições Facilitadoras	0,917	0,926	0,941	0,800
Expectativa de Desempenho	0,928	0,940	0,946	0,780
Expectativa de Esforço	0,891	0,909	0,948	0,901
Influência Social	0,879	0,900	0,917	0,734
Intenções Comportamentais	0,702	0,708	0,834	0,627

Fonte: Elaborado pelos autores.

O indicador tradicional é o Alfa de Cronbach (AC), que é baseado em intercorrelações das variáveis. A Confiabilidade Composta (CC) é mais adequada ao PLS-PM, pois prioriza as variáveis de acordo com as suas confiabilidades, enquanto o AC é muito sensível ao número de variáveis em cada constructo. Nos dois casos, tanto o AC como a CC são usados para avaliar se a amostra está livre de vieses ou, ainda, se as respostas em seu conjunto são confiáveis. Valores do AC de 0,70 e 0,90 do CC são considerados satisfatórios (HAIR; RINGLE; SARSTEDT, 2014). Vê-se na Tabela 1 que os valores AC e CC são considerados adequados.

A próxima análise é a avaliação dos coeficientes de determinação de Pearson (R_2): Os R_2 avaliam a porção de variância das variáveis endógenas, que é explicada pelo modelo estrutural. Indica a qualidade do modelo ajustado. Para a área de ciências sociais e comportamentais, Cohen (1988) sugere que R_2 = 2% seja classificado como efeito pequeno, R_2 = 13% como efeito médio e R_2 = 26% como efeito grande. Os valores de R_2 para Intenções Comportamentais e Expectativa de Esforço foram de 82% e 42%, respectivamente, indicando um grande efeito.

O tamanho do efeito (F_2) é o valor é obtido pela inclusão ou exclusão de constructos endógenos do modelo (um a um), ou seja, avalia-se quanto cada constructo é útil para o ajuste do modelo. Valores de 0,02, 0,15 e 0,35 são considerados pequenos, médios e grandes, respectivamente (HAIR; RINGLE; SARSTEDT, 2014), conforme a Tabela 2.

De acordo com o tamanho do efeito (F_2), que mede o impacto relativo de um constructo preditor em um construto endógeno (Cohen, 1988), os critérios são os seguintes: $F_2 > 0,02$ representa um efeito pequeno; $F_2 > 0,15$, um efeito médio; e $F_2 > 0,35$, um grande efeito. Na Tabela 2, o constructo EE tem um grande efeito (0,376), enquanto o constructo Expectativa de Desempenho tem um efeito de tamanho médio (0,332). Por fim, os constructos CF e IS têm efeito de tamanho pequeno, 0,008 e 0,131. respectivamente.

Tabela 2: Tamanho dos efeitos F_2

	Condições Facilitadoras	Expectativa de Desempenho	Expectativa de Esforço	Influência Social	Intenções Comportamentais
Condições Facilitadoras			0,750		0,008
Expectativa de Desempenho					0,332
Expectativa de Esforço					0,376
Influência Social					0,131
Intenções Comportamentais					

Fonte: Elaborado pelos autores.

De acordo com os resultados supracitados, afirma-se que o modelo utilizado nesta pesquisa é consistente e adequado.

Com relação às ferramentas e técnicas de auditoria assistidas por computador, citam-se pesquisas que contemplam: a aceitação e o uso de AC por auditores (GONZALEZ; SHARMA; GALLETTA, 2012). Portanto, o PLS é recomendado na literatura como uma abordagem adequada para estudos que tratem da aceitação de tecnologia da informação pelos usuários.

A metodologia utilizada para a coleta de dados inclui questionário on-line disponibilizado aos auditores internos associados ao Instituto dos Auditores Internos do Brasil (em algumas questões, utilizou-se a escala de Likert, com as seguintes abreviaturas: CT = Concordo totalmente; CP = Concordo parcialmente; NCND = Não concordo, nem discordo; DP = Discordo parcialmente; DT = Discordo totalmente).

Por fim, o período de coleta de dados se estendeu por três meses, totalizando 103 respostas.

3.3 RESULTADOS

A Tabela 3 apresenta os resultados relativos à caracterização da amostra colhida de 103 respondentes. Os dados demográficos identificados na pesquisa mostram que mais de 53% dos respondentes se encontram na faixa etária entre 29 e 39 anos e 23% na faixa etária entre 40 e 45 anos. A maioria dos respondentes, 62%, são do sexo masculino, enquanto 38% representam o sexo feminino (Tabela 3).

Tabela 3: Características individuais (idade e gênero)

Características individuais		%	Quantidade
Idade	Abaixo de 22	0,97%	1
	Entre 23 e 28	8,74%	9
	Entre 29 e 39	53,40%	55
	Entre 40 e 45	23,30%	24
	Entre 46 e 55	6,80%	7
	Total	100,00%	103
Sexo	Feminino	37,86%	39
	Masculino	62,14%	64
	Total	100,00%	103

Fonte: Dados da pesquisa.

Em relação à escolaridade, os respondentes se concentram basicamente em duas opções: 76% têm pós-graduação, enquanto 23% têm bacharelado (Tabela 4). Para a característica experiência, 40% dos respondentes possuem entre 5 e 8 anos de experiência e os auditores internos com mais de 11 anos representam 26%.

Tabela 4: Características individuais (escolaridade e experiência)

Características individuais		%	Quantidade
Escolaridade	2º Grau/Ensino Médio	0,00%	0
	Diploma técnico	0,00%	0
	Bacharelado/Licenciatura	23,30%	24
	Pós-graduação	75,73%	78
	Outros	0,97%	1
	Total	100,00%	103

Características individuais		%	Quantidade
Experiência	Menos de 2	8,82%	9
	Entre 2 e 5	8,82%	9
	Entre 5 e 8	40,20%	41
	Entre 8 e 11	15,69%	16
	Mais 11	26,47%	27
	Total	100,00%	102

Fonte: Dados da pesquisa.

Dos respondentes, 84% atuam ou atuaram em organizações de capital aberto (listada) e organizações privada (não listada). A maior parte, 44%, provém de empresas de capital aberto, as sociedades anônimas, cujo capital social é formado por ações negociadas na Bolsa de Valores. Em segundo lugar, os auditores internos mencionaram as organizações privadas, não listadas com 40% das respostas (Tabela 5).

Tabela 5: Características individuais (tipo de organização e cargo)

Características individuais		%	Quantidade
Tipo de organização	Organização de capital aberto (listada)	44,12%	45
	Organização privada (não listada)	40,20%	41
	Setor público (incluindo agências e organizações mantidas pelo governo)	13,73%	14
	Organização sem fins lucrativos não relacionada ao governo)	1,96%	2
	Total	100,00%	102

Características individuais		%	Quantidade
Cargo	CAE (Chief Audit Executive) ou equivalente	7,77%	8
	Diretor ou gerente sênior	7,77%	8
	Gerente	24,27%	25
	Equipe	55,34%	57
	Outra (especifique)	4,85%	5
	Total	100,00%	103

Fonte: Dados da pesquisa.

Em suma, os dados demográficos da pesquisa revelam um perfil de gênero masculino (62%), idade entre 29 e 39 anos (53%), com pós-graduação (76%), experiência profissional entre 5 e 8 anos (40%) e atuação em organizações de capital aberto (listada) e em cargo operacional (55%).

A inexistência de relatos anteriores sobre a aceitação da AC, em especial a estrutura UTAUT nas atividades da AI, pode prejudicá-la no instante em que busca ferramentas e novas abordagens para maximizar os resultados de função e potencializar uma cultura de auditoria focada.

Em razão disso, os auditores internos foram questionados, por meio da pesquisa on-line, a respeito das percepções do uso da tecnologia de AC. A seguir, são apresentados os principais resultados coletados para cada variável e os seus respectivos constructos.

A variável Expectativa de Desempenho contempla os constructos de Utilidade Percebida, *Job-fit* e Expectativa de Resultado (Tabela 6).

Em relação ao constructo Utilidade Percebida, nota-se que 83% dos respondentes concordam que conseguem concluir tarefas de auditoria em menos tempo usando a tecnologia de AC, sendo que 33% concordam totalmente e 50% concordam parcialmente com a afirmação supracitada (Tabela 6).

Por outro lado, o resultado da pesquisa que não considera o item concordo totalmente totaliza 67% e indica que estudos posteriores são necessários para identificar os motivos e soluções para redução desses números.

Para o constructo *Job-fit*, observa-se que 43% dos respondentes concordam totalmente e 43% concordam parcialmente que o uso da tecnologia de AC melhora seu desempenho no trabalho. Além disso, 83% concordam que o uso da tecnologia de AC melhora a qualidade do trabalho realizado (Tabela 6).

No constructo Expectativa de Resultado, observa-se que 20% concordam totalmente e 31% concordam parcialmente que terão mais chance de ser promovidos com o uso da tecnologia de AC. Outro dado importante é que 49% não identificaram impactos positivos no uso da AC para futuras promoções. Para 77% dos respondentes, eles gastam menos tempo em tarefas rotineiras com a ajuda da tecnologia de AC (Tabela 6).

As respostas para os indicadores da variável Expectativa de Desempenho são positivas, em geral, ou seja, a maioria dos respondentes concorda totalmente ou concorda parcialmente que a utilização da tecnologia de AC melhorará o desempenho no trabalho. Um aspecto limitante é que 49% dos respondentes não identificaram relações entre o uso da AC e as futuras promoções (Tabela 6).

Tabela 6: Respostas para a variável Expectativa de Desempenho

Constructo	Indicador	CT	CP	NCND	DP	DT
Utilidade Percebida	Eu consigo concluir tarefas de auditoria em menos tempo usando a tecnologia de AC.	33%	50%	7%	4%	7%
Job-fit	O uso da tecnologia de AC melhora meu desempenho no trabalho.	43%	43%	4%	5%	6%

Constructo	Indicador	CT	CP	NCND	DP	DT
Job-fit	O uso da tecnologia de AC melhora a qualidade do trabalho que eu faço.	39%	44%	7%	7%	4%
Expectativa de Resultado	Tenho mais chance de ser promovido com o uso da tecnologia de AC.	20%	31%	33%	8%	8%
Expectativa de Resultado	Eu gasto menos tempo em tarefas rotineiras com a ajuda da tecnologia de AC.	33%	40%	15%	7%	6%

Fonte: Dados da pesquisa.

Para a variável Expectativa de Esforço, consideram-se os constructos de Facilidade de Uso Percebida e Complexidade.

As respostas relacionadas ao constructo Facilidade de Uso Percebida demonstram que aproximadamente 70% dos auditores internos acreditam que o uso da tecnologia de AC será livre de esforço, sendo que 25% concordam totalmente e 44% concordam parcialmente com a afirmação supracitada (Tabela 7).

Para o constructo Complexidade, observa-se que 18% dos respondentes concordam totalmente e 38% parcialmente que o uso da tecnologia de AC é percebido como relativamente fácil de compreender e utilizar (Tabela 7).

De acordo com os resultados supracitados, foi observado, de forma geral, que mais de 50% das respostas está relacionada à aceitação do uso da tecnologia de AC, ou seja, os respondentes concordam totalmente ou concordam parcialmente (Tabela 7).

Uma visão a ser considerada como eventual limitação é a baixa adesão para a resposta concordo totalmente, ou seja, somente 18% concordam totalmente com o indicador "Eu posso usar facilmente a tecnologia de AC com menos esforço", enquanto 25% concordam totalmente com o indicador "Eu posso adquirir facilmente a habilidade de usar a tecnologia de AC" (Tabela 7).

Por fim, foi observado que os respondentes acreditam que existem dificuldades associadas com a utilização da tecnologia de AC.

Tabela 7: Respostas para a variável Expectativa de Esforço

Constructo	Indicador	CT	CP	NCND	DP	DT
Facilidade de uso percebida	Eu posso adquirir facilmente a habilidade de usar a tecnologia de AC.	25%	44%	15%	12%	5%
Complexidade	Eu posso usar facilmente a tecnologia de AC com pouco esforço.	18%	38%	13%	24%	7%

Fonte: Dados da pesquisa.

A variável Influência Social contempla os constructos de Norma Subjetiva e Fatores Sociais (Tabela 8).

Em relação ao constructo Norma Subjetiva, pode-se notar que 65% dos respondentes concordam com a afirmação de que a equipe de AI apoia a utilização da tecnologia de AC, sendo que 31% concordam totalmente e 34% concordam parcialmente com isso. Por outro lado, quase metade dos respondentes (46%) discordam da afirmativa ou não observam que a equipe de AI efetua discussões com os respectivos gestores sobre o uso da tecnologia de AC (Tabela 8).

Para o constructo Fatores Sociais, observa-se que 29% dos respondentes concordam totalmente e 33% concordam parcialmente que o gestor direto colabora (trabalha junto) no uso da tecnologia de AC, totalizando 62% das respostas com uma visão positiva. Além disso, 83% concordam que o uso da tecnologia de AC melhora a qualidade do trabalho realizado (Tabela 8).

Em suma, as respostas para os indicadores da variável Influência Social são positivas, em geral, ou seja, a maioria dos respondentes concorda totalmente e concorda parcialmente com o fato de existir uma influência segundo a qual os outros auditores internos esperam que ele(a) use a tecnologia de AC. Por outro lado, existem oportunidades de melhoria relacionadas às discussões da equipe de AI com os respectivos gestores sobre o uso da tecnologia de AC, uma vez que, de acordo com os dados coletados, 46% não identificaram de forma consistente discussões internas sobre a AC (Tabela 8).

Tabela 8: Respostas para a variável Influência Social

Constructo	Indicador	CT	CP	NCND	DP	DT
Norma subjetiva	A equipe de AI apoia que eu use a tecnologia de AC.	31%	34%	19%	9%	7%
Norma subjetiva	Observo que a equipe de AI efetua discussões com os respectivos gestores sobre o uso da tecnologia de AC.	21%	33%	15%	17%	14%
Fatores sociais	Meu gestor direto colabora (trabalha junto) no uso da tecnologia de AC.	29%	33%	20%	11%	7%
Fatores sociais	Minha empresa apoia o uso da tecnologia de AC.	39%	29%	15%	12%	6%

Fonte: Dados da pesquisa.

Para a variável Condições Facilitadoras, consideram-se os constructos de Controle Comportamental Percebido e Condições Facilitadoras.

As respostas relacionadas ao constructo Controle Comportamental Percebido demonstram que aproximadamente 64% dos auditores internos acreditam que o uso da tecnologia de AC será livre de esforço, sendo que 23% concordam totalmente e 41% concordam parcialmente com isso. Além disso, a maioria (64%) concorda com a afirmação de que o auditor interno tem conhecimento adequado para usar a tecnologia de AC (Tabela 9).

Observou-se que os respondentes entendem que existem dificuldades associadas com a utilização da tecnologia de AC. Esse resultado indica que estudos posteriores são necessários para identificar os motivos e soluções para redução desses números.

Tabela 9: Respostas à variável Condições Facilitadoras

Constructo	Indicador	CT	CP	NCND	DP	DT
Controle comportamental Percebido	Os recursos necessários para usar a tecnologia de AC estão disponíveis para mim.	23%	41%	13%	14%	10%
Controle comportamental Percebido	Eu tenho conhecimento adequado para usar a tecnologia de AC.	20%	44%	15%	14%	8%
Condições Facilitadoras	Eu consigo entender bem a tecnologia de AC e tenho uma orientação clara ao usá-la.	47%	28%	8%	6%	12%
Condições Facilitadoras	A assistência (pessoas, documentos etc.) para sanar dificuldades da tecnologia de AC está sempre disponível para mim.	18%	41%	17%	17%	7%

Constructo	Indicador	CT	CP	NCND	DP	DT
Controle comportamental Percebido	Os recursos necessários para usar a tecnologia de AC estão disponíveis para mim.	23%	41%	13%	14%	10%

Fonte: Dados da pesquisa.

Nesse sentido, percebe-se que a hipótese H_1 (A Expectativa de desempenho afeta positivamente a intenção dos auditores internos na adoção da tecnologia de AC) foi comprovada.

A utilidade percebida é regularmente mencionada como tendo um efeito positivo na intenção de usar tecnologia: Davis (1993) demonstrou o efeito significativo da percepção da utilidade da atitude em relação à facilidade de uso percebida e Chau e Hu (2002) atestaram que a utilidade percebida afeta positivamente a intensidade da intenção de usar sistemas específicos (telemedicina).

A hipótese H_2 (a Expectativa de Esforço afeta positivamente a intenção dos auditores internos para a adoção da tecnologia de AC) também foi comprovada. A facilidade de uso percebida e sua relação com a intenção de usar uma tecnologia foi previamente estudada e concluiu-se que há um fator determinante nas intenções de usar computadores (Davis, 1989). A Expectativa do Esforço foi confirmada como um determinante significativo da intenção de usar a tecnologia (VENKATESH *et al.*, 2003).

Sobre a aceitação de ferramentas automatizadas de auditoria, a hipótese H_3 (a Influência Social afeta positivamente a intenção dos auditores internos para a adoção da tecnologia de AC) também foi comprovada. A influência social tem relação positiva e significativa com as intenções comportamentais. Com base na amostra deste estudo, a maior influência social mostrou-se positivamente relacionada com as intenções comportamentais.

Já a hipótese H_4 (as Condições Facilitadoras positivas aumentam a intenção dos auditores internos para a adoção da tecnologia de AC) não foi comprovada. Os testes estatísticos não confirmaram a relação entre as Condições Facilitadoras e as intenções comportamentais.

Adicionalmente, o resultado desta pesquisa foi diferente da conclusão de Venkatesh *et al.* (2003), que demonstraram que as condições facilitadoras foram um preditor do uso de uma Tecnologia da Informação e que o efeito é mais forte para usuários mais velhos e menos experientes. Vasarhelyi *et al.* (2012) afirmaram, ainda, que as condições facilitadoras podem afetar tanto a intenção quanto o comportamento de uso e propuseram que essas relações serão moderadas pela idade, experiência e gênero: espera-se que os usuários mais antigos precisem de mais apoio organizacional quando precisam aprender a operar com uma nova tecnologia e os homens estejam, em geral, mais abertos a fazer um esforço para aprender a usar um novo sistema. Em contrapartida, as mulheres tendem a confiar mais em condições facilitadoras, e os usuários experientes são menos dependentes do suporte.

O resultado da pesquisa indica também que estudos posteriores são necessários, podendo ainda ser incluído outros indicadores no constructo Condições Facilitadoras, a fim de verificar a relevância para o estudo.

Por fim, a hipótese H_5 (as Condições Facilitadoras positivas reduzem a Expectativa de Esforço dos auditores internos para a adoção da tecnologia de AC) foi comprovada.

Para o modelo desenvolvido nesta pesquisa, utilizaram-se variáveis moderadoras: idade, gênero e experiência de uso. Entretanto, em nenhuma das relações essas variáveis trouxeram efeitos significativos.

CONSIDERAÇÕES FINAIS

A inovação na AI visa a antecipar e a responder efetivamente às necessidades das partes interessadas e prepara os auditores para abordar os riscos emergentes de uma maneira adequada e impactante.

Muitas contribuições sobre a pesquisa de aceitação de novas tecnologias para auditoria foram desenvolvidas na última década. A investigação pretendeu ser uma contribuição sobre o tema de AC. Nos últimos anos, publicaram-se vários novos estudos, incluindo muitas contribuições que enfatizavam questões relevantes sobre as ferramentas automatizadas de auditoria em diversos países.

Os resultados indicam que a expectativa de desempenho afeta positivamente a intenção dos auditores internos na adoção da tecnologia de AC, ou seja, o auditor interno percebe que alcançará progressos no desempenho do trabalho de auditoria ao utilizar a AC. O uso de sistemas da AC será facilitado, portanto, pelas percepções positivas dos auditores internos em relação à expectativa de esforço.

Os auditores internos afirmam que percebem que os outros auditores esperam que eles usem a tecnologia de AC. Em seguida, demonstram que a falta de infraestrutura organizacional e o suporte tecnológico afetam negativamente a decisão do auditor de usar ferramentas eletrônicas.

Os resultados indicam, ainda, que, não importa o quanto um auditor interno seja competente utilizando o sistema, as Condições Facilitadoras influenciam a Expectativa de Esforço se a organização não tiver recursos adequados, como infraestrutura de tecnologia, para apoiar o uso do sistema. Nesse caso, a expectativa comportamental do auditor interno no uso desse sistema é reduzida.

Uma importante contribuição teórica da investigação é o desenvolvimento de um modelo de aceitação individual de AC. A partir desse modelo, novas estratégias podem ser seguidas pelas diferentes partes interessadas (Conselhos de Administração, Comitês de Auditoria e a Alta Administração, além de acadêmicos e profissionais interessados no tema) para promover o uso efetivo dos AC em relação às necessidades desse grupo profissional.

REFERÊNCIAS

ALLES, Michael; KOGAN, Alexander; VASARHELYI, Miklos. Black Box Logging and Tertiary Monitoring of Continuous Assurance Systems. **Information Systems Control Journal**, p. 37-39, 2003.

BAGOZZI, Richard P. The Legacy of the Technology Acceptance Model and a Proposal for a Paradigm Shift. **Journal of the Association for Information Systems**, [*S.l.*], v. 8, n. 4, p. 244-254, 2007.

BECOMING AGILE: a guide to elevating internal audit's performance and value. New York, **Deloitte**, 2017. Disponível em: https://www2.deloitte.com/content/dam/Deloitte/us/Documents/risk/us-advisory-agile-internal-audit-part2-putting-agile-ia-into-action.pdf. Acesso em: 4 mar. 2019.

CHAN, David; VASARHELYI, Miklos. Innovation and practice of continuous auditing. **International Journal of Accounting Information Systems**, [*S.l.*], v. 12, n. 2, p. 152-160, 2011.

CHIN, Wynne; MARCOLIN, Barn; NEWSTED, Peter. A Partial Least Squares Latent Variable Modeling Approach for Measuring Interaction Effects: Results from a Monte Carlo Simulation Study and an Electronic-Mail Emotion/Adoption Study. **Information Systems Research**, Catonsville, v. 14, n. 2, p. 189-217, 2003.

COHEN, Jacob. **Statistical Power Analysis for the Behavioral Sciences**. 2. ed. New York: Psychology Press, 1988.

CYBERSECURITY and the role of internal audit an urgent call to action. New York, **Deloitte**, 2017. Disponível em: https://www2.deloitte.com/content/dam/Deloitte/us/Documents/risk/us-risk-cyber-ia-urgent-call-to-action.pdf. Acesso em: 5 dez. 2018.

DAVIS, Fred. **A Technology Acceptance Model for Empirically Testing New End-user Information Systems**: Theory and Results. 1985. Tese (Doutorado em Administração) – Sloan School of Management, Massachusetts Institute of Technology, Massachusetts, 1985.

DAVIS, Fred. Perceived Usefulness, Perceived Ease of Use and User Acceptance of Information Technology. **MIS Quarterly**, Minnesota, v. 13, n. 3, p. 319-339, 1989.

FEIZIZADEH, Ahmad. Strengthening internal audit effectiveness. **Indian Journal of Science and Technology**, Chennai, v. 5, n. 5, p. 2.777-2.778, 2012.

FORNELL, Claes; LARCKER, David. Evaluating Structural Equation Models with Unobservable Variables and Measurement Error. **Journal of Marketing Research**, Michigan, v. 18, n. 1, p. 39-50, 1981.

GONZALEZ, George; SHARMA, Pratyush; GALLETTA, Dennis. The antecedents of the use of continuous auditing in the internal auditing context. **International Journal of Accounting Information Systems**, Elsevier, v. 13, n. 3, p. 248-262, 2012.

HAIR, Joseph; ANDERSON, Rolph; TATHAM, Ronald; BARRY, Babin; BLACK, William. **Multivariate data analysis**. 5. ed. Nova Jersey: Prentice Hall, 1998.

HAIR, Joseph; RINGLE, Christian; SARSTEDT, Marko. Partial least squares structural equation modeling: Rigorous applications, better results and higher acceptance. **Long Range Planning**, [*S.l.*], v. 47, n. 6, p. 1-12, 2014.

HUNTON, James; JACOB, Rose. 21st Century Auditing: Advancing Decision Support Systems to Achieve Continuous Auditing. **Accounting Horizons**, [*S.l.*], v. 24, n. 2, p. 297-312, 2010.

INSTITUTE OF INTERNAL AUDIT. Global Technology Audit Guide Continuous Auditing: Implications for Assurance, Monitoring, and Risk Assessment. **The Institute of Internal Auditors**, 2005.

KUHN, John; SUTTON, Steve. Continuous Auditing in ERP System Environments: The Current State and Future Directions. **Journal of Information Systems**, [*S.l.*], v. 24, n. 1, p. 91-112, 2010.

MARKS, Norman. **Auditing that matters**. [*S.l.*], CreateSpace Independent Publishing Platform, 2016.

PEDROSA, Isabel; LAUREANO, Raul; COSTA, Carlos. Motivações dos auditores para o uso das Tecnologias de Informação na sua profissão: aplicação aos Revisores Oficiais de Contas. **Revista lbérica de Sistemas e Tecnologias de Informação**, [*S.l.*], n. 15, p. 101-118, 2015.

SMITH, David; LANGFIELD-SMITH, Kim. Structural Equation Modeling in Management Accounting Research: Critical Analysis and Opportunities. **Journal of Accounting Literature**, Gainsville, v. 23, p. 49-86, 2004.

THOMPSON, Ronald; HIGGINS, Christopher; HOWELL, Jane. Personal Computing Toward a Conceptual Model of Utilization. **MIS Quarterly**, Minnesota, v. 15, n. 1, p. 125-143, 1991.

TROTMAN, Andrew. **Internal Audit Quality**: A Multi-Stakeholder Analysis. 2013. Tese (Doutorado em Filosofia) – School of Business. Universidade de Bond [Austrália], 2013.

VASARHELYI, Miklos; ALLES, Michael; KUENKAIKAEW, Siripan; LITTLEY, James. The acceptance and adoption of continuous auditing by internal auditors: A micro analysis. **International Journal of Accounting Information Systems**, [*S.l.*], v. 13, n. 3, 2012, p. 267-281. Disponível em: https://linkinghub.elsevier.com/retrieve/pii/S1467089512000425. Acesso em: 2 dez. 2018.

VASARHELYI, Miklos; HALPER, Fern. The Continuous Audit of Online Systems. Auditing. **Journal of Practice & Theory**, [*S.l.*], v. 10, n. 1, p. 110-125, 1991.

VENKATESH, Viswanath; AGARWAL, Ritu. Turning Visitors into Customers: A Usability-Centric Perspective on Purchase Behavior in Electronic Channels. **Management Science**, [*S.l.*], v. 52, n. 3, p. 367-382, 2006.

VENKATESH, Viswanath; MORRIS, Michael; DAVIS, Gordon; DAVIS; Fred. User Acceptance of Information Technology: Toward a Unified View. **MIS Quarterly**, Minnesota, v. 27, n. 3, p. 425-478, 2003.

VENKATESH, Viswanath; BROWN, Susan; MARUPING, Likoebe; BALA, Hillol. Predicting Different Conceptualizations of System Use: The Competing Roles of Behavioral Intention, Facilitating Conditions, and Behavioral Expectation. **MIS Quarterly**, Minnesota, v. 32, n. 3, p. 483-502, 2006.

CAPÍTULO QUATRO

Fundos patrimoniais filantrópicos a partir da Lei nº 13.800/2019 e a captação de recurso por entidades do terceiro setor

Resumo

Os Fundos Patrimoniais Filantrópicos são definidos como um Fundo para o qual doadores repassam recursos e estes, ou seus rendimentos, podem ser utilizados para financiar ações sociais/projetos e entidades, conforme previamente estabelecido. No Brasil foi criada recentemente a Lei Federal 13.800/2019 que regulamenta os Fundos Patrimoniais, também conhecidos como endowments. O objetivo do presente estudo é apresentar a normativa brasileira, os níveis de estruturação e governança exigidos e a necessidade de preparação das organizações para Fundos Patrimoniais Filantrópicos. A metodologia utilizada foi a pesquisa descritiva e exploratória sobre fundos patrimoniais, por meio da respectiva legislação e outros referencias teóricos. Os resultados demonstram que os Fundos estabelecem um padrão de governança e estruturação em níveis satisfatórios, com possibilidade de contribuir com a sustentabilidade das entidades de interesse público, ainda que a legislação não preveja incentivos fiscais para seus doadores, fato este que potencializaria os donativos.

Palavras-chave: *Fundos Patrimoniais. Governança. Interesse Público. Filantropia.*

4

Fundos patrimoniais filantrópicos a partir da Lei nº 13.800/2019 e a captação de recurso por entidades do terceiro setor

Feliphe Ulisses Brito
Cristiano dos Anjos Ribeiro
Neusa Maria Bastos Fernandes dos Santos
José Roberto Securato

INTRODUÇÃO

A evolução das sociedades e o surgimento de problemas cada vez mais complexos exige que soluções igualmente complexas sejam implementadas. Segundo Paes (2018), o surgimento das pessoas jurídicas se dá exatamente pela união de pessoas ou de patrimônios, as quais a legislação torna aptas, do ponto de vista jurídico, a adquirir e exercer direitos e a contrair obrigações.

As entidades de interesse social, de acordo com Paes (2018), são todas aquelas entidades sem fins lucrativos, que apresentam em suas finalidades estatutárias objetivos de natureza social e assistencial. São constituídas visando a atender os interesses e necessidades de pessoas indeterminadas, ou a sociedade em geral, por exemplo, nas áreas de educação, saúde, assistência social e cultura, sendo esse o requisito indispensável para caracterizar uma entidade de interesse social.

Para ser qualificada como de interesse social, é indispensável que a entidade exerça, por meio de seus objetivos, missão de relevância para a sociedade como um todo. Além disso, tendo resolvido o propósito e a consequente razão de existir dessas entidades, um grande desafio que se estabelece é a maneira como se dará seu financiamento. Como muitas delas prestam serviços gratuitos (e mesmo aquelas cuja natureza de atuação permita, eventualmente, a cobrança sobre serviços prestados), os recursos arrecadados não são suficientes, em geral, para assegurar sua manuteção.

Ainda segundo Paes (2018), as origens dos recursos das entidades sem fins lucrativos são variadas: doações, contribuições, subvenções públicas, contratos ou convênios com órgãos públicos ou privados. Muitos desses recursos têm destinação específica, seja por determinação do repassador do recurso, seja por deliberação de órgão da própria entidade.

Uma boa gestão de recursos torna-se imperiosa para o sucesso da entidade. Santos e Silva (2016) ressaltam que a função financeira integra todas as tarefas ligadas à obtenção, utilização e controle de recursos financeiros, sejam eles por meio de relatórios diversos, seja também por fluxo de caixa, orçamento anual e administração estratégica junto aos seus membros.

Assim, é na doação, ou melhor, na captação de recursos a partir de doadores, que as entidades encontram uma maneira de garantir recursos necessários a sua existência. *Endowment*, da tradução literal do inglês, significa dotação, instituto que se pode entender, inicialmente, por fundos de dotação, mas hoje encontra guarida em fundo patrimonial.

Por conceito, de acordo com Paes e Queiroz Filho (2015), entende-se que o fundo patrimonial ou *Endowment* é uma estrutura constituída para receber e administrar bens e direitos, principalmente recursos financeiros investidos com os objetivos de preservar o valor do capital principal na perpetuidade, inclusive, contra perdas, e gerar resgates recorrentes e previsíveis para sustentar financeiramente um determinado propósito, uma causa ou entidade. Com base nesse cenário, a problemática da pesquisa reside em como a constituição de fundos patrimoniais, com base na legislação vigente, pode contribuir para a sustentabilidade das entidades do terceiro setor.

No Brasil, os Fundos Patrimoniais Filantrópicos foram definitivamente regulamentados em 4 de janeiro de 2019, por meio da Lei nº 13.800/2019, conhecida como Lei dos Fundos Patrimoniais. Segundo o Instituto para o Desenvolvimento do Investimento Social (FABIANI *et al.*, 2019), os Fundos podem apoiar instituições relacionadas à educação, à ciência, à tecnologia, à pesquisa e à inovação, à cultura, à saúde, ao meio ambiente, à assistência social, ao desporto, à segurança pública, aos direitos humanos e a demais finalidades de interesse público.

De acordo com Fabiani *et al.* (2019, p.):

> Os Fundos podem ser criados por instituição pública ou privada, desde que seja sem fins lucrativos. Os Fundos Patrimoniais devem ser administrados por organizações gestoras instituídas com o intuito de atuar exclusivamente para um fundo na captação e na gestão das doações e do patrimônio constituído. As organizações beneficiadas pela Lei Rouanet (Lei nº 8.313/1991), contarão com esse benefício também para seus Fundos Patrimoniais.

É preciso distinguir a constituição de um Fundo Patrimonial Filantrópico e uma doação convencional. De acordo com Fabiani *et al.* (2019), as diferenças básicas são duas: em primeiro lugar, no caso dos Fundos Patrimoniais, o doador está autorizando o gasto apenas dos rendimentos dos recursos doados, garantindo, assim, que a organização ou a causa contem com um apoio financeiro perene. Em segundo lugar, Fundos Patrimoniais Filantrópicos são instrumentos concebidos com regras expressas de governança e funcionamento, assegurando ao doador que os valores nele depositados serão gastos tão somente nas finalidades predefinidas.

De acordo com Sotto-Maior (2011), observa-se que os *endowments* criados para as mais diversas causas de interesse coletivo permitem que as entidades filantrópicas e educacionais edifiquem uma base financeira sólida capaz de sustentar ou complementar suas atividades com recursos gerados a partir do próprio patrimônio.

Essa prática tem como resultado deixar as entidades menos dependentes de doadores e patrocinadores, uma vez que, com ela, as organizações se encontram em situação de maior estabilidade financeira e em condições de manter suas atividades, com recursos gerados a partir do próprio patrimônio. Com o advento da Lei nº 13.800/2019, entende-se que o caminho para estabelecimento dessa cultura tem espaço no Brasil e torna-se uma das formas de custeio das atividades de diversas fundações e associações sem fins lucrativos. Para tanto, o objetivo do presente estudo é apresentar a normativa brasileira, os níveis de estruturação e governança exigidos e a necessidade de preparação das organizações para Fundos Patrimoniais Filantrópicos.

Neste capítulo, na parte do referencial teórico, são apresentados os conceitos de Terceiro Setor, *Endowments* e de Captação de Recursos realizada por essas entidades. Em seguida, são apresentados os resultados da pesquisa ao identificar os pontos fundamentais de Governança dos Fundos, bem como os pressupostos legais do setor e dos Fundos Patrimoniais. Por fim, as considerações finais acerca do tema trazem possíveis indicações de eventuais novos estudos sobre o tema.

4.1 REFERENCIAL TEÓRICO

4.1.1 Terceiro setor

Até bem pouco tempo, a ordem sociopolítica compreendia apenas dois setores, o público e o privado, bem distintos um do outro. De um lado, o Estado, a Administração Pública e a sociedade; do outro, o mercado, a iniciativa particular e os indivíduos (PAES, 2018).

Ao lado dos dois setores, surgiu e começa a se firmar outro, cada vez mais conhecido como Terceiro Setor. Nele se encontram organizações privadas, com adjetivos públicos capazes de prestar serviços de interesse social sem as limitações do Estado e as ambições do mercado. Diante disso, percebe-se, no Brasil e no mundo, que a interação entre essas três forças está cada vez mais presente.

Identifica-se um Terceiro Setor mobilizador de muitos recursos humanos e materiais, além de impulsionador de iniciativas voltadas para o desenvolvimento social. Portanto, é aquele que não é público e nem privado, porém guarda uma relação estreita com ambos, na medida em que o Terceiro Setor é composto por organizações de natureza "privada" dedicadas à consecução de objetivos sociais ou públicos (PAES, 2018).

Em função de sua pujança, o Terceiro Setor tem contribuído muito para a sociedade. No Brasil, de acordo com a Pesquisa FONIF-2018, que abordou apenas as organizações caracterizadas como filantrópicas na área da Educação, Saúde e Assistência Social, ficou demonstrado o retorno médio de R$ 7,39 para cada R$ 1,00 de contrapartida à imunidade do pagamento da cota patronal do INSS, conforme poderá ser observado a partir das Figuras 1 e 2 a seguir.

Figura 1: Cota Patronal – Imunidade Previdenciária das Filantrópicas

Imunidade Previdenciária das Instituições Filantrópicas – Cota Patronal

ÁREA	VALOR
EDUCAÇÃO	R$ 4.020.584.695,00
SAÚDE	R$ 6.828.752.483,00
ASSISTÊNCIA SOCIAL	R$ 1.075.719.449,00
TOTAL	R$ 11.925.056.627,00

Fonte: Pesquisa FONIF, 2018.

Figura 2: Contrapartida das Entidades Filantrópicas

Contrapartida Tangível das Instituições Filantrópicas no Brasil

INDICADOR	VALOR
EDUCAÇÃO	R$14.287.046.304,00
SAÚDE	R$ 41.578.851.248,00
ASSISTÊNCIA SOCIAL	R$ 11.179.785.068,00
TOTAL	R$67.045.682.620,00

Fonte: FONIF, 2018.

Segundo Paes (2018, p. 82), em termos do direito brasileiro:

> Configura-se como organizações do Terceiro Setor, as entidades de interesse social sem fins lucrativos, como as associações, e as fundações de direito privado, com autonomia e administração própria, cujo objetivo é o atendimento de alguma necessidade social ou a defesa de direitos difusos ou emergentes. Tais organizações e agrupamentos sociais cobrem um amplo espectro de atividades, campo de trabalho ou atuação, seja na defesa dos direitos humanos, na proteção do meio ambiente, assistência à saúde, apoio a populações carentes, educação, cidadania, direitos da mulher, direitos indígenas, direitos do consumidor, direitos das crianças etc.

No Brasil, a presença do Terceiro Setor é estratégica, pois, apesar da forte presença do Estado, tem-se espaço para muitas outras iniciativas e tipos de atuação. Como bem observa Paes, o Terceiro Setor surge com uma face bem tradicional, ligado ao assistencialismo das igrejas, em confronto mais recente com uma face mais moderna, dinâmica, na qual os direitos sociais passaram a ser reconhecidos como inerentes ao conceito de cidadania em uma sociedade que se pretende civilizada.

A atuação do Terceiro Setor também é percebida em emergências sociais. Um bom exemplo disso foi a atuação de determinadas organizações no socorro às famílias afetadas pela crise financeira gerada pela pandemia do novo coronavírus (Covid-19). Entidades como a Gerando Falcões, a Central Única das Favelas, (CUFA), entre outras, realizaram a arrecadação de recursos financeiros para distribuição de cestas básicas para as pessoas em situação de vulnerabilidade em todo o território nacional.

4.1.2 Endowments

Não se sabe ao certo quando os *endowments* surgiram, porém se sabe que esse tipo de conceito existe há muitos anos.

Segundo o IDIS (2016), Platão deixou sua fazenda e os rendimentos gerados por ela para a Academia por ele fundada no século IV a.C. Ele teria deixado ao seu sobrinho instruções bastante claras: os rendimentos gerados pela fazenda deveriam ser direcionados à Academia de Atenas.

> As doações de terras à Igreja, na Idade Média, seguem um padrão similar aos endowments. As terras eram doadas à Igreja e, por contrato, não poderiam ser vendidas, então a Igreja recebia as rendas geradas por meio dos aluguéis, da cobrança de impostos e taxas pela utilização das terras, além de participação na venda ou escambo das mercadorias lá produzidas (SOTTO-MAIOR, 2011). O fundo patrimonial para o University College of Oxford, na Inglaterra, também foi estabelecido durante a Idade Média, no século XIII. Avançando para a Idade Moderna, no século XVIII, sabe-se que Benjamin Franklin deixou US$ 4,4 mil por ano por 200 anos para young married artificers of good character (jovens casados de bom caráter) dos estados de Boston e Philadelphia, nos EUA. (IDIS, 2016a)

Alguns exemplos de *Endowments* são as faculdades e universidades, sendo que algumas se iniciaram com a Igreja Católica ou foram estabelecidas com a dissolução de monastérios no século XVI, quando os dízimos deixaram de ser da alçada de referida instituição. Ainda há outros exemplos, que incluem organizações filantrópicas e culturais criadas com a revolução da indústria nos séculos XVIII e XIX (RUSSELL, 2006).

De acordo com Ehrenberg (2009), as reduções nos gastos com *endowments* invariavelmente afetam todas as operações de uma faculdade ou universidade, não apenas as atividades que são financiadas. Essas reduções na adoções levam a cortes em orçamento, congelamentos de salário, cortes no emprego, além de desaceleração ou interrupção de projetos de construção ao longo do ensino superior.

Com o passar dos anos, os *endowments* têm se consolidado em várias partes do mundo como uma excelente opção para a sustentabilidade no longo prazo para as organizações da sociedade civil, a exemplo das universidades, hospitais, museus, entre outras organizações.

Vários países, inclusive, já têm a política de *endowments* mais consolidada. Para ilustrar, nos Estados Unidos e Reino Unido essa política já existe há muitos anos, porém os fundos patrimoniais mostram-se mais eficazes no meio acadêmico. O caso da Universidade de Harvard e Yale é um exemplo conhecido por ter uma gestão diferenciada, com retornos relevantes.

As universidades e faculdades americanas que possuem *endowments* altíssimos podem decidir por usar esses recursos financeiros de maneiras que ajudem significativamente os alunos, como a distribuição de bolsa de estudos, a oferta de ajuda financeira, o financiamento de programas acadêmicos, a contratação de professores bem renomados e de alta qualificação acadêmica, e assim por diante.

Um dos maiores e mais importantes fundos globais de *endowment* no mundo é o Bill & Melinda Gates Foundation, com patrimônio de US$ 59,7 bilhões, como pode ser observado na Tabela 1, na qual estão apresentadas as dez maiores organizações filantrópicas do mundo. Outro importantíssimo *endowment* é o da Universidade Harvard, criado em 1974, cujo patrimônio total alcança US$ 39,2 bilhões.

Tabela 1: Lista dos 10 maiores *endowments* do mundo

Ranking	Instituição	Patrimônio US$ Bi
1	Bill & Melinda Gates Foundation (EUA)	50,7
2	Harvard University (EUA)	39,2
3	Wellcome Truste (Reino Unido)	29,6
4	Yale University (EUA)	29,4
5	Stanford University (EUA)	24,8
6	Princenton University (EUA)	23,8
7	Massachusetts Institute of Techonology - MIT (EUA)	16,4
8	Penn University (EUA)	13,8
9	Stichting INGKA Foundation (Holanda)	13,6
10	Garfield Weston Foundation (Reino Unido)	12,6

Fonte: BATISTA, 2019.

O fundo patrimonial, intitulado no exterior como *endowment*, tem por finalidade gerenciar um patrimônio de duração perpétua, sendo os rendimentos destinados à manutenção, divulgação e expansão de uma atividade específica, ainda muito limitada no Brasil, conforme indicado pela Tabela 2, que apresenta os cinco maiores fundos brasileiros e sinaliza que o financiamento feito a instituições culturais por meio de *endowment*s é muito propagado no exterior.

De acordo com o Banco Nacional do Desenvolvimento (BNDS, 2021), os *endowments* possuem recursos próprios e são geridos como os fundos de investimento disponíveis no mercado financeiro.

Nesse mesmo sentido, Spalding (2016, p.85) aponta que:

> [...] endowments são fundos patrimoniais destinados ao custeio do Terceiro Setor, a fim de proporcionar maior segurança financeira, uma vez que variações no fluxo de caixa decorrentes da volatilidade das doações podem comprometer a capacidade da entidade de honrar seus compromissos e em último caso comprometer o seu patrimônio com obrigações de curto prazo.

Tabela 2: Lista dos 5 maiores *endowments* do Brasil

Ranking	Instituição	Patrimônio R$
1	Fundação Bradesco	45 bilhões
2	Fundação Itaú Social	2,4 bilhões
3	Instituto Unibanco	2,2 bilhões
4	Fundação Renova	1,9 bilhão
5	Associação Samaritano	800 milhões

Fonte: BATISTA, 2019.

O Brasil também tem seus *endowments*, como a Fundação Bradesco, com patrimônio em torno de R$ 45 bilhões, porém, para que a modalidade ganhe segurança, faltava ainda uma regulamentação.

4.1.3 Captação de recursos e doações

A gestão de doações a partir da constituição de Fundos Patrimoniais torna-se temática central do presente trabalho, principalmente pela possibilidade de alcançar a sustentabilidade de determinadas organizações. Segundo Levisky (2016), a ausência de uma cultura de longo prazo é um desafio para o setor, visto que a cultura de doação pode ser mais imediatista para atender uma determinada demanda para um período específico, o que gera instabilidade para o futuro da própria organização.

Um dos principais desafios para a mobilização de recursos é a organização interna para esse fim. De acordo com Levisky, a captação acontece "de dentro pra fora" e não "de fora pra dentro". Mesmo que haja uma consultoria terceirizada que operacionalize o processo, as diretrizes precisam estar bem claras a partir da própria organização.

Assim, a sustentabilidade financeira precisa estar presente na organização, desde o planejamento estratégico e operacional até a gestão de atividades e o relacionamento com outros *stakeholders*.

Segundo Fabiani *et al.* (2019), conceitos como previsibilidade, segurança e bom uso do dinheiro são elementos fundamentais e que todo doador almeja encontrar em uma instituição alinhada com seus valores e para a qual pretende repassar algum valor.

Considerando que 2020 foi um ano marcado pela pandemia do novo coronavírus (Covid-19) e boa parte da sociedade esteve mobilizada em ajudar aqueles que mais sofreram com a perda de renda e segurança alimentar, o IDIS publicou a pesquisa Doação Brasil 2020, segundo a qual entre aqueles que possuem renda igual ou superior a seis salários mínimos, o percentual de doadores para organizações e iniciativas socioambientais em 2020 chegou a quase 60%, indicando que essa faixa da população se sente cada vez mais envolvida e corresponsável pela solução dos problemas do país (PESQUISA DOAÇÃO..., 2021).

Esses números são reflexos das diversas campanhas realizadas em prol da cultura de doação, segundo o IDIS (PESQUISA DOAÇÃO..., 2021), pois indicam que estas conseguiram sensibilizar os que têm condições de contribuir. Trata-se de um bom sinal para aqueles que se dedicam ao fomento da filantropia e à cultura de doação.

Como resultado, para 2021, os respondentes informam, em sua maioria, que pretender continuar doando, conforme indicado pela Figura 3, que apresenta o mapa de intenções dos doadores.

Figura 3: Mapa de intenções dos doadores

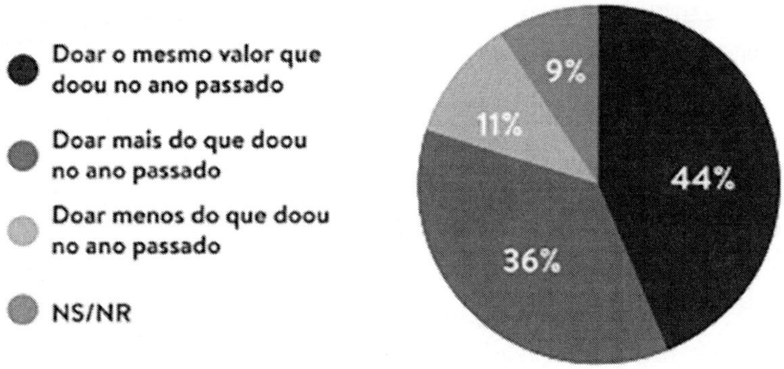

Fonte: Pesquisa Doação Brasil 2020 (IDIS, 2021).

Segundo Paes (2018), com o amadurecimento do Terceiro Setor no Brasil, a atividade de captação de recursos tem-se desenvolvido substancialmente, inclusive com o surgimento de profissionais e voluntários especializados nessa área, o que por certo vem contribuir para o incremento de recursos destinados às entidades de interesse social.

De acordo com Pereira (2001), qualquer forma de captação de recursos passa pelo doador, seja ele pessoa física, seja pessoa jurídica. Além disso, deve-se ter em mente que, para levar o doador a tomar a decisão de contribuir para uma causa ou organização, é preciso sensibilizá-lo, convencê-lo da necessidade e da importância de sua contribuição.

Quando se trata de *endowments*, de acordo com Paes (2018), a captação de recursos é a capacidade de atrair para si novas contribuições, doações e patrocínios, que se agregarão ao valor inicial doado (também chamado de principal) e aumentarão a capacidade de gerar resgates ou de utilizar os rendimentos resultantes de fundos (chamado de parcela livre) para amparar as atividades financiadas.

4.2 METODOLOGIA

Com relação aos seus objetivos, a metodologia do trabalho classifica-se como descritiva e exploratória. Pesquisas descritivas podem ser elaboradas a fim de identificar relações possíveis entre variáveis, além de descrever as características de determinada população (GIL, 2010).

Analisaram-se os principais diplomas legais que podem ser utilizados para fundamentar a metodologia de Fundos Patrimoniais e organizações do Terceiro Setor e contribuem para sua discussão. Nesse sentido, as principais fontes de consulta foram a Lei Federal nº 13.019/2014 e a Lei Federal nº 13.800/2019.

Além delas, durante a pesquisa, foram analisados alguns artigos, como: *Lei Federal nº 13.800/2019: aspectos conceituais para utilização de Fundos Patrimoniais em unidades de conservação no Brasil*; *A importância dos endowments ou fundos patrimoniais na captação de recursos para as entidades integrantes do terceiro setor e o princípio da livre concorrência*; *Gestão financeira no Terceiro Setor*, e assim por diante.

O artigo tem o desafio de debater o cenário e o contexto atual dos fundos patrimoniais e como estes podem contribuir para a sustentabilidade das organizações da sociedade civil, tendo como foco os aspectos jurídicos-legais e perpassando as questões práticas, as ferramentas de gestão, as fontes de recursos e os desafios que podem ser enfrentados na dinâmica para sua implementação.

Cabe a advertência de que não se pretende exaurir a análise das legislações em todos os seus aspectos, mas somente naquilo que pode ser utilizado como fundamentação dos fundos no contexto das entidades do Terceiro Setor.

De acordo com os estudos anteriores e segundo os dados que foram levantados nesta pesquisa, podem-se formular os seguintes pressupostos:

Os Fundos Patrimoniais têm o potencial de contribuir para a sustentabilidade de organizações de interesse social no Brasil, pois possuem segurança legal para tal fim.

A governança dos Fundos Patrimoniais é um elemento que contribui para a credibilidade de sua gestão e para o consequente aumento do potencial de constituição de novos fundos, bem como para contribuições para aqueles já estabelecidos.

4.3 RESULTADOS

Nos últimos anos, países emergentes reconheceram a importância dos fundos patrimoniais para o desenvolvimento de organizações do Terceiro Setor, tendo obtido experiências bem positivas para universidades e criado legislações especificas para o tema.

O Terceiro Setor é aquele que não é público e nem privado, porém guarda em si uma relação simbólica com ambos. Ou seja, é composto por organizações de natureza privada (sem objetivo de lucro), dedicadas à consecução de objetivos sociais ou públicos (PAES, 2018). É justamente por essa dualidade que surge uma preocupação fundamental: a sustentabilidade de muitas dessas organizações.

Como resultado desta pesquisa, apresentam-se os elementos fundamentais para a implantação de *endowments* que facilitam o processo de captação de recursos de entidades do terceiro setor.

4.3.1 Governança

No suporte de um fundo para uma causa de interesse público, a Lei nº 13.800/2019 apresenta três organizações que se conectam, de acordo com os incisos I, II e III do seu art. 2º (BRASIL, 2019):

> *I – Instituição apoiada: instituição pública ou privada sem fins lucrativos;*
> *II – Organização gestora do fundo patrimonial: instituição privada sem fins lucrativos instituída na forma de associação;*
> *III – Organização executora: instituição sem fins lucrativos ou organização internacional reconhecida e representada no país.*

De acordo com Fabiani, Hanai, Pasqualin e Levisky (2019), a organização gestora tem como objetivo a manutenção do patrimônio para geração de renda. Quanto mais houver renda não aplicada, maior será o patrimônio do Fundo e, por conseguinte, maior a possibilidade de geração de renda futura. Nesse sentido, "o órgão deliberativo da Organização Gestora é o Conselho de Administração, composto por até sete membros remunerados, estando previsto que outros participantes podem integrar o órgão de maneira não remunerada." (REIS NETO *et al.*, 2020, p. 235). A lei brasileira determina que os *endowments* sejam geridos por pessoa jurídica privada sem fins lucrativos, instituída na forma de associação ou fundação.

Com base nesses argumentos, Reis Neto *et al.* (2020, p. 235) destaca:

> Para todos os fins, o patrimônio do endowment será distinto do patrimônio de seus instituidores, da Instituição Apoiada, da Organização Gestora e da Organização Executora. A lei brasileira ao tratar do uso de recursos dos endowments entendeu por fixar a utilização dos valores oriundos das doações (dotação inicial + doações), dispondo que apenas os resultados auferidos a partir do investimento do principal (rendimentos) sejam destinados aos projetos. (BRASIL, 2019a)

Quanto à organização gestora de fundo patrimonial, a lei prevê alguns órgãos:

> *I – Conselho de Administração: Será responsável pelas normas internas e de administração do fundo e da organização gestora, esse conselho será composto por, no mínimo sete membros remunerados, porém possibilita a contratação de outros membros sem remuneração;*
> *II – Comitê de Investimentos: Responsável por recomendar ao Conselho de Administração a política de investimentos e as regras para resgatar e utilizar os recursos. É papel do comitê elaborar relatórios anuais sobre as regras dos investimentos financeiros, este comitê será facultativo quando o patrimônio do fundo é inferior a R$ 5.000.000,00 (cinco milhões)* (BRASIL, 2019)

Sobre o Comitê de Investimentos, a mesma lei afirma no inciso II § 3º do art. 8º:

> *No caso de organização gestora de fundo patrimonial que tenha celebrado instrumento de parceria com cláusula de exclusividade com instituição pública apoiada, será assegurada às pessoas físicas e aos representantes das pessoas jurídicas doadoras de recursos ao fundo patrimonial cujas doações representem mais de 10% (dez por cento) da composição total do fundo a participação nas reuniões deliberativas do Conselho de Administração, sem direito a voto.*
> *III – Conselho Fiscal: Responsável pela fiscalização da atuação dos responsáveis pela gestão do fundo patrimonial e pela avalição anual das contas da organização gestora. O conselho fiscal será composto por três membros que devem indicados pelo Conselho de Administração, com formação nas áreas de administração, economia, atuaria ou contabilidade.* (BRASIL, 2019)

No § 3º do art. 10, dispõe, ainda, que:

> *O Comitê de Investimentos será composto por 3 (três) ou 5 (cinco) membros, indicados pelo Conselho de Administração, escolhidos entre pessoas comprovadamente idôneas, com notório conhecimento e com formação, preferencialmente, nas áreas de administração, economia, atuária ou contabilidade, com experiência nos mercados financeiros ou de capitais e registrados na CVM como analistas, consultores e, quando for o caso, administradores de carteiras de valores mobiliários.* (BRASIL, 2019)

Entre as competências, não está sendo decretada a gestão executiva e a representação legal, logo referida legislação sugestiona que seja criada uma Diretoria Executiva ou, alternativamente, incumba-se o Conselho de Administração da gestão ordinária.

4.3.2 Arcabouço legal

O Marco Regulatório das Organizações da Sociedade Civil (MROSC), definido pela Lei nº 13.019, de 31 de julho de 2014, é uma importante ferramenta que regula de forma transparente e objetiva a relação com o Estado.

Para Paes (2018), a Lei nº 13.019/2014:

> *[...] instituiu normas gerais para parcerias entre a administração pública e organizações da sociedade civil, em regime de mútua cooperação, para a consecução de finalidades de interesse público e recíproco, mediante a execução de atividades ou projetos previamente estabelecidos em planos de trabalho inseridos em termos de colaboração, em termos de fomento ou acordo de cooperação.*

Por tratar-se de uma lei geral que estabelece regras gerais em âmbito nacional, não há impeditivo de que outros entes federativos regulamentem sua aplicação, considerando atender os próprios interesses locais. Tal regulamentação deve ser em respeito e em consonância com a norma geral.

Ainda, de acordo com Paes (2018), a lei inseriu no ordenamento jurídico brasileiro terminologia própria para identificar as pessoas jurídicas de direito privado que podem ser consideradas destinatárias da parceria com a administração pública. São elas as Organizações da Sociedade Civil (OSC).

Para Medeiros e Machado (2017), a existência de uma regulamentação única para regular parcerias entre OSCs e a administração pública nos três níveis (incluindo contratos realizados com empresas públicas) tem como resultado imediato a redução do excesso de especialização técnica por parte das OSCs, que antes precisavam se apropriar de cada instrumento normativo que regulamentasse os contratos firmados com entes estatais específicos, em seus respectivos níveis.

Uma das mudanças mais significativas introduzidas pelo MROSC, de acordo com os mesmos autores, é a prestação de contas com foco no cumprimento do objeto da parceria. A partir da nova lei, foram instituídos critérios, diretrizes e procedimentos a serem adotados para a prestação de contas ao final da execução das parcerias. A lógica do monitoramento do uso dos recursos passa a estar prioritariamente voltada para a execução do objeto que deu origem à parceria, fazendo com que todas as práticas de acompanhamento, os procedimentos e os mecanismos de fiscalização se adequem para acompanhar essa forma de proceder.

4.3.3 A Lei nº 13.800/2019

A Lei nº 13.800, de 4 de janeiro de 2019 (BRASIL, 2019), aborda a organização de fundos patrimoniais que lidem com causas de interesse público.A ementa da lei informa que ela "autoriza a administração pública firmar instrumentos de parceria e termos de execução de programas, projetos e demais finalidades de interesse público com organizações gestoras de fundos patrimoniais" (BRASIL, 2019). Bem como no artigo 1º, parágrafo único, são definidos como "conjunto de ativos de natureza privada instituído, gerido e administrado pela organização gestora de fundo patrimonial com o intuito de constituir fonte de recursos de longo prazo, a partir da preservação do principal e da aplicação de seus rendimentos."

Apresenta-se, no Quadro 1, um resumo dos principais aspectos da lei:

Quadro 1: Principais assuntos tratados pela Lei nº 13.800/2019

Assunto	Dispositivos	Síntese
Objetivo dos fundos patrimoniais	Art. 1º	Atribui aos fundos o objetivo de arrecadar, gerir e destinar doações para programas, projetos e demais finalidades de interesse público relacionadas pela lei.
"Ecossistema" dos fundos patrimoniais	Arts. 2º a 5º, 10, 19 e 20	Apresentam definições e atributos gerais das instituições que compõem a sistemática de operação dos fundos: o "fundo patrimonial", a "organização gestora de fundo patrimonial", a "instituição apoiada" e a "organização executora". Também indicam órgãos cuja atuação regulatória deve ser observada: a Comissão de Valores Mobiliários, o Conselho Monetário Nacional e o Banco Central.

Assunto	Dispositivos	Síntese
Organização gestora do fundo patrimonial	Arts. 5º a 8º, 12, 17 e 26	Definem atributos essenciais do ato constitutivo da organização gestora; instituem os deveres gerais relativos à escrituração contábil, transparência e integridade; definem a estrutura de governança.
Receitas do fundo patrimonial	Arts. 13 a 17	Relacionam as fontes legais de recursos; classificam as modalidades de doação para os fundos e os direitos e obrigações correlatos; definem o regime de doações de bens não pecuniários; autorizam doações incentivadas na forma da Lei nº 8.313; definem limites para a aplicação dos recursos e vedação de doação de recursos públicos aos fundos.
Instrumento de parceria e termo de execução de programas, projetos e demais finalidades de interesse público	Arts. 2º, 18 a 21, 24, 26 e 27	Caracterizam as duas modalidades de parceria; definem cláusulas essenciais de cada um dos instrumentos; admitem solução arbitral de conflitos perante a Câmara da Advocacia-Geral da União.
Recursos dos fundos patrimoniais e execução de despesas	Arts. 20 a 23	Definem diretrizes sobre a aplicação financeira de recursos e critérios de elegibilidade dos gastos.

Fonte: Souza, Gomes e Pannunzio (2019, p. 92).

De acordo com Souza, Gomes e Pannunzio (2019), a lei não traz nenhuma obrigação de que novos fundos (ou seja, constituídos após sua entrada em vigor) ou fundos anteriores a ela devam adotar as regras por ela estabelecidas.

A Lei nº 13.800/2019 também aborda os tipos de receitas que poderão ser realizadas pelos fundos patrimoniais, classificando-a em três grupos, conforme o artigo 14, demonstrado no Quadro 2.

Quadro 2: Identificação dos tipos de doação, conforme artigo 14 da Lei nº 13.800/2019

Tipo de Doação	O que diz a lei?
I - Doação permanente não restrita;	o principal é incorporado ao patrimônio permanente do fundo patrimonial e não pode ser resgatado, e os rendimentos podem ser utilizados em programas, projetos e demais finalidades de interesse público.
II - Doação permanente restrita de propósito específico;	o principal é incorporado ao patrimônio permanente do fundo patrimonial e não pode ser resgatado, e os rendimentos podem ser utilizados em projetos relacionados ao propósito previamente definido no instrumento de doação.
III - Doação de propósito específico.	recurso atribuído a projeto previamente definido no instrumento de doação, que não pode ser imediatamente utilizado e que deve ser incorporado ao patrimônio permanente do fundo patrimonial para fins de investimento, cujo principal pode ser resgatado pela organização gestora de fundo patrimonial de acordo com os termos e as condições estabelecidos no instrumento de doação, observado o disposto no art. 15 desta Lei.

Fonte: Elaborado pelos autores.

De acordo com Lima (2020), a situação ocorrida no Museu Nacional, que, em 2018, foi tomado por um incêndio de grandes proporções — o qual, estima-se, consumiu 80% de seu acervo —, foi capaz de acelerar a criação da Medida Provisória nº 851/2018. Essa MP serviu de base, junto com outros projetos de lei, para a criação da Lei nº 13.800/2019. Assim, evidencia-se seu potencial de contribuição para a sociedade.

CONSIDERAÇÕES FINAIS

Pelo mundo, a organização de Fundos Patrimoniais já está bastante consolidada e com resultados bastante efetivos. Restou evidente que, no Brasil, o potencial de contribuir com a sustentabilidade de organizações da sociedade civil é grande. Considerando a recente edição da Lei nº 13.800/2019 e o estudo realizado, identifica-se que alguns elementos podem contribuir com sua efetividade.

Para se tornar uma realidade cada vez mais difundida, a metodologia de Fundos Patrimoniais necessitará de estímulos do Poder Público e do empenho de diversos atores da sociedade.

Os aspectos de governança não previstos na Lei nº 13.800/2019 são fundamentais para a manutenção e o aumento da credibilidade das organizações. Além disso, elementos de *Compliance* e Governança Avançada contribuem sobremaneira para a idoneidade organizacional, como:

- Política de doações: determina como se constrói a captação de recursos em relação ao recebimento, registro, aprovação e demais procedimentos contábeis e fiscais, relacionados às doações de pessoas físicas e jurídicas, com garantia do cumprimento da legislação aplicável e prevenindo o recebimento de valores ou bens decorrentes atividades ilícitas;
- Política anticorrupção: estabelece as práticas internas de prevenção e detecção, de forma a impedir a prática de condutas antiéticas e/ou ilegais, de acordo com a lei;
- Política de conflito de interesse: normativa que apresenta situações reais, potenciais ou aparentes de conflito de interesses, incluindo as condutas dos conselheiros, diretores, funcionários, associados, bem como de prestadores de serviços, consultores, fornecedores;
- Código de ética: documento que apresenta os valores, missão e visão do *Endowment*, entre outras questões éticas;
- Política de LGPD: A Lei Geral de Proteção de Dados em vigor traz diversas obrigações. O não cumprimento da LGPD sujeita o infrator a uma série de sanções administrativas, incluindo a aplicação de multas, a publicação da infração, a eliminação de dados, a suspensão de funcionamento de banco de dados e até mesmo a proibição total da atividade de tratamento de dados pessoais a que se refere a infração;
- Política de voluntariado: àquelas entidades que trabalhem com voluntariado é imprescindível a edição de uma política de voluntariado com regras claras de *compliance* trabalhista e a observação de não se gerarem vínculos dessa natureza.

Além disso, um fator importante que foi vetado no momento da promulgação da lei é o incentivo fiscal. Assim como evidenciado que a isenção da cota patronal por determinadas entidades tem o potencial de gerar contrapartida para o Estado e a sociedade, a doação para o Fundo Patrimonial também tem.

Com base no presente estudo, foi possível perceber que até mesmo as estratégias da captação de recursos seriam impactadas pela divulgação de incentivos fiscais para pessoas físicas e jurídicas, de maneira semelhante ao que já ocorre em relação a entidades que atuam na área da cultura e recebem recursos incentivados para atuarem.

O financiamento das organizações da sociedade civil não está restrito à implementação dos Fundos Patrimoniais. A presente pesquisa apresenta-se como mais um elemento nessa complexa discussão de sustentabilidade. O assunto envolve diversas temáticas e merece maiores reflexões tanto em relação ao modelo de gestão quanto à efetividade da recente legislação.

REFERÊNCIAS

BRASIL. **Lei nº 13.800, de 4 de janeiro de 2019**. Autoriza a administração pública a firmar instrumentos de parceria e termos de execução de programas, projetos e demais finalidades de interesse público com organizações gestoras de fundos patrimoniais; altera as Leis nº s 9.249 e 9.250, de 26 de dezembro de 1995, 9.532, de 10 de dezembro de 1997, e 12.114 de 9 de dezembro de 2009; e dá outras providências. Brasília, DF: Câmara dos Deputados, 2019. Disponível em: http://www.planalto.gov.br/ccivil_03/_ato2019-2022/2019/lei/L13800.htm. Acesso em: 18 nov. 2021.

BRASIL. **Lei nº 13.019, de 31 de julho de 2014**. Estabelece o regime jurídico das parcerias entre a administração pública e as organizações da sociedade civil, em regime de mútua cooperação, para a consecução de finalidades de interesse público e recíproco, mediante a execução de atividades ou de projetos previamente estabelecidos em planos de trabalho inseridos em termos de colaboração, em termos de fomento ou em acordos de cooperação; define diretrizes para a política de fomento, de colaboração e de cooperação com organizações da sociedade civil; e altera as Leis nºs 8.429, de 2 de junho de 1992, e 9.790, de 23 de março de 1999. Brasília, DF: Câmara dos Deputados, 2014. Disponível em: http://www.planalto.gov.br/ccivil_03/_ato2011-2014/2014/lei/l13019.htm. Acesso em: 19 nov. 2021.

BATISTA, Vera. Bolsonaro cria fundos patrimoniais de apoio a instituições de interesse público. **Correio Braziliense**, Brasília, 7 janeiro 2019. Disponível em: https://blogs.correiobraziliense.com.br/servidor/bolsonaro-cria-fundos-patrimoniais-de-apoio-a-instituicoes-de-interesse-publico/. Acesso em: 18 nov. 2021.

BNDES. Banco Nacional do Desenvolvimento Social. Endowment. **BNDS**, Brasília, [2021]. Disponível em: https://www.bndes.gov.br/wps/portal/site/home/onde-atuamos/cultura-e-economia-criativa/patrimonio-cultural-brasileiro/endowments. Acesso em: 18 nov. 2021.

CERQUEIRA, Rafael. 10 universidades com os maiores endowments nos EUA. **Universidade do Intercâmbio**, [*S.l.*], 18 fevereiro 2021. Disponível em: https://www.universidadedointercambio.com/endowments-universidades-dos-eua/. Acesso em: 18 nov. 2021.

EHRENBERG, Ronald. Demystifying Endowments. **Advancing Higher Education**, [*S.l.*], 2009. Disponível em: https://ecommons.cornell.edu/bitstream/handle/1813/74310/Ehrenberg140_Demystifying _endowments.pdf?sequence=1. Acesso em: 5 jan. 2022.

EQUIPE MAIS RETORNO. Termos Endowment. **Mais Retorno**, [*S.l.*], 17 abril 2019. Disponível em: https://maisretorno.com/portal/termos/e/endowment. Acesso em: 18 nov. 2021.

FABIANI, Paula Jancso; HANAI, Andrea; PASQUALIN, Priscila; LEVISKY, Ricardo. **Fundos Patrimoniais Filantrópicos**: sustentabilidade para causas e organizações. São Paulo: Instituto para o Desenvolvimento do Investimento Social (IDIS), 2019. Disponível em: https://www.idis.org.br/wp-content/uploads/2019/12/Livro_Fundos_Patrimoniais.pdf. Acesso em: 18 nov. 2021.

FONIF. Fórum Nacional das Instituições Filantrópicas A contrapartida do setor filantrópico para o Brasil – 2018. **FONIF,** [2018]. Disponível em: https://fonif.org.br/wp-content/uploads/2020/06/PESQUISA_FONIF_2019_compressed.pdf. Acesso em: 18 nov. 2021.

GIL, Antônio Carlos. **Como elaborar projetos de pesquisa**. 5. ed. São Paulo: Atlas, 2010.

LEVISKY NEGÓCIOS & CULTURA. Conceitos e benefícios dos endowments como mecanismo de financiamento à cultura. I Fórum Internacional Endowments Culturais, [2016]. Disponível em: http://static.mtools.digital/clientes/levisky/guias/_GUIA_01.pdf. Acesso em: 18 nov. 2021.

MEDEIROS, Rogério de Souza; MACHADO, Nínive Fonseca. O novo marco regulatório das organizações da sociedade civil e uma nova agenda de pesquisa sobre as relações entre os órgãos de controle, as organizações da sociedade civil e os gestores públicos. **Revista de Ciências Sociais UFPB**, João Pessoa, n. 46, p. 23-47, 2017. Disponível em: https://periodicos.ufpb.br/index.php/politicaetrabalho/article/view/32616/19351. Acesso em: 19 nov. 2021.

PAES, José Eduardo Sabo. **Fundações, associações e entidades de interesse social**: aspectos jurídicos, administrativos, contábeis, trabalhistas e tributários. 9. ed. rev. e atual. Rio de Janeiro: Forense, 2018.

PAES, José Eduardo Sabo; QUEIROZ FILHO, Adair Siqueira de. A importância dos endowments ou fundos patrimoniais na captação de recursos para as entidades integrantes do terceiro setor e o princípio da livre concorrência. **Revista de Direito Internacional Econômico e Tributário (RDIET)**, Brasília, v. 9, n. 2, p. 86-111, 2014.

PESQUISA DOAÇÃO BRASIL 2020. IDIS – Instituto para o Desenvolvimento do Investimento Social. São Paulo: IDIS, 2021. Disponível em: https://www.idis.org.br/wp-content/uploads/2021/08/Pesquisa_Doacao_Brasil_2020.pdf. Acessado em 18 nov. 2021.

PROCURADORIA-GERAL FEDERAL (AGU). Fundos Patrimoniais e as Fundações. 2º CONFIES, 2019. Disponível em: http://confies.org.br/institucional/wp-content/uploads/2019/11/Mesa3-FundosPatrimoniais-LeopoldoMuraro-CNPq.pdf. Acesso em: 18 nov. 2021.

REIS NETO, Afonso Feitosa; SILVA, Elaine Aparecida Silva; MOITA NETO, José Machado; SILVA, Leônio José Alves da Silva. Lei federal n. 13.800/2019: aspectos conceituais para utilização de fundos patrimoniais em unidades de conservação no Brasil. **Revista Veredas do Direito**, Belo Horizonte, v. 17, n. 38, p. 219-243, 2020.

SANTOS, Andreia Ap. Pandolfi dos; SILVA, Moacir Gomes da. Gestão de finanças no terceiro setor. **Revista Visão: Gestão Organizacional**, Caçador, v. 4, n. 1, p. 22-35, 2016.

SILVA FILHO, José Carlos Bastos. Cooperativas: a liberdade de associação e o registro obrigatório na OCB. **Revista Jus Navigandi**, Teresina, ano 12, n. 1.568, 2007. Disponível em: https://jus.com.br/artigos/10495. Acesso em: 21 nov. 2021.

SOTTO-MAIOR, Felipe Linetzky. Endowments no Brasil: a importação de uma estratégia de sustentabilidade. **Revista Jus Navigandi**, Teresina, ano 17, n. 3.127, Disponível em: https://jus.com.br/artigos/20918. Acesso em: 18 nov. 2021.

SOUZA, Aline Gonçalves de; GOMES, Aline Viotto; PANNUNZIO, Eduardo (coord.). **Fundos patrimoniais e organizações da sociedade civil**. São Paulo: GIFE: FGV Direito SP, 2019. Disponível em: https://sinapse.gife.org.br/download/fundos-patrimoniais-e-organizacoes-da-sociedade-civil. Acesso em: 20 nov. 2021.

SPALDING, Erika. **Os Fundos Patrimoniais Endowment**: uma visão global. CONFIES – Conselho Nacional das Fundações de Apoio às Instituições de Ensino Superior e de Pesquisa Científica e Tecnológica, 1º e 2º Encontros sobre Fundos Endowments, 2020. Disponível em: http://confies.org.br/institucional/wp-content/uploads/2020/02/Endowment_ErikaSpalding.pdf. Acesso em: 18 nov. 2021.

SPALDING, Erika. **Os Fundos Patrimoniais Endowment no Brasil.** Dissertação de Mestrado, Fundação Getúlio Vargas. São Paulo: 2016.

CAPÍTULO **CINCO**

A estrutura de capital é relevante para a rentabilidade dos bancos?: evidências empíricas nos maiores bancos brasileiros com papéis negociados na B3

Resumo

O objetivo geral da pesquisa é verificar a relevância da estrutura de capital para a rentabilidade dos maiores bancos de capital aberto no país. Quanto ao método, optou-se pela pesquisa de natureza empírico-analítica, descritiva, de abordagem quantitativa, sendo os dados longitudinais coletados da base de dados Economatica® entre o período do 1º trimestre de 2008 ao 4º trimestre de 2018. Para as análises, foram realizados testes de regressão linear com dados em painel (panel data). A partir do trabalho, restou demonstrado que há evidências da relevância da estrutura de capital e da influência de estratégias bancárias para a rentabilidade dos bancos mensurada com base no $ROIC_{AJUSTADO}$. A atualidade, relevância e debates críticos inevitáveis sobre o tema despertam o interesse da área acadêmica por pesquisas direcionadas à análise crítica da relevância da estrutura de capital e de estratégias operacionais para a maximização de valor. Além disso, oportuniza-se o debate acadêmico inevitável acerca da relevância da estrutura de capital e das principais estratégias bancárias para a maximização de valor nos maiores bancos de capital aberto, além de contribuir para o processo decisório de gestores, investidores, analistas financeiros e órgãos reguladores do setor ao abordar a relevância da estrutura de capital para os bancos, os riscos e custos envolvidos, os principais aspectos que incentivam níveis elevados de alavancagem financeira e os fatores determinantes para a rentabilidade.

Palavras-chave: *Relevância da Estrutura de Capital. Determinantes da Rentabilidade Bancária. Desempenho dos Bancos.*

5

A estrutura de capital é relevante para a rentabilidade dos bancos?: evidências empíricas nos maiores bancos brasileiros com papéis negociados na B3

Alexandre Franco de Godoi
José Odálio dos Santos
José Carlos Marion
Fernando de Almeida Santos

INTRODUÇÃO

A administração da estrutura de capital nos bancos envolve decisões que devem ser tomadas de maneira eficiente quando da captação de depósitos e administração das necessidades de reservas. Uma vez respeitadas as restrições impostas pela regulamentação do setor financeiro, os bancos fazem uso do capital de terceiros e do capital próprio como fonte de recursos para o financiamento de novos projetos e expansão das operações (SAUNDERS, 2000). Evidentemente, há uma preferência dos bancos de operar com recursos de terceiros na estrutura de capital, em especial em se tratando de maiores níveis de depósitos de clientes (ASSAF, 2015. MENDONÇA; SOUZA, BENEDICTO; CARVALHO; SILVA, 2016).

Essa forma de captação de recurso é considerada menos onerosa pelo fato de ser obtida a taxas de juros reduzidas, geralmente abaixo da taxa livre de risco da economia ou até mesmo sem nenhum ônus, como ocorre com os depósitos à vista, criando, assim, as condições ideais para um possível incremento da rentabilidade bancária (VIEIRA, 2016). Em razão disso, a participação do capital próprio na estrutura de capital dessas empresas acaba se tornando bastante reduzida, em média 11% do capital emprestado em atendimento às exigências de capital regulatório previsto nos Acordos de Basileia (ASSAF, 2015).

Como os bancos atuam dentro de mercados reais e imperfeitos, determinados aspectos parecem distanciar as circunstâncias reais do ambiente em que atuam essas empresas da abordagem da Irrelevância da Estrutura de Capital (OCTAVIA; BROWN, 2008). Entre esses aspectos, podem ser mencionados: o benefício fiscal pelo uso de dívidas na estrutura de capital (ORGLER; TAGGART, 1983); o risco de insolvência e os custos privados de falência (SAUNDERS, 2000; JUCÁ, 2011); os custos de agência originados do conflito de interesses entre administradores e acionistas (JENSEN, 1986), credores e acionistas (JUCÁ, 2011), e o uso do endividamento para disciplinar a atuação dos administradores (JENSEN, 1986); o contexto da assimetria de informações (ABOURA; LÉPINETTE, 2015), o que torna mais onerosos os custos de emissão do capital próprio (WALL; PETERSON, 1998); as garantias e proteções governamentais e privadas sob a forma de seguros de depósitos, garantias implícitas de resgate e operações de redesconto (ABOURA; LÉPINETTE, 2015; JUCÁ, 2011); e os requerimentos de capital regulatório previstos nos Acordos de Basileia (OCTAVIA; BROWN, 2008, BELÉM; GARTNER, 2016).

Essas imperfeições existentes nos mercados, ao mesmo tempo que podem incentivar os bancos a elevar os níveis de alavancagem financeira na estrutura de capital, fazem com que essas empresas tenham que privilegiar níveis de capital próprio na estrutura de capital que sejam compatíveis com as expectativas de mercado, principalmente em razão dos custos e riscos a que as organização ficam expostas na hipótese de maiores níveis de endividamento na estrutura de capital (BERGER; HERRING; SZERGÖ, 1995. JOKIPII; MILNE, 2008) e das penalidades aplicáveis por órgãos reguladores do setor no caso de não observância das exigências de capital regulatório (RIME, 2001). Posto isso, poder-se-ia admitir, ainda que de modo intuitivo, inicialmente, a relevância da estrutura de capital para os bancos (ABOURA; LÉPINETTE, 2015).

Como os bancos convivem com diversas restrições e controles legais em seus passivos, ainda persistem discussões quanto à capacidade de essas empresas criarem valor a partir de seus passivos (ASSAF, 2015). Em outras palavras, não há ainda um consenso definitivo a respeito da irrelevância ou relevância da estrutura de capital para a criação de valor nos bancos. Logo, esta pesquisa procura responder, por meio de uma abordagem quantitativa, ao seguinte problema de pesquisa: a estrutura de capital é relevante para a rentabilidade dos quatro maiores bancos de capital aberto no Brasil?

O objetivo geral da pesquisa é verificar a relevância da estrutura de capital para a rentabilidade dos maiores bancos de capital aberto no país. Como objetivos específicos, pretende-se analisar se a rentabilidade como métrica de maximização de valor apresenta relação positiva e estatisticamente significativa com a capitalização, a eficiência operacional, a solvência e a liquidez.

Para se investigar o problema de pesquisa, são propostas as seguintes hipóteses alternativas de pesquisa:

- H_1: A estrutura de capital interfere, de forma estatisticamente significativa, na maximização de valor, influenciando de forma positiva a rentabilidade dos bancos nacionais de grande porte listados na B3;
- H_2: A alavancagem financeira (*leverage*) interfere, de forma estatisticamente significativa, na maximização de valor, influenciando de forma positiva a rentabilidade dos bancos nacionais de grande porte listados na B3;
- H_3: A capitalização interfere, de forma estatisticamente significativa, na maximização de valor, influenciando de forma positiva a rentabilidade dos bancos nacionais de grande porte listados na B3;
- H_4: Estratégias relacionadas a eficiência operacional, solvência e liquidez interferem, de forma estatisticamente significativa, na maximização de valor, influenciando de forma positiva a rentabilidade dos bancos nacionais de grande porte listados na B3.

Um conjunto com *proxies* representativas dos principais fatores capazes de afetar a rentabilidade dos bancos, calculado por meio de indicadores econômico-financeiros, foi extraído das demonstrações financeiras para que as hipóteses de pesquisa fossem testadas. Optou-se pelo emprego de indicadores a valor contábil, dada a dificuldade de obter-se informação a valor de mercado para parte dos indicadores utilizados nas análises (COELHO, 2015).

A pesquisa contribui no campo teórico ao oportunizar o debate crítico inevitável acerca da relevância da estrutura de capital e das principais estratégias bancárias para a maximização de valor nos maiores bancos com ações negociadas na B3 (Brasil, Bolsa, Balcão), assunto que desperta o interesse de agentes tomadores de decisões, de órgãos reguladores e da própria comunidade acadêmica. No campo social, espera-se que ela possa contribuir para o processo decisório de gestores, investidores, analistas financeiros e órgãos reguladores do setor ao abordar a relevância da estrutura de capital para os bancos, bem como os riscos e os custos envolvidos, principais aspectos que incentivam essas empresas a manter níveis elevados de alavancagem financeira na estrutura de capital e os principais fatores determinantes para a sua rentabilidade.

5.1 REVISÃO TEÓRICA

5.1.1 Principais aspectos da atividade dos bancos e de sua estrutura de capital

Os bancos apresentam características exclusivas que os diferenciam das empresas não financeiras. Como entidades públicas ou privadas com finalidades lucrativas, os bancos, na condição de depositários da poupança de famílias, empresas e investidores institucionais, atuam como intermediários financeiros entre investidores e tomadores de recursos (PINHEIRO; SAVÓIA; SECURATO, 2015), desempenhando papel determinante para o funcionamento dos sistemas econômicos e desenvolvimento dos países (BELÉM; GARTNER, 2016).

Ao promover a realização de operações de empréstimos de recursos advindos, em grande parte, dos seus depositantes, os bancos viabilizam o fluxo de oferta de crédito na economia (DIAMOND; RAJAN, 2001) e determinam a criação do poder de compra necessário para empresas e pessoas físicas (MAFFLI; BRESSAN; SOUZA, 2007), sendo provedores de liquidez e segurança ao sistema financeiro e indutores do desenvolvimento pela concessão de crédito para consumo e investimentos (ANDRADE, 2014).

A complexidade e a diversidade da atividade bancária expõem os bancos a vários tipos de riscos que podem fragilizar a sua situação financeira (BELÉM; GARTNER, 2016). Para garantir um ambiente seguro e de solidez para o sistema financeiro, evitando-se, assim, que perdas inesperadas ou problemas financeiros a que estejam submetidos os bancos possam comprometer o sistema de intermediação financeira como um todo (VALLASCAS; HAGENDORFF, 2013) e produzir efeitos prejudiciais para a economia dos países, conforme demonstrado pelas crises sistêmicas (SAUNDERS, 2000), órgãos reguladores do setor têm exigido dos bancos a manutenção de capital regulatório em níveis suficientes para suportar os riscos a que estão expostos os seus ativos (BELÉM; GARTNER, 2016).

Os recursos captados pelos bancos na estrutura de capital para o financiamento de novos projetos e a expansão das operações são obtidos por meio do capital de terceiros e do capital próprio (SAUNDERS, 2000). Há um elevado nível de endividamento na estrutura de capital dos bancos, dada a preferência em operar com recursos do capital de terceiros. Isso torna bastante reduzida a participação do capital próprio que é utilizado para definir os limites de empréstimos e demais operações ativas, mitigar a exposição aos riscos e cobrir eventuais perdas (ASSAF, 2015).

Maiores níveis de depósitos compondo a estrutura de capital dos bancos geram um maior volume de recursos disponíveis para a intermediação financeira (MENDONÇA *et al.*, 2016) e representam uma forma de captação menos onerosa para incremento da lucratividade bancária, dadas as garantias que são oferecidas por órgãos privados ou governamentais para a redução dos riscos e dos custos de captação (VIEIRA, 2016), geralmente sob a forma de seguros de depósitos ou outras garantias implícitas de resgate (JUCÁ, 2011).

Pode-se afirmar que os bancos não se enquadram no tipo de clássicas empresas não financeiras que assume a proposição de Irrelevância da

Estrutura de Capital (MODIGLIANI; MILLER, 1958), uma vez que as garantias e proteções oferecidas por governos e órgãos privados reduzem os níveis de riscos no setor bancário e criam estímulos para elevados níveis de alavancagem financeira na estrutura de capital (ABOURA; LÉPINETTE, 2015). A presença de certas imperfeições existentes nos mercados é outro aspecto que pode afetar a estrutura de capital dos bancos e ser intuída pela sua relevância para a maximização de valor (ABOURA; LÉPINETTE, 2015), distanciando, assim, as circunstâncias reais do ambiente em que operam os bancos da abordagem da Irrelevância da Estrutura de Capital (OCTAVIA; BROWN, 2008).

A composição da estrutura de capital nos bancos pode ser influenciada e explicada por fatores relacionados a atributos das empresas bancárias, efeitos macroeconômicos e regulação existente no setor bancário (ROMDHANE, 2010) e sua rentabilidade é determinada por fatores como margem de lucro, eficiência operacional, planejamento eficiente e elevada dependência de recursos de terceiros (*leverage*) na estrutura de capital. Este último aspecto possibilita que os bancos alavanquem seus resultados (ASSAF, 2015).

Pesquisas empíricas têm sido desenvolvidas com o objetivo de analisar a influência que fatores operacionais da atividade bancária, em especial as decisões de estrutura de capital, os aspectos macroeconômicos e as exigências regulatórias inerentes ao setor, exercem sobre o desempenho dos bancos. O Quadro 1 relaciona algumas pesquisas realizadas no Brasil e seus principais resultados.

Quadro 1: Evidências empíricas da análise do desempenho dos bancos no Brasil

Autores	Período	Principais resultados
Bittencourt et al. (2017)	2009-2013	O ROA é afetado por empréstimos, eficiência, despesas totais, depósitos totais, outras receitas e Selic. O ROE é influenciado por depósitos totais, empréstimos, Selic, PIB, inflação, outras receitas e despesas totais.

Autores	Período	Principais resultados
Caliman, Sarlo Neto, Reina e Junior (2016)	2012-2015	Margem Líquida e ROA têm relação positiva com ROE. Endividamento, Independência Financeira e Eficiência Operacional têm relação negativa. O Índice de Basileia não apresentou significância estatística.
Mendonça et al. (2016)	2011-2015	Relação estatisticamente significativa entre eficiência econômico-financeira e lucratividade. Quanto maior a eficiência econômico-financeira do banco, maior a lucratividade obtida.
Vieira (2016)	1996-2015	Bancos mais endividados possuem menor ROA e maior ROE. A captação de depósitos aumenta a lucratividade dos bancos, enquanto uma maior diversificação das operações ocasiona menor retorno.
Mantovani e Santos (2015)	2001-2010	Relação significativa entre indicadores de alavancagem financeira bancária e indicadores de rentabilidade.
D'Oliveira (2014)	1995-2013	Tamanho do banco, financiamento, capitalização, liquidez, risco de crédito, crescimento de crédito, eficiência técnica, concentração e controle de capital pelo governo e taxa de juros foram estatisticamente significativas para a rentabilidade dos bancos.
Primo, Dantas, Medeiros e Capelletto (2013)	2000-2009	Taxa básica de juros, PIB, carga tributária, eficiência operacional e participação dos bancos nacionais têm relação positiva com a rentabilidade. Variação Cambial tem relação negativa e o Nível de Inflação tem sinais distintos dependendo do modelo aplicado.
Gonçalves, Tavares, Ximenes e Silva (2012)	2008-2009	Os bancos tendem a adotar posturas conservadoras e tendências anticíclicas ao fomentar as atividades produtivas, com preferência por maior liquidez em prejuízo da rentabilidade.
Rover, Tomazzia e Fávero (2011)	1995-2009	Liquidez, risco de crédito, despesas operacionais, eficiência operacional, alavancagem, inflação e taxa Selic são estatisticamente significativas para a rentabilidade bancária.
Oliveira, Macedo e Corrar (2011)	2008-2009	Eficiência Operacional e Retorno das Operações de Crédito são aspectos problemáticos na avaliação do desempenho. Mudanças nas participações acionárias dos bancos serviram para manter ou melhorar os índices de desempenho.
Martin, Kimura, Kayo e Santos (2011)	1996-2010	Identificou-se uma relação positiva e estatisticamente significativa da diversificação, qualidade da gestão e eficiência tecnológica com a lucratividade bancária. A relação negativa entre capacidade de investimento e lucratividade foi estatisticamente significativa.
Souza e Macedo (2009)	2001-2005	A eficiência econômico-financeira dos bancos está relacionada ao baixo custo operacional e alta rentabilidade.

Autores	Período	Principais resultados
Maffili, Bressan e Souza (2007)	1999-2005	Operações de tesouraria, operações de crédito, estrutura de capital, índice de eficiência e spread bancário têm relação estatística significativa com a rentabilidade dos bancos de varejo.
Ceretta e Niederauer (2001)	1999	Com base no enfoque integrado entre eficiência operacional e rentabilidade pela matriz BCG, bancos de grande porte apresentam o melhor desempenho, enquanto os de pequeno porte o pior.

Fonte: Elaborado pelos autores.

Os bancos comportam-se como firmas que buscam a otimização racional de lucros (VINHADO; DIVINO, 2013). Em outras palavras, eles têm por objetivo a maximização da rentabilidade, uma variável de natureza fundamental para a estabilidade do sistema bancário (D'OLIVEIRA, 2014). Assim sendo, a fim de que a relevância da estrutura de capital para a maximização de valor nos bancos possa ser comprovada, ela necessita ser objeto de pesquisa empírica e analisada com o devido rigor metodológico e adequado tratamento estatístico.

5.2 MÉTODOS DE PESQUISA

A pesquisa é de natureza empírico-analítica, por utilizar técnicas de coleta, tratamento e análise de dados quantitativos, com forte preocupação em estabelecer a relação causal entre variáveis (MARTINS, 2002). Sua abordagem é quantitativa, sendo um meio para testar teorias objetivas e examinar a relação entre variáveis mediante o emprego de procedimentos estatísticos (CRESWELL, 2010). Quanto aos objetivos, trata-se de uma pesquisa descritiva, pois proporciona como resultado um quadro de determinado fenômeno (GRAY, 2012).

Os dados coletados são longitudinais e originam-se de fontes secundárias. Para calcular as variáveis de natureza econômico-financeiras, utilizaram-se as demonstrações financeiras trimestrais consolidadas disponíveis na base de dados Economatica®, tendo sido os dados trimestrais da Demonstração do Resultado do Exercício (DRE) obtidos em bases anualizadas. A pesquisa contemplou o período de 2008 até 2018, o qual pode ser considerado apropriado para a análise, ainda que seja ele composto por períodos de baixa e alta volatilidade no mercado, num misto de momentos de longa estabilidade econômica com fortes interrupções por crises político-econômicas nacionais e internacionais.

O método de amostragem na pesquisa é classificado como não probabilístico por conveniência (HAIR; BABIN; MONEY; SAMOUEL, 2005), pois na seleção dos bancos para a amostra optou-se por aqueles com significativa participação no sistema financeiro nacional e informações econômico-financeiras disponíveis para o desenvolvimento do estudo. Assim, a amostra da pesquisa é composta pelos quatro maiores bancos com ações negociadas na B3 Brasil, Bolsa, Balcão. Dos bancos comerciais, bancos múltiplos com carteira comercial e caixas econômicas autorizados pelo Banco Central do Brasil (2019) a operar no país, somente os quatro maiores bancos de capital aberto — Banco do Brasil, Itaú Unibanco, Bradesco e Santander — concentraram em conjunto, ao final do ano de 2018, 64,30% dos ativos totais; 60,77% das operações de crédito; 64,62% da captação de depósitos; e 69,42% do patrimônio líquido total, o que indica a representatividade dessas instituições financeiras para o setor bancário dentro do sistema financeiro nacional.

A variável dependente de pesquisa está relacionada à maximização de valor e ao desempenho dos bancos, sendo representada pela *proxy* de rentabilidade bancária *Return on Invested Capital Adjusted* ($ROIC_{AJUSTADO}$). As variáveis independentes, por sua vez, se referem às principais estratégias adotadas pelos bancos para maximização da rentabilidade. Elas são representadas por *proxies* relacionadas à estrutura de capital, risco de crédito, eficiência operacional, solvência e liquidez, e foram determinadas a partir de revisões realizadas em estudos empíricos sobre a rentabilidade bancária. O Quadro 2 apresenta as *proxies* representativas das variáveis da pesquisa e a relação esperada entre elas.

Quadro 2: Variável Dependente e Variáveis Independentes da Pesquisa

Variável Dependente da Pesquisa		
Retorno sobre o Capital Investido Ajustado Adaptado de Chen (2014)	$ROIC_{Ajustado} = \frac{NOPAT_t}{Capital\ Total\ Investido\ Ajustado_{t-1}}$	
Variáveis Independentes da Pesquisa e a relação esperada com a rentabilidade		
Capitalização D'Oliveira (2014)	$CAP = \frac{Patrimônio\ Líquido}{Ativo\ Total}$	+/-
Leverage ou Multiplicador do P.L. Assaf (2015) e Ross, Westerfield, Jaffe e Lamb (2015)	$LEV = \frac{Ativo\ Total}{Patrimônio\ Líquido}$	+/-
Custo Operacional Mendonça *et al.* (2016)	$CUS = \frac{Despesas\ com\ Pessoal + ADM + Interm.Fin.}{Receitas\ de\ Serviços + Receitas\ Interm.Fin.}$	-
Spread Bancário Rover, Tomazzia e Fávero (2011)	$SPR = \frac{Receitas\ Oper.Crédito - Despesas\ Captação}{Receitas\ Oper.Crédito}$	+
Operações de Crédito Gonçalves *et al.* (2012)	$CRE = \frac{Volume\ Oper.Crédito\ e\ Arrend.Mercantil}{Ativo\ Total}$	+
Encaixe Voluntário Gonçalves *et al.* (2012)	$ENC = \frac{Disponibilidades}{Depósitos\ à\ Vista}$	-
Liquidez Imediata Assaf (2015)	$LIQ = \frac{Disponibilidades + Aplic.Financ.de\ Liquidez}{Depósitos\ à\ Vista}$	-
Risco de Crédito D'Oliveira (2014)	$RIS = \frac{Provisão\ Créditos\ Liquidação\ Duvidosa}{Operações\ de\ Créditos\ Totais}$	+/-
Operações de Tesouraria Maffili, Bressan e Souza (2007)	$TES = \frac{Aplicações\ Interfin. + TVM + Derivativos}{Ativo\ Total}$	+
Grau de Imobilização Mendonça *et al.* (2016)	$IMO = \frac{Ativo\ Imobilizado}{Patrimônio\ Líquido}$	-

Fonte: Elaborado pelos autores.

Normalmente, as pesquisas empíricas têm se utilizado do *Return on Assets* (ROA) e do *Return on Equity* (ROE) como *proxies* para representar a rentabilidade dos bancos. O *Return on Invested Capital* (ROIC) possibilita uma melhor compreensão do desempenho operacional dos bancos ao ser comparado com métricas de retorno como o ROA e o ROE (COPELLAND; KOLLER; MURRIN, 2002), enfatizando o entendimento de como essas empresas estão criando (ou destruindo) valor. O uso do *Return on Invested Capital Adjusted* ($ROIC_{AJUSTADO}$), como a variável dependente da pesquisa, traz como diferencial ao *Return on Invested Capital* (ROIC), tradicionalmente utilizado pelo mercado, o ajuste ao cálculo do Capital Total Investido mediante a inclusão dos saldos de depósitos de poupança.

Pode-se entender que esses recursos apresentam características de longo prazo, dado o prazo médio efetivo de permanência desse tipo de depósito ser superior ao período de um ano. Ainda que contabilmente registrados no Passivo Circulante, em conformidade com o Plano Contábil das Instituições do Sistema Financeiro Nacional (COSIF) do Banco Central do Brasil (2017), os depósitos de poupança, geralmente, apresentam prazo de vencimento indeterminado e liquidez diária e mantêm uma estabilidade de saldos ao longo dos anos, consubstanciando-se em uma fonte de financiamento que contribui com o resultado de longo prazo dos bancos por meio das operações de crédito imobiliário.

Pelo exposto, é possível aceitar uma metodologia alternativa para o cálculo do ROIC desde que o avaliador padronize um modelo de cálculo que possibilite comparações e apresente uma clara ideia do Capital Total Investido (CHEN, 2014). O Quadro 3 apresenta os principais elementos e ajustes para o cálculo do Lucro Operacional após o Imposto de Renda (NOPAT) e do Capital Total Investido Ajustado utilizados na determinação do $ROIC_{AJUSTADO}$.

Quadro 3: Cálculo do NOPAT e do Capital Total Investido Ajustado

Cálculo do NOPAT	Cálculo do Capital Total Investido Ajustado
+ Receitas de Intermediação Financeira	+ Passivo Circulante
(-) Despesas de Intermediação Financeira	*(Depósitos de Poupança)*
= Resultado Bruto da Intermediação Financeira	+ Passivo Exigível a Longo Prazo

Cálculo do NOPAT	Cálculo do Capital Total Investido Ajustado
+ ou (-) Outras Receitas/Despesas Operacionais	*(Depósitos e demais Passivos de Longo Prazo)*
= Resultado Operacional	+ Patrimônio Líquido
(-) Imposto de Renda e Contribuição Social sobre o Lucro	+ Participação de Não Controladores
= Resultado Operacional após o Imposto de Renda (NOPAT)	**= Capital Total Investido Ajustado**

Fonte: Elaborado pelos autores.

Logo, definidas a variável dependente e as variáveis independentes, a equação prevista com as *proxies* representativas das variáveis da pesquisa pode ser assim descrita:

$$ROIC_{it} = \beta_0 + \beta_1 CAP_{it} + \beta_2 LEV_{it} - \beta_3 CUS_{it} + \beta_4 SPR_{it} + \beta_5 CRE_{it} - \beta_6 ENC_{it} - \beta_7 LIQ_{it} + \beta_8 RIS_{it} + \beta_9 TES_{it} - \beta_{10} IMO_{it} + \mu_{it} \quad (1)$$

Na equação: $ROIC_{AJUSTADO}$ (Retorno sobre o Capital Investido Ajustado); CAP (Capitalização); LEV (*Leverage*); CUS (Custo Operacional); SPR (*Spread* Bancário); CRE (Operações de Crédito); ENC (Encaixe Voluntário); LIQ (Liquidez Imediata); RIS (Risco de Crédito); TES (Operações de Tesouraria); e IMO (Grau de Imobilização).

Mediante o emprego de testes estatísticos paramétricos, busca-se investigar a significância de determinadas *proxies* representativas de estratégias bancárias que estão relacionadas à estrutura de capital — em especial a sua relevância para a maximização de valor —, eficiência operacional, solvência e liquidez para a rentabilidade dos quatro maiores bancos com ações negociadas na B3 Brasil, Bolsa, Balcão. Para comprovar ou refutar as hipóteses de pesquisa, foi utilizado um modelo econométrico estimado pela técnica de regressão com dados em painel por meio do uso do *software* EViews® 10.

A análise de regressão com dados em painel permite a obtenção de estimadores mais precisos para os modelos econométricos e estatísticas de testes mais poderosas (WOOLDRIDGE, 2002). Proporciona ainda maior confiabilidade e robustez aos resultados obtidos (MENEZES, 2017), sendo de ampla utilização em estudos econométricos e nas ciências sociais aplicadas (DUARTE; LAMOUNIER; TAKAMATSU, 2007). São três as principais abordagens para os modelos de regressão com dados em painel, sendo: (i) dados empilhados (*pooled*); (ii) efeitos fixos (*fixed effects*); e (iii) efeitos aleatórios (*random effects*) (GREENE, 2012). Alguns testes estão previstos para a definição do modelo econométrico considerado mais adequado e consistente nesse tipo de análise, a exemplo do Teste F de Chow, do Teste de Hausman e do Teste do Multiplicador de Lagrange (LM) de Breusch e Pagan (GUHARATI; PORTER, 2011).

Para cada banco que compõe a amostra de pesquisa, há um número de observações ao longo do tempo. Assim, o número total de observações na pesquisa corresponde a , ou seja, configurando-se na formação de um conjunto de dados de corte transversal com 4 bancos associados a uma série temporal de 44 trimestres, totalizando 176 observações. Logo, trata-se de um painel longo, quando o número de períodos de tempo é maior que o número de sujeitos de corte transversal , e do tipo balanceado pelo fato de cada unidade de corte transversal ter o mesmo número de observações.

5.3 RESULTADOS

Inicialmente, para confirmar se a variável dependente da pesquisa apresenta uma distribuição normal, a pesquisa utilizou-se do Teste de Normalidade Jarque-Bera. O resultado obtido para o *p-value* > 0,05 (0,679529) da variável dependente ($ROIC_{AJUSTADO}$) leva à aceitação da hipótese nula (H_0) de normalidade. Em outras palavras, os dados para a variável dependente da pesquisa são distribuídos normalmente. A Tabela 1 apresenta os resultados obtidos com as estatísticas do Teste de Normalidade Jarque-Bera.

Tabela 1: Estatísticas do Teste de Normalidade Jarque-Bera

Teste de Normalidade	Variável Dependente da Pesquisa
	$ROIC_{AJUSTADO}$
Nº de observações	176
Jarque-Bera	0,772711
Probability (p-value)	0,679529

Teste de Normalidade	Variável Dependente da Pesquisa $ROIC_{AJUSTADO}$
Hipóteses para o Teste Jarque-Bera (p-value < 0,05 rejeita-se a hipótese nula H_0)	
H_0: Os dados da pesquisa são distribuídos normalmente	
H_1: Os dados da pesquisa não são distribuídos normalmente	

Fonte: Dados da pesquisa (2019).

As estimações para os testes de regressão com dados em painel foram realizadas no Modelo Agrupado (*Pooled*), Modelo com Efeitos Aleatórios (*Random Effects*) e Modelo com Efeitos Fixos (*Fixed Effects*). Para a definição do modelo econométrico considerado mais adequado e consistente, foram utilizados o Teste do Multiplicador de Lagrange (LM) de Breusch e Pagan (Teste Breusch-Pagan LM), o Teste F de Chow e o Teste de Hausman.

Na análise de regressão com dados em painel, foram inicialmente estimados o Modelo Agrupado (*Pooled*) e o Modelo com Efeitos Aleatórios (*Random Effects*). O Teste Breusch-Pagan LM foi aplicado para comparar entre o Modelo Agrupado (*Pooled*) e o Modelo com Efeitos Aleatórios (*Random Effects*). A significância estatística apresentada pelo *p-value* < 0,05 (0,0000) levou à rejeição da hipótese nula que prevê haver adequação do Modelo Agrupado (*Pooled*) em relação ao Modelo com Efeitos Aleatórios (*Random Effects*). Por conseguinte, foi, então, aceita a hipótese alternativa que considera o Modelo com Efeitos Aleatórios (*Random Effects*) como o mais adequado e consistente para as estimativas de regressão com dados em painel para os dados da pesquisa. Os resultados para o Teste Breusch-Pagan LM podem ser verificados na Tabela 2.

Tabela 2: Teste Breusch-Pagan LM – Regressão Variável Dependente $ROIC_{AJUSTADO}$

Teste	Estatística	Graus de Liberdade	Probabilidade
Breusch-Pagan LM	61,54529	6	0,0000
Hipóteses para o Teste Breusch-Pagan LM (p-value < 0,05 rejeita-se a hipótese nula H_0)			

H_0: Há adequação do Modelo Pooled em relação ao Modelo com Efeitos Aleatórios. (Modelo Pooled)
H_1: Não há adequação do Modelo Pooled em relação ao Modelo com Efeitos Aleatórios. (Efeitos Aleatórios)

Fonte: Dados da pesquisa (2019).

Em seguida, foi realizada a estimação do teste de regressão com dados em painel no Modelo com Efeitos Fixos (*Fixed Effects*). O Teste F de Chow foi aplicado para examinar a estabilidade estrutural do modelo de regressão e verificar a melhor alternativa entre o Modelo Agrupado (*Pooled*) e o Modelo com Efeitos Fixos (*Fixed Effects*). A significância estatística apresentada pelo *p-value* < 0,05 (0,0000) levou à rejeição da hipótese nula que declara haver igualdade de interceptos e inclinações para toda a amostra em análise (modelo *pooled* o preferível). Logo, é aceita a hipótese alternativa que considera o Modelo com Efeitos Fixos (*Fixed Effects*) como o mais adequado para os dados da pesquisa. Os resultados obtidos com o Teste F de Chow são apresentados na Tabela 3.

Tabela 3: Teste de Chow – Regressão com a Variável Dependente $ROIC_{AJUSTADO}$

Teste	Estatística	Graus de Liberdade	Probabilidade
Cross-section F	38,950128	(3,119)	0,0000
Cross-section Chi-quadrado	120,397049	3	0,0000
Período F	4,031670	(43,119)	0,0000
Período Chi-quadrado	158,200866	43	0,0000
Cross-Section/Período F	8,071288	(46,119)	0,0000
Cross-Section/Período Chi-quadrado	249,189894	46	0,0000
Hipóteses para o Teste de Chow (p-value < 0,05 rejeita-se a hipótese nula H_0)			
H_0: Há igualdade de interceptos e inclinações para toda a amostra. (Modelo Pooled)			
H_1: Não há igualdade de interceptos e inclinações para toda a amostra. (Modelo com Efeitos Fixos)			
Teste Cross-Section e período com efeitos fixos			

Fonte: Dados da pesquisa (2019).

Para se determinar entre o Modelo com Efeitos Fixos (*Fixed Effects*) e o Modelo com Efeitos Aleatórios (*Random Effects*), aquele que melhor se ajusta aos dados da pesquisa, foi aplicado o Teste de Hausman. A significância estatística apresentada pelo *p-value* < 0,05 (0,0036) levou à rejeição da hipótese nula que considera o Modelo com Efeitos Aleatórios (*Random Effects*) como aquele que oferece estimativas dos parâmetros mais consistentes para a variável dependente da pesquisa $ROIC_{AJUSTADO}$, a *proxy* representativa da rentabilidade para os bancos. Os resultados obtidos com a aplicação do Teste de Hausman são apresentados na Tabela 4.

Tabela 4: Teste de Hausman – Regressão com a Variável Dependente $ROIC_{AJUSTADO}$

Teste	Estatística Chi-quadrado	Graus de Liberdade	Probabilidade
Cross-section aleatório	0,000000	10	1,0000
Período aleatório	0,000000	10	1,0000
Cross-section e período aleatórios	26,127975	10	0,0036
Hipóteses para o Teste de Hausman (p-value < 0,05 rejeita-se a hipótese nula H_0)			
H_0: O Modelo Efeitos Aleatórios oferece estimativas dos parâmetros mais consistentes. (Efeitos Aleatórios)			
H_1: O Modelo Efeitos Aleatórios não oferece estimativas dos parâmetros mais consistentes. (Efeitos Fixos)			
Teste Cross-Section e período com efeitos aleatórios			

Fonte: Dados da pesquisa (2019).

Desse modo, é aceita a hipótese alternativa que considera o Modelo com Efeitos Fixos (*Fixed Effects*) como o mais adequado e consistente para os dados da pesquisa. Os resultados obtidos com a estimação da regressão com dados em painel no Modelo com Efeitos Fixos (*Fixed Effects*) estão apresentados na Tabela 5. As variáveis independentes consideradas estatisticamente significativas para os dados da pesquisa são aquelas que apresentaram como resultados para o *p-value* um nível de significância estatística de 1% e de 5%.

Tabela 5: Regressão com Dados em Painel no Modelo com Efeitos Fixos (*Fixed Effects*)

Variável Independente	Coeficiente	Erro Padrão	Estatística t	Probabilidade	(a)
(Constante)	16,31566	1,854495	8,797901	0,0000	
CAP	0,167734	0,055810	3,005429	0,0032	***
LEV	0,132290	0,055946	2,364601	0,0197	**
CUS	-0,186878	0,010634	-17,57380	0,0000	***
SPR	0,003577	0,004611	0,775751	0,4394	
CRE	-0,032092	0,027785	-1,155007	0,2504	
ENC	-0,025004	0,307152	-0,081406	0,9353	
LIQ	0,029913	0,037578	0,796035	0,4276	
RIS	0,112225	0,044942	2,497115	0,0139	**
TES	0,009588	0,022217	0,431574	0,6668	
IMO	-0,013743	0,005702	-2,410175	0,0175	**
R^2	0,939918	(a) Variáveis independentes estatisticamente significativas ao nível de: ***1%; **5%; e *10%.			
R2 Ajustado	0,911645				
F-statistic	33,24359				
Prob. (F-statistic)	0,000000				
Variável Dependente: $ROIC_{AJUSTADO}$					
Amostra: 2008Q1 até 2018Q4 – Períodos Incluídos: 44					
Cross-Sections incluídas: 4 (BRAD, BRAS, ITAU e SANT)					
Total de observações no Painel Balanceado: 176					

Fonte: Dados da pesquisa (2019).

Os resultados fornecidos pelo Modelo com Efeitos Fixos (*Fixed Effects*) indicam que as variáveis CAP (Capitalização), LEV (*Leverage*), CUS (Custo Operacional), RIS (Risco de Crédito) e IMO (Grau de Imobilização) mostraram-se estatisticamente significativas para a *proxy* de rentabilidade $ROIC_{AJUSTADO}$, sendo, portanto, capazes de influenciar a rentabilidade dos bancos. Cabe destacar que os sinais obtidos nesses resultados se apresentam em conformidade com a relação esperada na Teoria de Finanças e nas pesquisas empíricas que analisaram a rentabilidade nos bancos.

Diante do exposto, permite-se então rejeitar a Hipótese Nula (H_0) de que não há relação estatisticamente significativa entre a estrutura de capital e a rentabilidade dos bancos. Aceita-se, portanto, a Hipótese Alternativa (H_1), que declara existir relação estatisticamente significativa entre a estrutura de capital e a rentabilidade dessas empresas. Em outras palavras, poder-se-ia admitir a relevância da estrutura de capital para a rentabilidade dos bancos, dado que as variáveis independentes LEV (*Leverage*) e CAP (Capitalização) mostraram-se estatisticamente significativas ao nível de significância de 1% e de 5% na pesquisa.

A Hipótese Alternativa adicional ($H_{1,1}$) que considera a alavancagem financeira (*leverage*) relevante para a maximização de valor e influencia positivamente a rentabilidade dos bancos também foi aceita para a *proxy* de rentabilidade $ROIC_{AJUSTADO}$, ocasião essa em que LEV (*Leverage*) apresentou relação positiva e estatisticamente significativa ao nível de significância de 5%. Com relação à Hipótese Alternativa adicional ($H_{1,2}$) que declara ser a CAP (Capitalização) dos bancos relevante para a maximização de valor e influencia positivamente na rentabilidade, ela foi passível de ser aceita para a *proxy* de rentabilidade $ROIC_{AJUSTADO}$ ao nível de significância de 1%.

Ressalte-se que, embora os resultados encontrados para LEV (*Leverage*) e CAP (Capitalização) atendam as hipóteses alternativas de pesquisa ($H_{1,1}$ e $H_{1,2}$), tanto a Teoria de Finanças como as pesquisas empíricas desenvolvidas apontam para uma relação esperada ambígua entre essas variáveis e a rentabilidade dos bancos. Em outras palavras, LEV (*Leverage*) e CAP (Capitalização), como *proxies* representativas para a estrutura de capital, podem influenciar, de forma positiva ou negativa, a rentabilidade dos bancos.

A Hipótese Alternativa adicional ($H_{1,3}$) que declara que as estratégias bancárias estão relacionadas à eficiência operacional, solvência e liquidez capazes de influenciar a rentabilidade dos bancos pode ser parcialmente aceita com base nos resultados obtidos para CUS (Custo Operacional), ao nível de significância estatística de 1%, e para RIS (Risco de Crédito) e IMO (Grau de Imobilização), ao nível de significância estatística de 5%. A relação apresentada por CUS (Custo Operacional) e por IMO (Grau de Imobilização) com a *proxy* de rentabilidade para os bancos $ROIC_{AJUSTADO}$ foi negativa, enquanto o RIS (Risco de Crédito) apresentou uma relação positiva. Os sinais obtidos por essas *proxies* estatisticamente significativas, as quais representam as estratégias bancárias relacionadas à eficiência operacional, estão em conformidade com a relação esperada na Teoria de Finanças e com as pesquisas empíricas que se dedicaram na análise da rentabilidade dos bancos.

CONSIDERAÇÕES FINAIS

A presente pesquisa, de natureza empírico-analítica, descritiva, de abordagem quantitativa, teve por objetivo analisar a relevância da estrutura de capital para a rentabilidade dos quatro maiores bancos de capital aberto no Brasil. Além disso, verificou se as principais estratégias bancárias relacionadas à eficiência operacional, solvência e liquidez são capazes de influenciar a rentabilidade dos bancos. O período contemplado nas análises considerou o intervalo entre o 1º trimestre de 2008 até o 4º trimestre de 2018. Um conjunto de dados de corte transversal com quatro bancos associados a uma série temporal de 44 trimestres, totalizando 176 observações, foi utilizado para a pesquisa.

Os resultados estatisticamente significativos obtidos para as variáveis CAP (Capitalização) e LEV (*Leverage*) indicam a relevância da estrutura de capital para a rentabilidade dos bancos. O impacto positivo da CAP (Capitalização) sobre a rentabilidade dos bancos, a qual foi mensurada pelo $ROIC_{AJUSTADO}$, pode ser justificada pelo fato de as empresas bem capitalizadas serem capazes de reduzir os custos de financiamentos e de captação, ao sinalizarem ao mercado uma menor possibilidade de falências e ao estarem sujeitas, assim, a menores custos de falências esperados (D'OLIVEIRA, 2014).

Já a relação positiva apresentada por LEV (*Leverage*) com a rentabilidade dos bancos pode ser explicada pelo fato de a elevada dependência de recursos de terceiros (*leverage*) na estrutura de capital possibilitar aos bancos uma alta capacidade de alavancagem de seus resultados (ASSAF, 2015). Maiores níveis de depósitos de clientes compondo a estrutura de capital dessas empresas geram maior volume de recursos disponíveis para a intermediação financeira (MENDONÇA *et al.*, 2016) e representam uma forma de captação menos onerosa para o incremento da rentabilidade, tendo em vista que esse tipo de recurso pode ser assegurado por algum órgão privado ou governamental, a exemplo dos seguros de depósitos que contribuem para a redução de riscos e de custos de captação perante os depositantes (VIEIRA, 2016). Além disso, o endividamento na estrutura de capital proporciona um benefício fiscal pela dedutibilidade dos juros incorridos sobre o lucro tributável, servindo, ainda, como um instrumento de disciplina para mitigar o conflito de interesses entre acionistas e administradores (VIEIRA, 2016).

A significância estatística e a influência negativa de CUS (Custo Operacional) sobre a rentabilidade dos bancos, mensurada pelo $ROIC_{AJUSTADO}$, pode ser explicada pelo fato de os custos operacionais serem considerados significativos nessas empresas, especialmente os elevados custos fixos incorridos para configuração da rede de agências e da infraestrutura de tecnologia da informação, bem como os elevados custos variáveis decorrentes da própria operação (D'OLIVEIRA, 2014). Os bancos que utilizam seus recursos de maneira eficiente obtêm uma redução dos custos operacionais e um aumento no nível dos serviços, melhorando, assim, a sua eficiência operacional e seu desempenho econômico-financeiro, possibilitando agregar valor para a empresa e incrementar sua rentabilidade, gerando maiores retornos para acionistas e demais *stakeholders* (SOUZA; MACEDO, 2009, MENDONÇA *et al.*, 2016, VIEIRA, 2016).

Outra informação obtida com base nos resultados da pesquisa diz respeito à significância estatística e à relação negativa de IMO (Grau de Imobilização) com a rentabilidade dos bancos mensurada pelo $ROIC_{AJUSTADO}$. O grau de imobilização indica a proporção do capital próprio dos bancos que está aplicado em ativos imobilizados, ou seja, ativos que essas empresas utilizam para a prestação de serviços aos clientes e ao público em geral (ASSAF, 2015). Os bancos que conseguem uma redução quanto à imobilização (imóveis, terrenos, veículos, entre outros), mantendo a atual estrutura para atendimento de um maior número de demandas de seus clientes ou promovendo uma redução em seus custos, são capazes de obter melhorias em eficiência e rentabilidade (SOUZA; MACEDO, 2009; BITTENCOURT *et al.*, 2017).

O RIS (Risco de Crédito) também se mostrou estatisticamente significativo e com relação positiva com a *proxy* de rentabilidade $ROIC_{AJUSTADO}$. Esse tipo de risco é o mais óbvio para os bancos, dada sua função de intermediador financeiro, e pode surgir quando os fluxos de caixa esperados para os títulos primários possuídos pelos bancos revelam indícios de probabilidade de liquidação duvidosa futura por parte de seus clientes (SAUNDERS, 2000). Ainda que maiores níveis de provisões nesse sentido aumentem os riscos e os custos de captação e de oportunidade do dinheiro provisionado, elas podem revelar um reconhecimento oportuno de empréstimos sob liquidação duvidosa como parte de determinada estratégia adotada pelos bancos, afinal as maiores taxas que passam a ser exigidas sobre as operações de empréstimos podem terminar em maiores lucros para essas empresas (D'OLIVEIRA, 2014). Assim, se por um lado os bancos devem realizar o reconhecimento de maiores montantes de provisões para cobrir perdas com operações de crédito mais arriscadas, por outro lado eles podem cobrar juros mais altos nessas operações, aumentando, assim, a sua lucratividade (VIEIRA, 2016).

Embora os sinais obtidos para os resultados das variáveis estatisticamente significativas estejam em conformidade com a relação esperada na Teoria de Finanças, eventuais desvios ou incompatibilidade de sinais podem decorrer das diferentes estratégias comercial e de crédito, de fusões e aquisições e de políticas de investimentos, financiamentos e de distribuição de dividendos praticadas pelos bancos que compõem a amostra da pesquisa. Ressalte-se que a inclusão de um banco público e de um banco privado de controle externo na amostra de pesquisa, além do cenário instável no período da análise, são alguns aspectos que podem ter contribuído para a exclusão de determinadas variáveis dos resultados estatisticamente significativos apresentados pela pesquisa.

Por fim, cabe mencionar que esta pesquisa não se propõe a esgotar o assunto, tampouco a produzir conclusões definitivas acerca da questão de pesquisa explorada. Sugere-se, portanto, para pesquisas futuras: (i) acrescentar novas variáveis e novo horizonte temporal nos estudos posteriores; (ii) confrontar o desempenho dos bancos desta pesquisa com os principais bancos dos EUA e de países emergentes e/ou integrantes do BRICS; e (iii) analisar se as exigências de capital regulatório previstas nos Acordos de Basileia contribuem, de forma estatisticamente significativa, para alterações na rentabilidade dos bancos.

REFERÊNCIAS

ABOURA, Sofiane; LÉPINETTE, Emmanual. Do banks satisfy the Modigliani-Miller theorem?. **Economics Bulletin**, v. 35, n. 2, p. 924-935, 2015.

ANDRADE, Cristian Rodrigo de. **Basileia III**: uma análise das novas recomendações do Comitê de Supervisão Bancária da Basileia sobre o setor financeiro brasileiro. (2014). Dissertação (Mestrado profissional em Economia, com ênfase em Economia Aplicada) – Faculdade de Ciências Econômicas, Universidade Federal do Rio Grande do Sul, Porto Alegre, 2014.

ASSAF, Alexandre. **Estrutura e análise de balanços**: Um enfoque econômico-financeiro. 11. ed. São Paulo: Atlas, 2015.

BANCO CENTRAL DO BRASIL. **Plano contábil das instituições do Sistema Financeiro Nacional (COSIF)**. Banco Central do Brasil (BACEN), Brasília, 2017.

BANCO CENTRAL DO BRASIL. **IF.data – Dados selecionados de instituições financeiras**. Banco Central do Brasil (BACEN), Brasília, 2019.

BELÉM, Vinicius Cintra; GARTNER, Ivan Ricardo. Análise empírica dos *buffers* de capital dos bancos brasileiros no período de 2001 a 2011. **Revista de Contabilidade e Finanças USP**, São Paulo, v. 27, n. 70, p. 113-124, 2016.

BERGER, Allen; HERRING, Richard; SZERGÖ, Giorgio. The role of capital in financial institutions. **Journal of Banking & Finance**, [*S.l.*], v. 19, n.3-4, p. 393-430, 1995.

BITTENCOURT, Wanderson Rocha; BRESSAN, Valéria Gama Fully; GOULART, Clayton Peixoto; BRESSAN, Aureliano Angel; COSTA, Davi Rogério de Moura; LAMOUNIER, Wagner Moura. Rentabilidade em bancos múltiplos e cooperativas de crédito brasileiros. **Revista de Administração Contemporânea**, Rio de Janeiro, v. 21, p. 22-40, 2017.

CALIMAN, Lorena; SARLO NETO, Alfredo; REINA, Donizete; JUNIOR, Elizeu Maria. Bancos Comerciais e Múltiplos versus Cooperativas de Crédito: Uma Análise Comparativa dos Indicadores Econômico-Financeiros. XIX Seminários em Administração – SemeAd. [**Anais**]. São Paulo, 2016.

CERETTA, Paulo Sérgio; NIEDERAUER, Carlos Alberto Pittaluga. Rentabilidade e Eficiência no Setor Bancário Brasileiro. **Revista de Administração Contemporânea**. Rio de Janeiro, v. 5, n. 3, p. 7-26, 2001.

CHEN, Sandy. **Integrated bank analysis and valuation**: a practical guide to the ROIC methodology. Londres: The Palgrave Macmillan, 2014.

COELHO, ÉVERTON Galhoti. Estrutura de Capital: um estudo bibliométrico dos reflexos de seus determinantes. XV Congresso USP de Controladoria e Contabilidade 2015: Contabilidade e Controladoria no Século XXI. São Paulo, [**Anais**], 2015.

COPELAND, T., KOLLER, T., & MURRIN, J. (2002).Avaliação de empresas – valuation: Calculando e gerenciando o valor das empresas. 3. ed. São Paulo: Pearson Brasil, 2002.

CRESWELL, John. **Projeto de pesquisa**: Métodos qualitativo, quantitativo e misto. 3. ed. Porto Alegre: Artmed, 2010.

DIAMOND, Doulgas; RAJAN, Raghuram. Liquidity risk, liquidity creation, and financial fragility: A theory of banking. **Journal of Political Economy**, [*S.l.*], v. 109, n. 2, p. 287-327, 2001.

D'OLIVEIRA, Eliseu Hernandez. **Determinantes da lucratividade bancária no Brasil**. 2014. Dissertação (Mestrado em Ciências Econômicas) – Faculdade de Economia, Administração e Contabilidade, Universidade de Brasília (UnB), Brasília, 2014.

DUARTE, Patrícia Cristina; LAMOUNIER, Wagner Moura; TAKAMATSU, Renata Turola. Modelos econométricos para dados em painel: aspectos teóricos e exemplos de aplicação à pesquisa em contabilidade e finanças. IV Congresso USP de Iniciação Científica em Contabilidade 2007. [**Anais**]. São Paulo, 2007.

GONÇALVES, Rodrigo de Souza; TAVARES, Adilson de Lima; XIMENES, Pedro Maia; SILVA, Rosane Maria Pio da. Comportamento dos dez maiores bancos brasileiros durante a crise do *subprime*: uma análise por meio de indicadores contábeis. **Revista de Educação e Pesquisa em Contabilidade**, Brasília, v. 6, n. 2, p. 170-186, 2012.

GRAY, David. **Pesquisa no mundo real**. 2. ed. Porto Alegre: Penso, 2012.

GREENE, William. **Econometric analysis**. 7. ed. International Edition: Pearson, 2012.

GUJARATI, Damodar; PORTER, Dawn. **Econometria básica**. 5. ed. Porto Alegre: AMGH, 2011.

HAIR, Joseph; BABIN, Barry; MONEY, Arthur; SAMOUEL, Phillip. **Fundamentos de métodos de pesquisa em administração**. Porto Alegre: Bookman, 2005.

JENSEN, Michael. Agency costs of free cash flow, corporate finance and takeovers. **American Economic Review**, [*S.l.*], v. 76, n. 2, p. 323-329, 1986.

JOKIPII, Terhi; MILNE, Alistair. The cyclical behavior of European bank capital buffers. **Journal of Banking and Finance**, v. 32, n. 8, p. 1.440-1.451, 2008.

JUCÁ, Michele Nascimento. **Determinantes da estrutura de capital de bancos brasileiros e norte-americanos**. 2011. Tese (Doutorado em Administração). Curso de Pós-Graduação em Administração, Faculdade de Economia, Administração e Contabilidade, Universidade de São Paulo, São Paulo, 2011.

MAFFLI, Dener William; BRESSAN, Aureliano Angel; SOUZA, Antônio Artur de. Estudo da rentabilidade dos bancos brasileiros de varejo no período de 1999 a 2005. **Contabilidade Vista e Revista**, [*S.l.*], v. 18, n. 2, p. 117-138, 2007.

MANTOVANI, Marli Helena Colangelo; SANTOS, José Odálio dos. Análise da Relação entre Alavancagem e Rentabilidade dos Bancos Brasileiros Listados na Bolsa de Valores de São Paulo no Período de 2001 a 2010. **Revista de Gestão**, [*S.l.*], v. 22, n. 4, p. 509-524, 2015.

MARTIN, Diogenes Manoel Leiva; KIMURA, Herbert; KAYO, Eduardo Kazuo; SANTOS, Fabio Henrique Lima dos. Determinantes da Lucratividade de Grandes Bancos Brasileiros: uma Abordagem em painel com DEA e MPI. XXXV Encontro da ANPAD – EnANPAD. [**Anais**], Rio de Janeiro, 2011.

MARTINS, Gilberto de Andrade. **Manual para elaboração de monografias e dissertações**. 3. ed. São Paulo: Atlas, 2002.

MENDONÇA, Douglas José; SOUZA, Júlia Alves e; BENEDICTO, Gideon Carvalho de; CARVALHO, Francisval de Melo SILVA, Susy Naiara Alves da. Relação entre eficiência econômico-financeira e lucratividade em instituições bancárias brasileiras. **Revista de Finanças e Contabilidade da Unimep (REFICONT)**, [*S.l.]*, v. 4, n. 1, p. 20-37, 2016.

MENEZES, Gabrielito. Dados de painel no EViews: Technical report. **ResearchGate**, [*S.l.*], p. 1-24, 2017.

MODIGLIANI, Franco; MILLER, Merton. The cost of capital, corporation finance and the theory of investment. **The American Economic Review**, [*S.l.*], v. 48, n. 3, p. 261-297, 1958.

OCTAVIA, Monica; BROWN, Rayna. Determinants of bank capital structure in developing countries: regulatory capital requirement versus the standard determinants of capital structure. **Social Science Research Network**, Melbourne, 2008.

OLIVEIRA, Vanessa Herculano de; MACEDO, Marcelo Alvaro da Silva; CORRAR, Luiz João. Estudo do desempenho dos maiores bancos de varejo no Brasil por meio da Análise Envoltória de Dados (DEA). **Revista de Informação Contábil**, [*S.l.*], v. 5, n. 2, p. 1-20, 2011.

ORGLER, Yair; TAGGART, Robert. Implications of corporate capital structure theory for banking institutions. **Journal of Money, Credit and Banking**, [*S.l.*], v. 15, n. 2, p. 212-221, 1983.

PINHEIRO, Fernando Antonio; SAVÓIA, José Roberto Ferreira; SECURATO, José Roberto. Basileia III: Impacto para os bancos no Brasil. **Revista Contabilidade e Finanças**, São Paulo, v. 26, n. 69, p. 345-361, 2015.

PRIMO, Uverlan Rodrigues; DANTAS, José Alves; MEDEIROS, Otávio Ribeiro de; CAPELLETTO, Lucio Rodrigues. Determinantes da Rentabilidade Bancária no Brasil. **Revista de Administração e Contabilidade da Unisinos**, [*S.l.*], v. 10, n. 4, p. 308-323, 2013.

RIME, Betrand. Capital requirements and bank behavior: empirical evidence for Switzerland. **Journal of Banking and Finance**, [*S.l.*], v. 25, n. 4, p. 789-805, 2001.

ROMDHANE, Mohamed. The determinants of banks' capital ratio in developing countries: Empirical evidence from Tunisia. **Social Science Research Network (SSRN)**, [*S.l.*], p. 1-20, 2010.

ROSS, Stephen; WESTERFIELD, Randolph; JAFFE, Jeffrey; LAMB, Roberto. **Administração financeira**: versão brasileira de corporate finance. 10. ed. Porto Alegre: AMGH Editora, 2015.

ROVER, Suliani; TOMAZZIA, Eduardo Cardeal; FÁVERO, Luiz Paulo. Determinantes econômico-financeiros e macroeconômicos da rentabilidade: evidências empíricas do setor bancário brasileiro. XXXV Encontro da ANPAD – EnANPAD. [**Anais**], Rio de Janeiro, 2011.

SAUNDERS, Anthony. **Administração de instituições financeiras**. Tradução de Antonio Zoratto Sanvicente. São Paulo: Atlas, 2000.

SOUZA, Márcio Flávio Amaral de; MACEDO, Marcelo Alvaro da Silva. Análise de desempenho contábil-financeiro no setor bancário brasileiro por meio da aplicação da análise envoltória de dados (DEA). **Revista de Administração e Contabilidade da Unisinos**, [*S. l.*], v. 6, n. 2, p. 81-100, 2009.

VALLASCAS, Francesco; HAGENDORFF, Jens. The risk sensitivity of capital requirements: evidence from an international sample of large banks. **Review of Finance**, [*S.l.*], v. 17, n. 6, p. 1.947-1.988, 2013.

VIEIRA, C. A. M. Determinantes da lucratividade bancária: evidências do sistema financeiro brasileiro. **Anais do XIX Seminários em Administração – SemeAd**, São Paulo, 2016.

VINHADO, Fernando da Silva; DIVINO, José Angelo. Determinantes da rentabilidade das instituições financeiras no Brasil. **Análise Econômica**, [*S.l.*], v. 31, n. 59, p. 77-101, 2013.

WALL, Larry; PETERSON, Pamela. The choice of capital instruments. **Economic Review**, [*S.l.*], p. 4-17, 1998.

WOOLDRIDGE, Jeffrey. **Econometrics analysis of cross section and panel data**. Cambridge: The MIT Press, 2002.

CAPÍTULO SEIS

Resumo

A presente pesquisa busca analisar o reflexo da utilização de incentivos fiscais estaduais nas empresas de comércio eletrônico no Brasil, bem como a hipótese de inexistência de tais benefícios e seus reflexos eventuais e riscos ao desempenho econômico e à saúde financeira das entidades do referido ramo de atividade. Para tanto, recorreu-se à pesquisa qualitativa, coletando dados secundários disponibilizados pela B3 e pelo site de Relações com Investidores das empresas da amostra. Foram analisadas as demonstrações contábeis das três principais empresas de e-commerce listadas na bolsa de valores brasileira e comparadas as análises antes e após a exclusão dos efeitos do benefício fiscal do ICMS. A hipótese testada aponta a existência de um peso significativo na lucratividade da amostra analisada, podendo representar a diferença entre Lucro ou Prejuízo e afetar indicadores de margens, indicadores econômicos, indicadores financeiros ou mesmo as estruturas de capital. Além disso, na análise dos modelos de previsão de falências, leva as empresas da amostra a aproximarem-se mais da insolvência e das zonas críticas.

Palavras-chave: *E-commerce no Brasil. Incentivo Fiscal do ICMS. Subvenção para Investimento no IRPJ/CSLL. Análise Econômica e Financeira. Modelos de Previsão de Falência.*

Análise do benefício fiscal do ICMS nas empresas de *e-commerce*

6

Análise do benefício fiscal do ICMS nas empresas de *e-commerce*

Alexandre Fernandes Andrade
Alcides Ferreira da Costa
Leandro Evangelista Poli
Denise Fabretti
Elizabeth Borelli

INTRODUÇÃO

A utilização de incentivos fiscais estaduais como estratégia de planejamento tributário tem sido de grande valia no país, mormente para aquelas empresas que atuam no comércio eletrônico, onde o mercado é exigente, altamente competitivo e tem como os mais robustos pilares o constante investimento em logística, tecnologia e marketing digital.

Por outro lado, a oferta desses incentivos fiscais por parte dos estados tem levantado inúmeros questionamentos acerca de sua efetividade, resultando, muitas vezes, em batalhas denominadas de "guerras fiscais", nas quais hipoteticamente o único beneficiário efetivo acaba sendo o contribuinte, em detrimento da perda de arrecadação por parte dos referidos entes federativos.

Não somente os entes federativos estaduais acabariam prejudicados com a efetiva queda de arrecadação, pois a União federal acaba prejudicada diretamente pelos reflexos diretos desses incentivos na apuração do IRPJ e da CSLL, o que resulta também na queda de arrecadação pelo referido ente.

Diante dos pontos destacados, ainda que recentemente tenha sido prorrogada por mais quinze anos a possibilidade de utilização dos mencionados incentivos, seu fim é iminente. No cenário destacado, é importante a efetiva análise do reflexo da utilização dos referidos incentivos fiscais nas demonstrações contábeis das empresas de comércio eletrônico, bem como a análise da hipótese de inexistência de tais benefícios e eventuais riscos financeiros às entidades do referido ramo de atividade.

Nesse sentido, o problema da pesquisa consiste em analisar potenciais reflexos do fim dos referidos incentivos na amostra selecionada, esta composta pelas três maiores empresas de comércio eletrônico do país, quais sejam: a Americanas, a Via Varejo e a Magazine Luiza.

A metodologia utilizada foi a pesquisa qualitativa documental, através da coleta de dados secundários. Como fonte dos dados, foram analisadas as demonstrações financeiras anuais disponibilizadas pelas empresas pesquisadas em seus respectivos endereços eletrônicos.

O objetivo do trabalho foi demonstrar, através da análise da amostra em comento, a situação econômica e financeira das empresas pesquisadas, caso haja a extinção dos incentivos fiscais, buscando verificar, ainda, através de índices de insolvência, a relação existente entre a utilização dos incentivos fiscais e o desempenho efetivo das empresas, bem como o eventual risco de insolvência dessas corporações em razão do término dos mencionados incentivos.

6.1 REFERENCIAL TEÓRICO

Nesta seção, serão abordados os conceitos de *e-commerce* no Brasil; Imposto sobre Circulação de Mercadorias e Prestação de Serviços (ICMS); incentivo fiscal do ICMS; guerra fiscal e as empresas de *e-commerce*; subvenção para investimento no IRPJ/CSLL e sua relação com os incentivos fiscais do ICMS; análise econômico-financeira de empresas e modelos de previsão de falências.

6.1.1 *E-commerce* no Brasil

O avanço do e-*commerce* acompanha diretamente o aumento das condições de conectividade, algo que vem crescendo no Brasil nos últimos anos.

Conforme dados divulgados pela Agência Nacional de Telecomunicações (ANATEL) em seu relatório de acompanhamento do setor de telecomunicações, o ano de 2020 encerrou-se com 234 milhões de fontes de acesso móvel relativos a chips ativos habilitados à conexão, o que representa uma densidade de 97,2 acessos por 100 habitantes (ANATEL, 2020).

O hábito de compras de forma remota é impulsionado também pela facilidade de realização pelos consumidores de comparativo de preços em diferentes lojas, algo que fisicamente requer gastos com transporte e mais tempo de locomoção.

Conforme dados da consultoria Ebit Nielsen, no 1º semestre de 2021, o volume de vendas de *e-commerce* no Brasil atingiu valor superior a R$ 53 bilhões e apresenta crescimento a cada semestre (E-COMMERCE NO BRASIL BATE RECORDE..., 2021).

O Gráfico 1 a seguir mostra essa evolução, na qual se verifica a existência de um crescimento contínuo das vendas ao longo de cada semestre:

Gráfico 1: Vendas *E-commerce* no Brasil – em R$

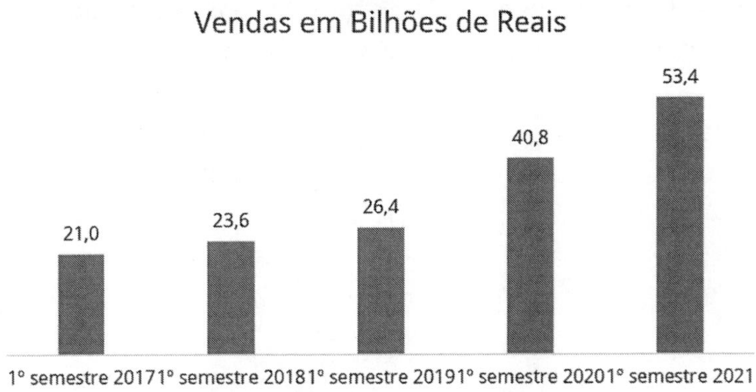

Fonte: Dados da Pesquisa.

Segundo a mesma consultoria, houve grande impulso na quantidade de consumidores dessa modalidade de vendas, atingindo o montante de 42 milhões no 1º semestre de 2021, conforme demostra o Gráfico 2 a seguir:

Gráfico 2: Quantidade de consumidores de *e-commerce* no 1º semestre de 2017 a 2021

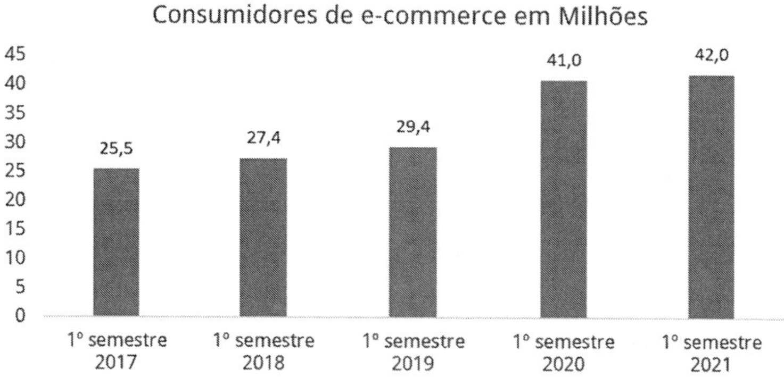

Fonte: Dados da pesquisa.

Empresas de varejo tradicionalmente com forte presença no varejo através de lojas físicas passaram a ter nas vendas remotas a maior parcela do volume de vendas total.

O Gráfico 3 a seguir exemplifica a evolução da participação das vendas remotas em uma das empresas líderes no segmento, no caso, a Magazine Luiza:

Gráfico 3: Evolução da participação de vendas remotas sobre total – Empresa Magazine Luiza

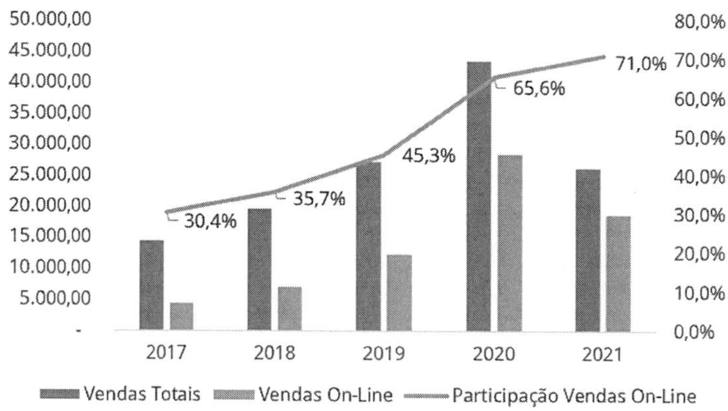

Fonte: Dados da pesquisa.

6.1.2 Imposto sobre Circulação de Mercadorias e Prestação de Serviços (ICMS)

O Imposto sobre Circulação de Mercadorias e Prestação de Serviços (ICMS) corresponde a um tributo com previsão constitucional estampada no artigo 155, II da Carta Magna, cuja competência para exação é dos estados e do Distrito Federal.

Carvalho e Martins (2014, p. 1) trazem breves considerações sobre a natureza jurídica do ICMS e tecem críticas quanto à competência tributária no âmbito do referido tributo, destacando o que segue: "Trata-se de tributo que deveria ser, no Sistema Brasileiro, um tributo federal ou centralizado, como ocorre na esmagadora maioria dos países que adotam a técnica do valor agregado".

6.1.3 Incentivo fiscal do ICMS, guerra fiscal e empresas de *E-commerce*

Vislumbrou-se, no país, a deflagração da busca por receitas, da parte dos Estados, num modelo competitivo degradatório, o que redundou em inúmeras disputas jurídicas no entorno da mencionada guerra fiscal.

Com o surgimento de novos modelos de negócios, os quais possuem na tecnologia seu patrimônio competitivo maior, acirrou-se a guerra fiscal, principalmente em razão do fato de que o conceito fronteiriço haveria se dissipado no âmbito da internet. Nela, o horizonte não possui limites, e a competitividade é essencial e acirrada.

No "comércio eletrônico", ou "*e-commerce*", o planejamento tributário com a utilização de incentivos fiscais se torna não uma opção, mas uma questão prejudicial e essencial àqueles que pretendem sobreviver num mercado altamente técnico e competitivo.

Nesse sentido, diversos estados promovem incentivos fiscais diversos, sendo que os mais relevantes são aqueles que possibilitam a utilização de crédito presumido de ICMS, com a consequente redução da carga tributária. Isso redunda na maximização dos resultados efetivos, possibilitando, assim, o investimento na operação, que, como mencionado, depende sobremaneira da tecnologia.

De qualquer forma, percebe-se que o modelo é insustentável e seu término, iminente. Embora já tenha havido prorrogação, há data de término para a utilização das referidas ferramentas, conforme se pode ver a seguir, na notícia disponibilizada pela Reuters, em 6 de outubro de 2021, quando a utilização de incentivos fiscais acabou prorrogada por mais quinze anos:

> [...] BRASÍLIA, 6 Out (Reuters) - O Senado aprovou nesta quarta-feira um projeto que prorroga até 2032 incentivos fiscais do ICMS concedidos unilateralmente por Estados e Distrito Federal no âmbito da chamada guerra fiscal entre as unidades federadas. A matéria, que passou com 67 votos favoráveis, três votos contrários e uma abstenção, seguirá para a sanção presidencial, segundo a Agência Senado. Conforme os termos da proposta, o setor de comércio atacadista e empresas que desenvolvem atividades portuárias e aeroportuárias e operações interestaduais com produtos agropecuários estão entre os beneficiados com a prorrogação por até 15 anos desses incentivos. A guerra fiscal ocorre quando Estados concedem de forma unilateral isenções e benefícios fiscais do ICMS para atrair investimentos para seus territórios". (REUTERS, 2021)

Com prorrogação ou sem prorrogação, impreterivelmente haverá, em algum momento, o termo final dos referidos incentivos fiscais, de modo que importante se faz a presente pesquisa, no sentido de se conhecerem, de antemão, os impactos provenientes da extinção dos referidos incentivos nas operações de *e-commerce*.

6.1.4 Subvenção para investimento no IRPJ/CSLL e sua relação com os incentivos fiscais do ICMS

No presente texto, importa-nos o ponto pertinente ao fato de que as subvenções denominadas "de investimento" não integram a base de cálculo do IRPJ e da CSLL, uma vez que os benefícios fiscais concedidos pelos Estados no tocante ao ICMS são considerados subvenções para investimento e não integram a base de cálculo dos tributos mencionados alhures.

Nessa esteira, entendendo-se que os incentivos fiscais do ICMS são considerados subvenções para investimento, sua relação direta com o IRPJ e a CSLL se dá no tocante à afirmação de que tais valores devem ser excluídos da base de cálculo de apuração dos referidos tributos.

Importante mencionar a existência de alguns requisitos para que o contribuinte se beneficie na forma aqui consignada, sendo eles: a forma, a contabilização e a vedação da distribuição de lucros.

6.1.5 Análise econômico-financeira de empresas e modelos de previsão de falência

A análise econômico-financeira de empresas tem como objetivo, através da aplicação de índices, espelhar a performance de uma empresa, auxiliando a gestão e a tomada de decisões.

Diversos são os índices econômico-financeiros aplicados para análise. Assaf Neto (2010, p. 103) propõe a divisão dos indicadores em quatro grupos: liquidez e atividade, endividamento e estrutura, rentabilidade e análise de ações.

Segundo Marion (2019, p. 74), os índices de liquidez "constituem uma apreciação sobre se a empresa tem capacidade para saldar seus compromissos". Para Iudícibus (2007, p. 97), índices de atividades podem ser definidos como "quocientes que representam a velocidade com que elementos patrimoniais de relevo se renovam durante determinado período de tempo".

Os indicadores de endividamento e estrutura são importantes para avaliar a composição de capital da empresa, sua dependência de recursos de terceiros e, com isso, a capacidade dela de honrar pagamentos.

Os indicadores de rentabilidade, por sua vez, segundo Assaf Neto (2010, p. 109), auxiliam na avaliação de resultados tendo como base parâmetros que representem as dimensões da empresa. Entre esses indicadores, têm-se o Retorno sobre ativos (ROA), o Retorno sobre Investimentos (ROI) e o Retorno sobre o Patrimônio Líquido (ROE).

Através da aplicação dos indicadores contábeis inclusos nas demonstrações financeiras, os modelos de previsão de insolvência e falência surgiram com o objetivo de espelhar a situação de solvência da empresa, incluindo a possibilidade de uma empresa tornar-se insolvente e chegar à situação de falência.

São diversos os modelos utilizados para calcular essa provisão, como os desenvolvidos por Kanitz e Elizabetsky.

Segundo Mário (2002, p. 68), Kanitz foi o pioneiro a desenvolver a utilização de modelos estatísticos no Brasil para prever problemas de solvência, aplicando informações das demonstrações financeiras. Para Rezende, Farias e Oliveira (2010, p. 36), o objetivo de seu trabalho era avaliar o risco através de um fator preditivo de insolvência.

Conforme Araújo, Nobre e Nobre (2021, p. 4), Elizabetzky, por sua vez, desenvolveu seu modelo voltado ao gestor de crédito, a fim de evitar julgamento irracional na tomada de decisão. Rezende, Farias e Oliveira (2010, p. 36) destacam que o trabalho de Elizabetsky partiu da pesquisa de classificação de empresas de confecções, tendo como ponto de partida a condição de atraso nos pagamentos.

Outros modelos, como os de como os de Altman, Matias e Silva também se destacam em sua aplicabilidade no Brasil.

6.2 METODOLOGIA

O presente tópico trata da metodologia, apontando a fonte dos dados, do direcionamento, da amostra, bem como dos limites enfrentados pela pesquisa.

6.2.1 Pesquisa qualitativa

A metodologia utilizada foi a pesquisa qualitativa documental, através da coleta de dados secundários. Como fonte dos dados, foram utilizadas as demonstrações financeiras anuais disponibilizadas pelas empresas pesquisadas em seus respectivos endereços eletrônicos.

Optou-se pelo uso da metodologia qualitativa de pesquisa, em alternativa à metodologia quantitativa, por entender-se que a aplicação de técnicas estatísticas teria efeito limitado em função da pequena amostra de empresas e reduzida base histórica.

Godoy (1995) afirma que a pesquisa qualitativa não procura enumerar ou medir os eventos estudados, tampouco emprega instrumental estatístico na análise dos dados, porém vale-se de questões ou focos de interesses amplos que vão se definindo à medida que o estudo se desenvolve.

O Quadro 1 mostra o ranking das dez maiores empresas de *e-commerce* do Brasil, em 2017, por volume de faturamento, segundo a publicação da Sociedade Brasileira de Varejo e Consumo (SBVC).

Quadro 1: Ranking dos maiores *e-commerce* do Brasil em 2017

Ranking 2017	Companhia	Faturamento (Reais)
1º	B2W Digital (Lojas Americanas)	8,8 bilhões
2º	Via Varejo	4,8 bilhões
3º	Magazine Luíza	4,4 bilhões
4º	Walmart Brasil	3,0 bilhões
5º	Grupo Netshoes	2,6 bilhões
6º	Máquina de Vendas	2,3 bilhões
7º	Carrefour	1,8 bilhões
8º	GFG LatAm – Dafiti	1,1 bilhões
9º	Saraiva	708 milhões
10º	Privalia	500 milhões

Fonte: SOCIEDADE BRASILEIRA..., 2018.

Com base na listagem dos maiores *e-commerce* do Brasil, que possuem capital listado na bolsa de valores B3, separamos os três maiores: Lojas Americanas (BTOW3); Via Varejo (VVAR3) e Magazine Luiza (MGLU3). Foram levantados e compilados do site da B3 os respectivos demonstrativos padronizados. Além disso, buscou-se, no site de cada companhia, o relatório de auditoria independente publicado nos últimos três anos, ou seja, de 2018 a 2020.

Durante o levantamento, as Lojas Americanas acabaram sendo desconsideradas do estudo, visto que não havia valores disponíveis do montante de benefício fiscal do ICMS em suas demonstrações contábeis, ou qualquer menção disso em suas notas explicativas. Em seguida, deparou-se com a limitação de que, na Via Varejo, somente havia valores disponíveis e menção em notas explicativas, de benefício fiscal do ICMS, para o ano de 2020. Sendo assim, foram desconsiderados os exercícios de 2019 e 2018 do estudo.

Após o levantamento e a compilação dos dados, foram calculados os indicadores convencionas e de desempenho econômico, tais como: liquidez, endividamento, estrutura de capital, atividade, financeiros, econômicos e taxa de retorno. Também foram testados alguns modelos de previsão de falências, tais como: Kanitz; Elizabetsky; Alberto Matias; Altman e Pereira.

Em seguida, os mesmos dados compilados tiveram ajuda da exclusão do benefício fiscal do ICMS das demonstrações contábeis e seus efeitos reconhecidos nos impostos sobre vendas. As demonstrações contábeis também foram ajustadas com a exclusão da subvenção para investimento, e seus efeitos reconhecidos nos impostos sobre o lucro.

Uma vez ajustadas as demonstrações com as exclusões supramencionadas, foram recalculados os indicadores convencionais e de desempenho econômico e novamente testados os modelos de previsão de falências.

6.3 RESULTADOS

A seguir, será feita uma análise comparativa das análises econômico-financeiras e das demonstrações contábeis das empresas selecionadas na amostra, com seus efeitos após a exclusão do benefício fiscal.

Importante reiterar que, devido à falta de informações disponíveis em uma das companhias, as Lojas Americanas, referida empresa foi eliminada do estudo, enquanto a Via Varejo foi analisada somente no período de 2020.

6.3.1 Análise vertical e horizontal

Uma vez ajustas as demonstrações contábeis da amostra utilizada, foi feita uma análise vertical dos dados publicados e ajustados, bem como uma análise horizontal comparando os dados publicados com os dados ajustados.

Nesta seção, será dado mais enfoque à análise horizontal, por conta da natureza de comparabilidade dela, o que permite entender melhor os efeitos dos ajustes do benefício fiscal do ICMS em cada demonstração contábil.

Na análise horizontal da demonstração do resultado, verifica-se que houve redução na receita líquida de vendas pelo fato de o ICMS do benefício, ora excluído, ter passado a compor os valores desse subgrupo. Esse efeito se propagou com a redução do resultado bruto e do resultado antes dos tributos sobre o lucro. Observou-se que os montantes do Imposto de Renda e da Contribuição Social permaneceram inalterados mesmo após o ajuste. Isso ocorreu porque o ICMS acrescentado na receita líquida de vendas já estava excluído na composição da base de cálculo desses tributos, conforme as regras de subvenção. Assim, verificou-se queda na lucratividade em todos os períodos das amostras, embora o montante de tributos sobre os lucros tivesse permanecido igual.

Observa-se que no período de 2020 da Via Varejo, após a exclusão dos efeitos dos benefícios fiscais do ICMS, o seu lucro do período teve uma redução de 122%, saindo de um lucro de um milhão e quatrocentos mil para um prejuízo de 220 milhões. A Magazine Luiza, embora tenha se mantido lucrativa, sofreu uma redução do lucro em 36% no ano de 2020, 6% em 2019 e 14% em 2018. Assim, é possível concluir que o benefício fiscal do ICMS possui um peso significativo na lucratividade da amostra analisada, podendo representar a diferença entre lucro ou prejuízo nas suas demonstrações.

Na análise horizontal do balanço patrimonial, verifica-se o efeito no patrimônio líquido em duas situações distintas: a primeira, como efeito da redução dos lucros do exercício, e a segunda com a exclusão da subvenção para investimentos das reservas de lucros. Combinadas, ambas levaram a uma redução do patrimônio líquido em todos os períodos das amostras analisadas.

Verifica-se que, na Magazine Luiza, houve uma redução de 22% na sua reserva de lucros em 2020, 15% em 2019 e 25% em 2018, ao passo que, na Via Varejo, em 2020, ocorreu uma redução de 100% na sua reserva de lucros e um aumento de 15% no seu prejuízo acumulado. Isso leva à conclusão de que o benefício contribui para o incremento do capital próprio das amostras analisadas e tem efeito tanto no aumento dos lucros do exercício como no aumento das reservas de lucros, por conta do efeito das subvenções para investimento.

A análise horizontal do balanço patrimonial permite identificar uma redução nos tributos a recuperar, seja no ativo circulante, seja no não circulante. Esse efeito advém da compensação dos créditos de ICMS, com o ICMS sobre vendas calculado pelo seu valor "cheio", isto é, sem o benefício fiscal.

Na Via Varejo, observa-se que houve uma redução, no ano de 2020, de 25% em outros ativos não circulantes, devido à compensação do ICMS sobre vendas, sem o benefício fiscal, contra saldos de ICMS a recuperar em longo prazo. Por outro lado, na Magazine Luiza, houve redução de 49% em 2020, 24% em 2019 e 50% em 2018, nos tributos a recuperar registrados no ativo circulante. Assim, conclui-se que o efeito da exclusão afeta indicadores diferentes em cada organização, a depender de o saldo de créditos estar registrado no ativo circulante ou no não circulante.

6.3.2 Análise dos indicadores convencionais e do desempenho econômico

Na análise dos indicadores convencionais e do desempenho econômico feita com base nas demonstrações contábeis da amostra comparando-se os dados publicados com os dados ajustados, será dado mais enfoque aos indicadores que apresentaram variação significativa.

Uma vez que a compensação do ICMS sobre vendas sem o benefício fiscal contra saldos de ICMS a recuperar afeta diferentes indicadores dependendo de o saldo de créditos de ICMS estar registrado no ativo circulante ou no não circulante, a análise individual será feita por companhia.

6.3.2.1 Via Varejo

Na análise comparativa dos indicadores convencionais e do desempenho econômico da Via Varejo, conforme se pode observar na Figura 1, houve variação significativa somente nos indicadores de endividamento; estrutura de capital; índices econômicos e análise das taxas de retorno.

Nos índices de endividamento, houve aumento do endividamento no ano de 2020, por conta da redução do patrimônio líquido da empresa após o ajuste do benefício fiscal. O índice aumentou 1,14, passando de 4,48 para 5,61 após o ajuste.

Na estrutura de capital, houve aumento da imobilização do patrimônio líquido em 2020, também por conta da redução do patrimônio líquido após o ajuste do benefício fiscal. O índice aumentou 0,27, passando de 1,06 para 1,34 após o ajuste.

Nos índices econômicos, houve redução no retorno sobre investimento de 4%, por conta da reversão do lucro líquido em prejuízo, no exercício de 2020. Houve redução na taxa de retorno sobre o patrimônio líquido e da alavancagem financeira de 195%, por conta também da reversão do lucro líquido em prejuízo. Nos dois últimos índices, não houve influência da redução do patrimônio líquido de 2020, uma vez que o cálculo considera o patrimônio líquido inicial e, nos exercícios de 2019 e 2018, não tivemos nenhum ajuste de benefício.

Nas taxas de retorno, houve redução de 4% na margem líquida e na margem operacional, ambas, por conta da redução na receita líquida de vendas.

Figura 1: Indicadores convencionais e desempenho econômico – Via Varejo

viavarejo

Quadro Clínico

Índices de Liquidez	Publicado 2020	Ajustado 2020	Var.	Tendência
Liquidez Corrente	1,04	1,04	0,00	
Liquidez Seca	0,69	0,69	0,00	
Liquidez Imediata	0,16	0,16	0,00	
Liquidez Geral	0,99	0,94	-0,05	

Indices de Endividamento	Publicado 2020	Ajustado 2020	Var.	Tendência
Endividamento (Excluido Resultados Abrangentes)	4,48	5,61	1,14	Aumentou
Composição do Endividamento	0,68	0,68	0,00	
Composição do Endividamento Bancário	0,74	0,74	0,00	

Estrutura de Capital	Publicado 2020	Ajustado 2020	Var.	Tendência
Imobilização do Patrimônio Liquido	1,06	1,34	0,27	Aumentou
Imobilização de Recursos N correntes	0,44	0,48	0,04	

Indices de Atividade	Publicado 2020	Ajustado 2020	Var.	Tendência
Prazo Médio de Recebimento de Vendas	69	69	0,00	
Prazo Médio de Pagamento de Compras	149	149	0,00	
Prazo Médio de Renovação de Estoques	106	106	0,00	
Ciclo Operacional	175	175	0,00	
Ciclo Financeiro	26	26	0,00	

Indíces Financeiros	Publicado 2020	Ajustado 2020	Var.	Tendência
Capital Circulante Líquido	751.000,00	751.000,00	0,00	
Necessidade de Capital de Giro	4.454.000,00	4.454.000,00	0,00	
Saldo em Tesouraria	(3.703.000,00)	(3.703.000,00)	0,00	

Índices Econômicos	Publicado 2020	Ajustado 2020	Var.	Tendência
Taxa de Retorno s/ Investimento (ROI/TIR)	3,04%	-0,69%	-4%	Reduziu
Taxa de Retorno s/ Patrimonio Líquido (ROE) - (DRA)	160,38%	-35,07%	-195%	Reduziu
Alavancagem financeira	5280,51%	5085,06%	-195%	Reduziu

Análise das Taxas de Retorno	Publicado 2020	Ajustado 2020	Var.	Tendência
Margem Líquida	3,47%	-0,79%	-4%	Reduziu
Giro do Ativo	87,43%	86,95%	0%	
Margem Operacional	5,60%	1,43%	-4%	Reduziu

Fonte: Dados da pesquisa.

6.3.2.2 Magazine Luiza

Na análise comparativa dos indicadores convencionais e do desempenho econômico da Magazine Luiza, conforme se pode observar nas Figuras 2 e 3, houve variação significativa somente nos indicadores de endividamento; índices financeiros e índices econômicos.

Nos índices de endividamento, houve aumentos de 0,12 do endividamento no ano de 2020; de 0,05 em 2019 e de 0,20 em 2018, por conta da redução do patrimônio líquido, após o ajuste do benefício fiscal.

Nos índices financeiros, houve redução no capital circulante líquido e na necessidade de capital de giro de 348 milhões em 2020; de 206 milhões em 2019 e de 151 milhões em 2018, por conta da compensação dos créditos de ICMS registrados no ativo circulante, com o ICMS sobre vendas calculado pelo seu valor "cheio", ou seja, sem o benefício fiscal.

Traçando um paralelo com a Via Varejo, conclui-se que, a depender do registro do saldo de créditos de ICMS no ativo circulante ou no não circulante, por conta da compensação do ICMS sobre vendas sem o benefício fiscal, o efeito se dá com a redução do capital circulante líquido e da necessidade de capital de giro, caso os créditos estejam registrados no ativo circulante, ou no aumento da imobilização do patrimônio líquido, se os referidos créditos estiverem registrados no ativo não circulante.

Nos índices econômicos, houve redução de 1% no retorno sobre investimento em 2020 e 2018, por conta da redução do lucro líquido em cada exercício. Por outro lado, a variação foi de 0% em 2019, devido ao montante do benefício fiscal para aquele ano ter sido menor que aqueles dois outros exercícios. Houve redução de 2% na taxa de retorno sobre o patrimônio líquido em 2020; 0% em 2019 e 3% em 2018, por conta também da redução do lucro líquido em cada exercício após a exclusão do benefício. Por outro lado, houve aumento de 4% na alavancagem financeira em 2020, de 51% em 2019 e de 7% em 2018, dados também justificados pela redução do lucro líquido em cada exercício após a exclusão do referido benefício.

Figura 2: Indicadores convencionais e desempenho econômico I – Magazine Luiza

Quadro Clínico

Índices de Liquidez	Publicado 2020	Ajustado 2020	Var.	Publicado 2019	Ajustado 2019	Var.	Publicado 2018	Ajustado 2018	Var.	Tendência
Liquidez Corrente	1,25	1,23	-0,03	1,60	1,58	-0,03	1,19	1,16	-0,03	
Liquidez Seca	0,81	0,78	-0,03	1,13	1,10	-0,03	0,67	0,64	-0,03	
Liquidez Imediata	0,13	0,13	0,00	0,04	0,04	0,00	0,11	0,11	0,00	
Liquidez Geral	1,08	1,06	-0,02	1,19	1,18	-0,02	1,10	1,08	-0,02	
Estrutura de Capital	**Publicado 2020**	**Ajustado 2020**	**Var.**	**Publicado 2019**	**Ajustado 2019**	**Var.**	**Publicado 2018**	**Ajustado 2018**	**Var.**	**Tendência**
Imobilização do Patrimônio Liquido	0,82	0,86	0,04	0,69	0,71	0,02	0,72	0,77	0,05	
Imobilização de Recursos N correntes	0,53	0,55	0,02	0,44	0,45	0,01	0,49	0,51	0,02	
Indices de Atividade	**Publicado 2020**	**Ajustado 2020**	**Var.**	**Publicado 2019**	**Ajustado 2019**	**Var.**	**Publicado 2018**	**Ajustado 2018**	**Var.**	**Tendência**
Prazo Médio de Recebimento de Vendas	39	39	0,00	37	37	0,00	32	32	0,00	
Prazo Médio de Pagamento de Compras	124	124	0,00	128	128	0,00	116	116	0,00	
Prazo Médio de Renovação de Estoques	83	83	0,00	85	85	0,00	79	79	0,00	
Ciclo Operacional	122	122	0,00	122	122	0,00	111	111	0,00	
Ciclo Financeiro	(2)	(2)	0,00	(7)	(7)	0,00	(5)	(5)	0,00	
Análise da Taxas de Retorno	**Publicado 2020**	**Ajustado 2020**	**Var.**	**Publicado 2019**	**Ajustado 2019**	**Var.**	**Publicado 2018**	**Ajustado 2018**	**Var.**	**Tendência**
Margem Líquida	1,34%	0,86%	0%	4,64%	4,37%	0%	3,83%	3,32%	-1%	
Giro do Ativo	118,38%	119,49%	1%	100,48%	101,26%	1%	177,23%	179,37%	2%	
Margem Operacional	2,83%	2,35%	0%	6,48%	6,22%	0%	6,94%	6,44%	0%	

Fonte: Dados da pesquisa.

Figura 3: Indicadores convencionais e desempenho econômico II – Magazine Luiza

Quadro Clínico

Indices de Endividamento	Publicado 2020	Ajustado 2020	Var.	Publicado 2019	Ajustado 2019	Var.	Publicado 2018	Ajustado 2018	Var.	Tendência
Endividamento (Excluido Resultados Abrangentes)	2,37	2,49	0,12	1,62	1,66	0,05	2,83	3,03	0,20	Aumentou
Composição do Endividamento	0,77	0,77	0,00	0,65	0,65	0,00	0,83	0,83	0,00	
Composição do Endividamento Bancário	0,99	0,99	0,00	0,01	0,01	0,00	0,29	0,29	0,00	
Indíces Financeiros	**Publicado 2020**	**Ajustado 2020**	**Var.**	**Publicado 2019**	**Ajustado 2019**	**Var.**	**Publicado 2018**	**Ajustado 2018**	**Var.**	**Tendência**
Capital Circulante Líquido	3.382.665,00	3.034.588,53	-348.076,47	4.838.574,00	4.632.585,76	-205.988,24	1.023.792,00	872.500,82	-151.291,18	Reduziu
Necessidade de Capital de Giro	2.146.691,00	1.798.614,53	-348.076,47	94.637,00	(111.351,24)	-205.988,24	146.337,00	(4.954,18)	-151.291,18	Reduziu
Saldo em Tesouraria	1.235.974,00	1.235.974,00	0,00	4.743.937,00	4.743.937,00	0,00	877.455,00	877.455,00	0,00	
Índices Econômicos	**Publicado 2020**	**Ajustado 2020**	**Var.**	**Publicado 2019**	**Ajustado 2019**	**Var.**	**Publicado 2018**	**Ajustado 2018**	**Var.**	**Tendência**
Taxa de Retorno s/ Investimento (ROI/TIR)	1,59%	1,03%	-1%	4,66%	4,43%	0%	6,79%	5,95%	-1%	Reduziu
Taxa de Retorno s/ Patrimonio Líquido (ROE) - (DRA)	5,18%	3,39%	-2%	40,12%	40,40%	0%	28,84%	25,68%	-3%	Reduziu
Alavancagem financeira	325,94%	330,34%	4%	861,40%	912,53%	51%	424,69%	431,62%	7%	Aumentou

Fonte: Dados da pesquisa.

6.3.3 Modelos de previsão de falências

Aqui, serão apresentados os cálculos dos modelos de previsão de falências, feitos com base nas demonstrações contábeis da amostra comparando os dados publicados com os dados ajustados. O foco dado neste tópico será a identificação de um padrão de tendência nos cinco modelos aplicados, e não a discussão individual, dentro de cada modelo, dos motivos que levaram a uma melhora ou piora na tendência.

Os modelos de previsão de falências utilizados foram Kanitz; Elizabetsky; Alberto Matias; Altman e Pereira.

Verifica-se que, tanto na Via Varejo (na Figura 4) como na Magazine Luiza (Figuras 5 e 6), houve piora em todos os modelos de previsão de falências aplicados, o que leva à conclusão de que a exclusão do benefício fiscal do ICMS faz ambas as empresas aproximarem-se mais da insolvência e das zonas críticas de cada modelo aplicado.

O grau de deterioração dos modelos de previsão de falências se torna maior conforme a representatividade do benefício na lucratividade da companhia e, ao mesmo tempo, conforme a qualidade dos índices de liquidez e endividamento.

Figura 4: Modelos de previsão de falências – Via Varejo

viavarejo

Analise dos Modelos de Previsão de Falências

Formula de Kanitz		Publicado 2020	Ajustado 2020	Var	Tendência
$Z = 0{,}05\,X_1 + 1{,}65\,X_2 + 3{,}55\,X_3 - 1{,}06\,X_4 - 0{,}33\,X_5$		1,4931	1,0233	(0,470)	Piorou
X_1	LL/PL	0,168	(0,046)	(0,214)	
X_2	AC+ARLP/PC+PELP	0,986	0,941	(0,045)	
X_3	AC-Estoques/PC	0,692	0,692	-	
X_4	AC/PC	1,041	1,041	-	
X_5	PC+PELP/PL	4,529	5,694	1,165	

Formula de Elizabetsky		Publicado 2020	Ajustado 2020	Var	Tendência
$Z = 1{,}93\,X_{32} - 0{,}20\,X_{33} + 1{,}02\,X_{35} + 1{,}33\,X_{36} - 1{,}12\,X_{37}$		(0,096)	(0,170)	(0,074)	Piorou
X_{32}	LL/Vendas	0,029	(0,006)	(0,036)	
X_{33}	Disponivel/AT	0,090	0,094	0,003	
X_{35}	Contas a Receber/AT	0,239	0,248	0,009	
X_{36}	Estoque/AT	0,187	0,194	0,007	
X_{37}	PC/AT	0,560	0,581	0,022	

Formula de Alberto Matias		Publicado 2020	Ajustado 2020	Var	Tendência
$Z = 23{,}792\,X_1 - 8{,}260\,X_2 - 8{,}868\,X_3 - 0{,}764\,X_4 - 0{,}535\,X_5 + 9{,}912\,X_6$		(1,684)	(2,413)	(0,729)	Piorou
X_1	PL/AT	0,181	0,149	(0,031)	
X_2	Finaciamentos+Emprestimos Banc./AC	0,473	0,473	-	
X_3	Fornecedores/AT	0,236	0,245	0,009	
X_4	AC/PC	1,041	1,041	-	
X_5	Lucro Operacional/Lucro Bruto	0,171	0,048	(0,123)	
X_6	Disponivel/Ativo Total	0,090	0,094	0,003	

Formula de Altman		Publicado 2020	Ajustado 2020	Var	Tendência
$Z_1 = -1{,}44 + 4{,}03\,X_2 + 2{,}25\,X_3 + 0{,}14\,X_4 + 0{,}42\,X_5$		(0,514)	(0,572)	(0,058)	Piorou
$Z_2 = -1{,}84 - 0{,}51\,X_1 + 6{,}32\,X_3 + 0{,}71\,X_4 + 0{,}52\,X_5$		(0,843)	(1,086)	(0,243)	Piorou
X_1	AC-PC/AT	0,023	0,024	0,001	
X_2	Reservas+Lucros Suspensos/AT	0,086	0,089	0,003	
X_3	LAJIR/AT	0,049	0,012	(0,037)	
X_4	PL/(PC+PNC)	0,221	0,176	(0,045)	
X_5	Vendas/AT	1,042	1,082	0,040	

Formula de Pereira		Publicado 2020	Ajustado 2020	Var	Tendência
$ZI_i = 0{,}722 - 5{,}124\,E_{23} + 11{,}016\,L_{19} - 0{,}342\,L_{21} - 0{,}048\,L_{26} + 8{,}605\,R_{13} - 0{,}004\,R_{29}$		3,496	2,736	(0,760)	Piorou
E_{23}	Duplicatas Descontadas/Duplicatas a Receber	0,000	0,000	0,000	
L_{19}	Estoques/Vendas-Lucro Bruto	0,247	0,236	(0,012)	
L_{21}	Fornecedores/Vendas	0,226	0,226	-	
L_{26}	Estoque Médio/Vendas-Lucro Bruto	0,215	0,205	(0,010)	
R_{13}	Lucro Operacional + Despesas Financeiras/Ativo Total Medio+ PNC	0,025	(0,008)	(0,033)	
R_{29}	PC+ELP/Lucro Liquido+0,01(Imobilizado Medio + CM)	18,307	105,968	87,661	

Fonte: Dados da pesquisa.

Figura 5: Modelos de previsão de falências I – Magazine Luiza

Analise dos Modelos de Previsão de Falências

Formula de Kanitz		Publicado 2020	Ajustado 2020	Var	Publicado 2019	Ajustado 2019	Var	Publicado 2018	Ajustado 2018	Var	Tendência
$Z = 0{,}05\,X_1 + 1{,}65\,X_2 + 3{,}55\,X_3 - 1{,}06\,X_4 - 0{,}33\,X_5$		2,5483	2,4107	(0,138)	3,7508	3,6438	(0,107)	2,0071	1,8323	(0,175)	Piorou
X_1	Lucro Liquido / Patrimônio Líquido	0,054	0,036	(0,018)	0,122	0,118	(0,004)	0,260	0,240	(0,020)	
X_2	(Ativo Circulante + Realizável a Longo Prazo) / Exigível total	1,077	1,057	(0,020)	1,193	1,176	(0,017)	1,099	1,075	(0,023)	
X_3	(Ativo Circulante - Estoques) / Passivo Circulante	0,810	0,784	(0,03)	1,130	1,104	(0,03)	0,668	0,640	(0,03)	
X_4	Ativo Circulante / Passivo Circulante	1,252	1,226	(0,03)	1,605	1,579	(0,03)	1,190	1,162	(0,03)	
X_5	Exigível total / Patrimônio Líquido	2,365	2,483	0,118	1,616	1,661	0,045	2,820	3,018	0,198	

Formula de Elizabetsky		Publicado 2020	Ajustado 2020	Var	Publicado 2019	Ajustado 2019	Var	Publicado 2018	Ajustado 2018	Var	Tendência
$Z = 1{,}93\,X_{32} - 0{,}20\,X_{33} + 1{,}02\,X_{35} + 1{,}33\,X_{36} - 1{,}12\,X_{37}$		(0,500)	(0,500)	(0,000)	(0,344)	(0,343)	0,001	(0,500)	(0,496)	0,004	Piorou
X_{32}	Lucro Liquido/Vendas	0,011	0,007	(0,004)	0,038	0,036	(0,002)	0,032	0,027	(0,004)	
X_{33}	Disponível/Ativo Permanente	2,140	2,096	(0,044)	1,848	1,818	(0,030)	2,689	2,626	(0,063)	
X_{35}	Contas A Receber/Ativo Total	0,193	0,196	0,003	0,147	0,149	0,002	0,233	0,237	0,004	
X_{36}	Estoque/Ativo Total	0,240	0,244	0,003	0,192	0,194	0,002	0,319	0,325	0,006	
X_{37}	Passivo Circulante/Ativo Total	0,544	0,552	0,008	0,404	0,409	0,004	0,613	0,623	0,011	

Formula de Alberto Matias		Publicado 2020	Ajustado 2020	Var	Publicado 2019	Ajustado 2019	Var	Publicado 2018	Ajustado 2018	Var	Tendência
$Z = 23{,}792\,X_1 - 8{,}260\,X_2 - 8{,}868\,X_3 - 0{,}764\,X_4 - 0{,}535\,X_5 + 9{,}912\,X_6$		2,844	2,582	(0,262)	4,692	4,526	(0,166)	1,141	0,788	(0,353)	Piorou
X_1	Patrimônio Liquido/Ativo Total	0,297	0,287	(0,010)	0,382	0,376	(0,006)	0,262	0,249	(0,013)	
X_2	Financiamento E Empréstimos Bancários / Ativo Circulante	0,100	0,103	0,00	0,066	0,067	0,00	0,071	0,073	0,00	
X_3	Fornecedores / Ativo Total	0,345	0,350	0,005	0,300	0,303	0,003	0,467	0,475	0,008	
X_4	Ativo Circulante /Passivo Circulante	1,252	1,226	(0,03)	1,605	1,579	(0,03)	1,190	1,162	(0,03)	
X_5	Lucro Operacional/Lucro Bruto	0,110	0,093	(0,017)	0,232	0,224	(0,008)	0,238	0,224	(0,014)	
X_6	Disponível / Ativo Total	0,068	0,069	0,001	0,015	0,016	0,000	0,068	0,069	0,001	

Fonte: Dados da pesquisa.

Figura 6: Modelos de previsão de falências II – Magazine Luiza

Analise dos Modelos de Previsão de Falências

Formula de Altman		Publicado 2020	Ajustado 2020	Var	Publicado 2019	Ajustado 2019	Var	Publicado 2018	Ajustado 2018	Var	Tendência
$Z_1 = -1{,}44 + 4{,}03\,X_2 + 2{,}25\,X_3 + 0{,}14\,X_4 + 0{,}42\,X_5$		(0,483)	(0,542)	(0,059)	(0,394)	(0,433)	(0,039)	0,043	(0,026)	(0,069)	Piorou
$Z_2 = -1{,}84 - 0{,}51\,X_1 + 6{,}32\,X_3 + 0{,}71\,X_4 + 0{,}52\,X_5$		(0,726)	(0,749)	(0,024)	(0,641)	(0,648)	(0,007)	0,181	0,152	(0,029)	Piorou
X_1	(Ativo Circulante – Passivo Circulante) / Ativo Total	0,137	0,125	(0,012)	0,244	0,237	(0,008)	0,116	0,101	(0,015)	
X_2	Reservas e Lucros Suspensos / Ativo Total	0,056	0,042	(0,014)	0,081	0,072	(0,010)	0,066	0,050	(0,016)	
X_3	LAJIR/AT	0,033	0,028	(0,005)	0,065	0,063	(0,002)	0,123	0,116	(0,007)	
X_4	Patrimônio Líquido / Ativo Total	0,297	0,287	(0,010)	0,382	0,376	(0,006)	0,262	0,249	(0,013)	
X_5	Vendas / Ativo Total	1,465	1,486	0,021	1,232	1,245	0,013	2,148	2,186	0,038	

Formula de Pereira		Publicado 2020	Ajustado 2020	Var	Publicado 2019	Ajustado 2019	Var	Publicado 2018	Ajustado 2018	Var	Tendência
$Zi_i = 0{,}722 - 5{,}124\,E_{23} + 11{,}016\,L_{19} - 0{,}342\,L_{21} - 0{,}048\,L_{26} + 8{,}605\,R_{13} - 0{,}004\,R_{29}$		3,773	3,694	(0,079)	(0,929)	(0,953)	(0,024)	(5,963)	(6,046)	(0,083)	Piorou
E_{23}	Duplicatas Descontadas/Duplicatas A Receber	0,000	0,000	0,000	1,000	1,000	0,000	2,000	2,000	0,000	
L_{19}	Estoques (Final)/Custo Das Mercadorias Vendidas	0,278	0,278	-	0,267	0,267	-	0,255	0,255	-	
L_{21}	Fornecedores/Vendas	0,235	0,235	-	0,243	0,243	-	0,217	0,217	-	
L_{26}	Estoque Médio/Custo Das Mercadorias Vendidas	0,228	0,228	-	0,232	0,232	-	0,217	0,217	-	
R_{13}	Lucro Operacional + Despesas Financeiras/Ativo Total Medio+ PNC	0,020	0,013	(0,007)	0,078	0,076	(0,003)	0,102	0,093	(0,009)	
R_{29}	Exigivel Total/(Lucro Líquido + 0,1 Imobilizado Médio + Saldo Dev	23,238	28,711	5,473	10,848	11,401	0,553	9,786	11,185	1,399	

Fonte: Dados da pesquisa.

CONSIDERAÇÕES FINAIS

A utilização de incentivos fiscais estaduais como estratégia de planejamento tributário tem sido de grande valia no país, mormente para aquelas empresas que atuam no comércio eletrônico, onde o mercado é exigente, altamente competitivo e te, como seus mais robustos pilares o constante investimento em logística, tecnologia e marketing digital.

No cenário destacado, é importante analisar o reflexo da utilização de incentivos fiscais estaduais nas empresas de comércio eletrônico no Brasil, bem como a análise da hipótese de inexistência de tais benefícios e seus reflexos eventuais e riscos ao desempenho econômico e à saúde financeira das entidades do referido ramo de atividade.

Utilizando-se da pesquisa qualitativa e coletando-se os dados secundários disponibilizados pela B3 e pelo site de Relações com Investidores das empresas da amostra, foram analisadas as demonstrações contábeis das três principais empresas de *e-commerce* listadas na bolsa de valores brasileira. Além disso, foram comparadas as análises antes e após a exclusão dos efeitos do benefício fiscal do ICMS.

Conclui-se que o benefício fiscal do ICMS possui um peso significativo na lucratividade da amostra analisada, podendo representar a diferença entre lucro ou prejuízo nas suas demonstrações. O benefício contribui para incremento do capital próprio, das amostras analisadas, tanto como efeito do aumento dos lucros do exercício como do aumento das reservas de lucros, por conta do efeito das subvenções para investimento. O efeito da exclusão do benefício fiscal afeta indicadores diferentes em cada organização, dependendo de o saldo de créditos de ICMS a compensar estar registrado no ativo circulante ou no não circulante.

A exclusão do benefício não apresenta variação significativa para os indicadores de liquidez e atividade, enquanto os índices de endividamento causam um aumento no endividamento geral, devido à redução do patrimônio líquido. Já os indicadores econômicos ROI e ROE apresentaram redução pela diminuição do lucro líquido em cada exercício após a exclusão do benefício.

Um peso significativo do benefício na lucratividade afeta negativamente, após a sua exclusão, as taxas de retorno na margem líquida e na margem operacional. De forma menos significativa, impacta também o giro do ativo.

Em relação aos modelos de previsão de falências, houve piora em todos os modelos de previsão de falências aplicados, o que leva à conclusão de que a exclusão do benefício fiscal do ICMS faz as empresas de *e-commerce* aproximarem-se mais da insolvência e das zonas críticas de cada modelo aplicado.

A pesquisa apresentou algumas limitações, quais sejam: nem todos os maiores *e-commerce* que atuam no Brasil apresentam ações listadas na bolsa brasileira, sendo alguns listados em bolsas no exterior, o que impossibilita o acesso à informação da atividade individualizada em nosso país e, por consequência, limita o tamanho da amostra.

Outro ponto delimitativo que merece destaque é o fato de que dos três maiores *e-commerce* que possuem ações listadas na bolsa brasileira, da amostra selecionada, uma das companhias, as Lojas Americanas, foi eliminada do estudo devido à falta de informações disponíveis, enquanto outra, Via Varejo, teve os exercícios de 2019 e 2018 desconsiderados do estudo, uma vez que não havia informações disponíveis de benefício fiscal do ICMS para esses exercícios.

A pesquisa ora apresentada não buscou esgotar o tema, mas estimular demais pesquisas na mesma esteira, por ângulos adversos. Como sugestão de pesquisas futuras, recomenda-se verificar a análise considerando uma amostra maior de empresas de *e-commerce* e, ao mesmo tempo, valer-se de um histórico dos últimos dez anos para cada elemento da amostra, a fim de convalidar os achados utilizando também a pesquisa quantitativa.

REFERÊNCIAS

ANATEL. Agência Nacional de Telecomunicações. **Relatório de acompanhamento do setor de telecomunicações.** Brasília: 2020. Disponível em: https://shre.ink/u1T Acesso em: 30 nov. 2021.

ARAÚJO, Lissandra da Costa; NOBRE, Fábio Chaves; NOBRE, Liana Holanda Nepomuceno. Modelos preditivos de insolvência para as empresas do segmento de construção civil listadas na Bovespa: um estudo comparativo. XVIII Congresso Virtual de Administração 2021: Finanças, [*S.l.*], [**Anais**], 2021. Disponível em: https://shre.ink/u1z.

ASSAF NETO, Alexandre. **Finanças corporativas e valor**. 5. ed. São Paulo: Atlas, 2010.

CARVALHO, Paulo de Barros; MARTINS, Ives Gandra da Silva. **Guerra Fiscal**: Reflexões sobre a concessão de benefícios no âmbito do ICMS. 2. ed. São Paulo: Noeses, 2014.

E-COMMERCE NO BRASIL BATE RECORDE E ATINGE R$ 53 BILHÕES NO 1º SEMESTRE. [São Paulo] E-commerce Brasil muito mais que e-commerce, 11 agosto 2021. Disponível em: https://shre.ink/u1y

GODOY, Arilda Schmidt. Introdução à pesquisa qualitativa e suas possibilidades. **Revista de Administração de Empresas – ERA**, São Paulo, v. 35, n. 2, p. 57-63, 1995.

IUDÍCIBUS, Sérgio de. **Análise de balanços**. 8. ed. São Paulo: Atlas, 2007.

MÁRIO, Poueri do Carmo. **Contribuição ao estudo da solvência empresarial**: uma análise de modelos de previsão – estudo exploratório aplicado em empresas mineiras.

2002. Dissertação (Mestrado em Ciências Contábeis). Curso de Contabilidade e Atuária, Faculdade de Economia, Administração e Contabilidade, Universidade de São Paulo, São Paulo, 2002. Disponível em: https://shre.ink/u1n. Acesso em: 10 nov. 2021.

MARION, José Carlos. **Análise das demonstrações contábeis**: contabilidade empresarial. 8. ed. São Paulo: Atlas, 2019.

REUTERS. **Revista dos Tribunais Online**. Thomson Reuters Global Resources. Disponível em: https://revistados tribunais.com.br/maf/app/resultList/document?&src=rl&srguid=i0ad82aab0000017cbc66468f79c286d6&docguid=I1422e57026ff11ecb4ea9c5f66054 f48&hitguid=I1422e57026ff11ecb4ea9c5f66054f48&spos=2&epos=2&td=445&context=17&crumb-action=append&crumb-label=Documento&isDocFG=true&isFromMultiSumm=true&startChunk=1&endChunk=1. Acesso em: 26 out. 2021.

REZENDE, Isabelle Carlos Campos; FARIAS, Thalita Xismy Tavares de; OLIVEIRA, Alan Santos de. Aplicação dos modelos de Elizabetsky e Kanitz na previsão de falência: um estudo descritivo das melhores e maiores empresas por setor listadas na Revista Exame em 2010. **Revista Mineira de Contabilidade**, Belo Horizonte, v. 3, n. 51, p. 35-42, 2013. Disponível em: https://revista.crc.org.br/rmc/article/view/229. Acesso em: 15 nov. 2021.

SOCIEDADE BRASILEIRA DE VAREJO E CONSUMO. SBVC. **50 maiores empresas e-commerce brasileiro 2018.** *[S.l.]*, 2018. Disponível em: https://shre.ink/u1h. Acesso em: 4 nov. 2021.

TEIXEIRA, Ricardo Santiago. ICMS no comércio eletrônico. **Revista Tributária e de Finanças Públicas**, São Paulo, v. 105, p. 143-189, 2012. Disponível em: https://shre.ink/u1C . Acesso em: 25 nov. 2021.

CAPÍTULO SETE

Tributação de serviços na internet

Resumo

Atualmente são feitos investimentos bilionários em novas formas de atividades digitais. A partir desse crescimento da economia digital, percebe-se que essa movimentação econômica se inclui na produção e circulação de bens e serviços descritas no sistema tributário nacional e gera relações econômicas entre usuários e fornecedores que se tornam sujeitas à incidência de impostos. Através de uma pesquisa descritiva qualitativa, buscou-se com este estudo explicitar o conflito de competência que existia até recentemente na tributação de software, conflito este que o Supremo Tribunal Federal dirimiu ao definir que cabe ISS nestas prestações de serviço, por se tratar de serviços de valor adicionado. Como contribuição, este estudo trouxe ao conhecimento do leitor as consequências da referida decisão, e apresentou possíveis estratégias de ajustes para regularização da situação fiscal e financeira do contribuinte como forma de auxiliá-lo em casos práticos com que possa se deparar.

Palavras-chave: *Tributação, ICMS, ISS, conflito de competência. software, STF*

7

Tributação de serviços na internet

Denise Fabretti
Michele Moraes Martins Oliveira

INTRODUÇÃO

Este capítulo tem por objetivo apresentar ajustes possíveis e necessários para regularizar a situação fiscal e financeira da pessoa jurídica após a decisão emanada pelo Supremo Tribunal Federal a respeito do conflito de competência entre estados e municípios na tributação de atividades e serviços disponibilizados sob a forma de transferência de dados com o uso da internet. Trata-se de uma pesquisa descritiva qualitativa que analisa a legislação sobre serviços de valor adicionado e de comunicação, o conceito de competência tributária, e a respectiva decisão em comento. Essa reflexão se faz necessária uma vez que o STF classifica alguns temas como repercussão geral e estabelece a modulação dos efeitos de suas decisões para todos os conflitos referentes a esses temas.

Ainda, a análise dos fundamentos de fato e de direito que conduziram ao resultado do julgamento em análise permitem ao profissional contábil e/ou advogados avaliar as tendências futuras em relação aos julgamentos que envolvem incertezas tributárias. As exigências do Estado no estabelecimento de incidências tributárias sobre atividades como serviços de comunicação, transferências de *softwares* e congêneres, serviços de *streaming*, etc. crescem à medida que esse mercado passa a demonstrar a importância da movimentação financeira da economia digital — a qual recebe anualmente bilhões de dólares em investimentos.

7.1 A TRIBUTAÇÃO DE SERVIÇOS NA INTERNET

As atividades realizadas pelos usuários da internet estão sujeitas à tributação de ISS e ICMS. Os serviços compreendidos nas hipóteses de incidência desses tributos obviamente são diferentes, portanto, é necessário estabelecer a diferenciação entre eles para que o sujeito passivo da obrigação tributária tenha segurança jurídica para cumprí-la adequadamente.

A compreensão, portanto, de algumas definições legais sobre serviços é importante para delimitar os respectivos campos das competências tributárias dos estados e dos municípios em relação aos serviços fornecidos e realizados no ambiente digital. Para isso, é necessário entender que, nos conceitos e definições legais, o legislador houve por bem determinar ser a internet e seus respectivos desdobramentos instrumentos e meios de acesso.

> *O artigo 5º da Lei nº 12.965/2014 (Marco Civil da Internet) estabelece essas definições:*
> *Art. 5º Para os efeitos desta Lei, considera-se:*
> *I - Internet: o sistema constituído do conjunto de protocolos lógicos, estruturado em escala mundial para uso público e irrestrito, com a finalidade de possibilitar a comunicação de dados entre terminais por meio de diferentes redes;*
> *II - Terminal: o computador ou qualquer dispositivo que se conecte à internet;*
> *III - endereço de protocolo de internet (endereço IP): o código atribuído a um terminal de uma rede para permitir sua identificação, definido segundo parâmetros internacionais;*
> *IV - Administrador de sistema autônomo: a pessoa física ou jurídica que administra blocos de endereço IP específicos e o respectivo sistema autônomo de roteamento, devidamente cadastrada no ente nacional responsável pelo registro e dis-*

> *tribuição de endereços IP geograficamente referentes ao País;*
> *V - Conexão à internet: a habilitação de um terminal para envio e recebimento de pacotes de dados pela internet, mediante a atribuição ou autenticação de um endereço IP;*
> *VI - Registro de conexão: o conjunto de informações referentes à data e hora de início e término de uma conexão à internet, sua duração e o endereço IP utilizado pelo terminal para o envio e recebimento de pacotes de dados;*
> *VII - aplicações de internet: o conjunto de funcionalidades que podem ser acessadas por meio de um terminal conectado à internet; e*
> *VIII - registros de acesso a aplicações de internet: o conjunto de informações referentes à data e hora de uso de uma determinada aplicação de internet a partir de um determinado endereço IP.*

Essas definições legais permitem afirmar que o acesso a essa rede de computadores que viabiliza a troca de dados e mensagens entre usuários dispersos no mundo depende de um serviço de comunicação específico.

A Agência Nacional de Telecomunicações (ANATEL) esclarece que essa interligação de usuários mediante o uso de redes e computadores é feita com o uso de serviços de telecomunicações.

Segundo esclarecimentos da ANATEL, em processo de consulta pública nº 372, os usuários acessam a internet por meio de provedores de acesso, e o suporte para esse acesso são os serviços telefônicos fixos ou móveis.

Estabelecer esses critérios como ponto de partida para compreender as respectivas searas de competências tributárias de estados, Distrito Federal e municípios (no que se refere à tributação de serviços) é buscar uma metodologia adequada para compreender as interpretações das cortes brasileiras (STF e STJ), no sentido de limitar o poder das entidades tributantes, evitando, assim, a bitributação e orientando o profissional contábil/tributário sobre ajustes possíveis e necessários para regularizar a situação fiscal e financeira da pessoa jurídica após a decisão emanada pelo STF sobre o tema.

A tributação de provedores, serviços de streaming, comunicação, fornecimento de softwares, telecomunicação, entre outros, tem causado conflitos de competências que requerem soluções justas e observem o princípio da estrita legalidade da tributação segundo os tribunais superiores.

7.1.1 Serviços de Valor Adicionado

A Constituição Federal, no artigo 156, estabeleceu a competência para os municípios instituírem a tributação de serviços. E essa instituição deve ser regulada por lei complementar.

O artigo 146 da Magna Carta estabelece, no inciso III, que cabe à lei complementar estabelecer normas gerais em matéria tributária, bem como definir os tributos e suas espécies — em relação aos impostos, seus respectivos fatos geradores, bases e de cálculo e contribuintes (alínea "a") — e estabelecer normas sobre obrigação, lançamento, crédito, prescrição e decadência tributários (alínea "b").

Ainda, como já salientado anteriormente, dispôs a Constituição Federal que cabe à lei complementar dispor sobre conflitos de competência, em matéria tributária, entre a União, os Estados, o Distrito Federal e os Municípios (artigo 146, inciso I), bem como regular as limitações constitucionais ao poder de tributar e estabelecer normas gerais em matéria tributária (artigo 146, incisos II e III).

Embora alguns serviços (caso do *streaming*, por exemplo) possam causar a impressão de se caracterizarem como serviços de comunicação e, consequentemente, sujeitos ao ICMS, o STJ pacificou o entendimento de que serviços oferecidos por provedores da internet não estão sujeitos à incidência de ICMS, uma vez que se caracterizam como serviços de valor adicionado. Esse entendimento decorre de fatores como ser o serviço prestado de forma gratuita ou não ser considerado, pela legislação pertinente, como serviço de comunicação. Em respeito ao princípio da estrita legalidade tributária, o STJ afastou a incidência de ICMS sobre esses serviços.

Para melhor compreensão do tema, é necessário esclarecer os conceitos técnicos e jurídicos que envolvem esses serviços. A diferenciação dos serviços de *streaming* dos serviços de comunicação é um ponto de partida importante para essa compreensão.

7.1.1.1 Conceitos técnicos e jurídicos que envolvem o serviço de streaming

O *streaming* corresponde a uma tecnologia que proporciona a transmissão mais rápida de dados pela internet. Esses dados, em forma de vídeos ou músicas, podem ser transmitidos sem que o usuário dessa tecnologia tenha que fazer o *download* do conteúdo, ou seja, sem a necessidade de transferir esse conteúdo para um dispositivo.

Além da velocidade maior de transmissão, a tecnologia do *streaming* proporciona alguns benefícios ao usuário e ao detentor da plataforma que oferece o conteúdo: liberação (não ocupação) de espaço (memória) nos dispositivos do usuário, seja celular, *tablet* ou computador, e transmissão on-line (feita em tempo real), quando o usuário está conectado à internet, o que é mais seguro, pois evita as cópias ilegais.

A transmissão de dados via *streaming* pode ser feita de forma gratuita ou onerosa. Esta caracteriza-se como um fato econômico ou uma relação econômica entre o usuário do *streaming* e o fornecedor dessa tecnologia. Consiste em um fato econômico e passível de tributação.

Como ensina Falcão (1994, p. 39), ao Direito Tributário interessa especialmente a relação econômica existente, não importando se o fato gerador consiste ou não em um ato ou negócio jurídico. Dessa forma, essa relação econômica do fornecimento de dados de forma onerosa proporciona, ao Estado, a oportunidade de instituir um tributo sobre essa operação, já que se configura em operação de produção e circulação de bens e serviços.

Não basta, no entanto, que o fornecedor faça a transmissão de dados. Para que esta seja realizada com qualidade para o consumidor, são necessários aplicativos e plataformas digitais, e esse fornecimento de aplicativos e plataformas, a título oneroso, também pode estar sujeito à tributação.

Os aplicativos são programas (*softwares*) instalados em dispositivos eletrônicos para transmitir dados por meio digital de maneira mais ágil, facilitando a execução de tarefas nesses dispositivos. Esses aplicativos, por sua vez, podem ser fornecidos de maneira gratuita ou onerosa. No segundo caso, é possível à autoridade tributante entender que esse fato econômico é tributável. Já as plataformas, por sua vez, configuram-se como um ambiente on-line com diversas funcionalidades e capaz de conectar diversos usuários.

7.1.1.2 Serviços dos provedores

A Anatel, por meio da Consulta Pública nº 372, estabelece que o provedor de acesso a serviços da internet corresponde ao "conjunto de atividades que permite, dentre outras utilidades, a autenticação ou o reconhecimento de um usuário para acesso a Serviços Internet."

Segundo o STJ, esse serviço prestado pelo provedor não depende de autorização, permissão ou concessão da União como aqueles previstos nos arts. 21, XI, e 155, II da Constituição Federal e não está incluso, portanto, nos serviços de comunicação.

Na lição de Kiyoshi Harada (2001, p. 159):

> [...] o provedor de acesso à internet libera espaço virtual para comunicação entre duas pessoas, porém, quem presta o serviço de comunicação é a concessionária de serviços de telecomunicações, já tributada pelo ICMS. O provedor é tomador de serviços prestados pelas concessionárias. Limita-se a executar serviço de valor adicionado, isto é, serviços de monitoramento do acesso do usuário à rede, colocando à sua disposição equipamentos e softwares com vistas à eficiente navegação.

7.1.1.3 Serviços de Valor Adicionado e Respectiva Tributação

Historicamente, a Norma nº 4/1995, aprovada pela Portaria nº 148/1995 do Ministério das Comunicações, já previa que serviço de valor adicionado corresponde ao:

> serviço que acrescenta a uma rede preexistente de um serviço de telecomunicações, meios ou recursos que criam novas utilidades específicas, ou novas atividades produtivas, relacionadas com o acesso, armazenamento, movimentação e recuperação de informações.

Uma vez que a transmissão do streaming depende dos serviços de telecomunicação já tributados pelos ICMS, o próprio STJ firmou o entendimento no sentido de que serviços oferecidos pelos provedores de internet constituem-se em serviços diferentes daqueles previstos no inciso II, do artigo 155 da CF/1998. De acordo com esse entendimento, eles são serviços de valor adicionado previstos no artigo 61 da Lei nº 9.472/1997 (Lei Geral das Telecomunicações):

> *Art. 61. Serviço de valor adicionado é a atividade que acrescenta, a um serviço de telecomunicações que lhe dá suporte e com o qual não se confunde, novas utilidades relacionadas ao acesso, armazenamento, apresentação, movimentação ou recuperação de informações.*
> *§ 1º Serviço de valor adicionado não constitui serviço de telecomunicações, classificando–se seu provedor com usuário do serviço de telecomunicações que lhe dá suporte, com os direitos e deveres inerentes a essa condição.*

Dessa forma, os serviços de valor adicionado incluem-se na relação dos serviços previstos no artigo 156, III da CF/1988: *serviços de qualquer natureza, não compreendidos no art. 155, II, definidos em lei complementar*. A incidência do ISS sobre esses serviços está condicionada à inclusão deles na lista de serviços estabelecida pela Lei Complementar nº 116/2003, que é o dispositivo legal infraconstitucional responsável por regular o assunto.

O Serviço de Conexão à Internet (SCI) foi definido como o "serviço de valor adicionado que possibilita o acesso à Internet a usuários e provedores de serviços de informações", e o Provedor de Serviço de Conexão à Internet (PSCI) como "a entidade que presta o serviço de conexão à Internet".

Em 2016, citada lei foi alterada pela LC nº 157/2016, que, ao atualizar a lista de serviços tributáveis, incluiu os serviços de informática e congêneres em seu rol.

Embora a tributação desses serviços tenha sido instituída de acordo com o que determina a Constituição Federal, isto é, por meio de lei complementar, o Conselho Nacional de Política Fazendária (CONFAZ) estabeleceu o Convênio ICMS nº 106 em 29 de setembro de 2017, o qual criou, entre outras, as normas de cobrança do ICMS em operações com bens e mercadorias digitais comercializadas por meio de transferência eletrônica de dados.

Referido convênio regula as operações com bens e mercadorias digitais, tais como *softwares*, programas, jogos eletrônicos, aplicativos, arquivos eletrônicos e congêneres padronizados (ainda que tenham sido ou possam ser adaptados) e comercializados por meio de transferência eletrônica de dados.

A quarta cláusula do documento determina que a pessoa jurídica detentora de site ou de plataforma eletrônica que realize a venda ou a disponibilização, ainda que por intermédio de pagamento periódico, de bens e mercadorias digitais mediante transferência eletrônica de dados, é o contribuinte da operação de ICMS e deverá inscrever-se nas unidades federadas em que sejam praticadas as saídas internas ou de importação destinadas a consumidor final.

Dessa forma, o Convênio suscitou um conflito de competência tributária ao estabelecer a tributação de serviços já descritos na Lei Complementar nº 116/2003 atualizada pela LC nº 157/2016. Esse conflito tem precedentes históricos, uma vez que o STF, em julgamentos anteriores à edição da Lei e Convênio, já havia estabelecido a diferença da tributação entre o *software* "de prateleira" e o *software* produzido por encomenda. Já havia estabelecido a diferença da tributação do *software* de prateleira produzido em larga escala e *software* produzido por encomenda. No primeiro caso, os *softwares* estariam sujeitos à tributação por ICMS, assemelhando-se a mercadorias, uma vez que são a representação material de uma criação intelectual. No segundo caso, a encomenda do *software* caracterizaria a solicitação de um serviço, sujeito ao ISS, como decidido no RE 176.626. (BRASIL, 1998).

Com a evolução dos formatos de licenciamento e uso de *softwares*, o STF afastou definitivamente a incidência do ICMS sobre a comercialização desses serviços, fundamentando-se também nas normas gerais estabelecidas pela Lei Complementar nº 116/2003.

7.1.2 Serviços de comunicação e telecomunicação

Como já foi esclarecido no item anterior, o acesso à internet ocorre mediante serviços específicos: serviços de telecomunicação.

O inciso II do art. 155 da CF/1988 delimitou a competência tributária dos Estados e do Distrito Federal em relação à instituição do ICMS sobre os serviços de comunicação:

> *Art. 155. Compete aos Estados e ao Distrito Federal instituir impostos sobre:*
> *(...)*
> *II - operações relativas à circulação de mercadorias e sobre prestações de serviços de transporte interestadual e intermunicipal e de comunicação, ainda que as operações e as prestações se iniciem no exterior;*

A Lei Complementar nº 87, de 13 de setembro de 1996, define, no artigo 2º, inciso III, o fato gerador dos serviços de comunicação como "prestações onerosas de serviços de comunicação, por qualquer meio, inclusive a geração, a emissão, a recepção, a transmissão, a retransmissão, a repetição e a ampliação de comunicação de qualquer natureza".

A Lei Geral de Telecomunicações (Lei nº 9.472/1997), por sua vez, define, no artigo 60, o que são os serviços de telecomunicações:

> *Art. 60. Serviço de telecomunicações é o conjunto de atividades que possibilita a oferta de telecomunicação.*
> *§ 1° Telecomunicação é a transmissão, emissão ou recepção, por fio, radioeletricidade, meios ópticos ou qualquer outro processo eletromagnético, de símbolos, caracteres, sinais, escritos, imagens, sons ou informações de qualquer natureza.*
> *§ 2° Estação de telecomunicações é o conjunto de equipamentos ou aparelhos, dispositivos e demais meios necessários à realização de telecomunicação, seus acessórios e periféricos,*

> *e, quando for o caso, as instalações que os abrigam e complementam, inclusive terminais portáteis.*

Esses serviços não se confundem com os serviços de valor adicionado (tributados pelo ISS), uma vez que correspondem ao suporte inicial e ponto de partida para o uso de demais serviços disponibilizados em ambiente digital. O suporte inicial, o serviço de telecomunicação que permite o acesso a um provedor, aplicativo ou ambiente *streaming*, é tributado pelo ICMS nos termos do artigo 155, inciso II, da Constituição Federal, do artigo 2º, inciso III, da Lei Complementar nº 87/1996, e do artigo 60 da Lei Geral de Telecomunicações.

A controvérsia em relação ao serviço fornecido por provedores de internet e os serviços de comunicação foi dirimida pela Súmula nº 334 do STJ que assim estabeleceu: "O ICMS não incide no serviço dos provedores de acesso à internet".

O STJ reconheceu que a incidência do ICMS sobre serviços de comunicação pressupõe a existência de uma relação comunicacional entre emissor e receptor e e a onerosidade desta.

Segundo a ministra do STJ, Eliana Calmon (2003, p. 137-265):

> o provedor nada cria, apenas viabiliza a outrem chegar até às informações. Aliás, é bom destacar que os "serviços da internet" compreendem variadas prestações, desde a divulgação até o serviço de correspondência entre interlocutores, por via dos e-mails, passando pelas operações bancárias, serviço de compra e venda etc. Dentro de uma simplória descrição, necessária segundo a minha ótica, para a compreensão da questão tributária, temos que o usuário, para ter acesso à Internet, necessita dispor de um computador, de uma linha telefônica e de um software específico. Mesmo os locais que dispõem de acesso direto ao provedor, sem utilizar-se de linha telefônica particular, não dispensam o uso da telefonia. Ademais, modernamente, é até possível o uso da Internet via rádiofreqüência, sem participação do serviço de telefonia. A rede telefônica, meio de chegar o usuário ao provedor e, a partir daí, conectá-lo à rede, configura

> serviço de telecomunicação, pago de acordo com a quantidade de pulsos utilizados, conforme discriminado na conta telefônica, sobre cujo valor incide o ICMS.

Esse raciocínio e esclarecimento elaborados pela ilustre ministra fundamentam-se na lição do professor Delvani Alves Leme (2021, p. 297-319) "A regra matriz do ICMS sobre serviços de comunicação é prestar serviços de comunicação e não realizar comunicação".

O Plenário do Supremo Tribunal Federal, no julgamento do RE nº 572.020/DF, estabeleceu entendimento no sentido de que o ICMS não incide nos atos preparatórios de serviços de comunicação, excluindo de sua incidência também a locação de modem. O entendimento é que essa atividade se enquadra como *meio para prestação do serviço de informação*, e por isso é descabida a incidência de ICMS.

Dessa forma, a incidência de ICMS nas atividades realizadas na internet está restrita aos serviços de telecomunicação que não constituem serviços de valor adicionado.

7.2 COMENTÁRIOS ACERCA DO SISTEMA NACIONAL DE TRIBUTAÇÃO

Importante esclarecer que, nesta seção, pretende-se apresentar os impostos incidentes sobre produção e circulação de bens e serviços, atribuídos pela CF/1988 aos Estados e Municípios, respectivamente, bem como o conflito de competência existente entre os entes federativos.

7.2.1 Princípio federativo

O Brasil está estruturado sob a forma de República Federativa. Isso significa que o país é uma *república,* cujo chefe de estado é eleito pelo povo e os poderes são divididos em: (i) Executivo, que corresponde à administração pública; (ii) Legislativo, que tem a função de estabelecer as normas que regulam a sociedade; e (iii) Judiciário, cuja função é solucionar conflitos que surgem em razão da interpretação e aplicação das normas jurídicas. Esses poderes são independentes e harmônicos. O país também está organizado sob a forma *federativa,* na qual as entidades territoriais são autônomas e dotadas de organização político-administrativa própria. No caso do Brasil, os componentes da República Federativa são União, Estados, Municípios e Distrito Federal (artigo 18, da CF/1988).

Assim dispõe o artigo 1º da Constituição Federal:

> *Art. 1º A República Federativa do Brasil, formada pela união indissolúvel dos Estados e Municípios e do Distrito Federal, constitui-se em Estado Democrático de Direito e tem como fundamentos [...].*

Conforme preceitua José Afonso da Silva, no *Curso de Direito Constitucional Positivo* (2004, p. 99), "a federação consiste na união de coletividades regionais autônomas que a doutrina chama de Estados federados (nome adotado pela Constituição, cap. III do tít. III), Estados-membros ou simplesmente Estados [...]". O autor ainda esclarece que:

> [...] o Estado federal, o todo, como pessoa reconhecida pelo Direito internacional é o único titular da soberania, considerada poder supremo consistente na capacidade de autodeterminação. Os Estados federados são titulares tão-só de autonomia, compreendida *como governo próprio dentro do círculo de competências traçadas pela Constituição Federal.* (SILVA, 2004, p. 99, grifo nosso).

Estabelece o artigo 60º, § 4º, inciso I, da Constituição Federal, que não será objeto de deliberação a proposta de emenda tendente a abolir a forma federativa de Estado.

Assim, o dispositivo em tela se configura como uma *cláusula pétrea*, ou seja, trata-se de um dispositivo constitucional que não poderá ser alterado nem mesmo por emendas à Constituição; apenas uma nova constituinte originária, com a promulgação de uma nova Constituição, poderia ser a ferramenta eficaz para alterar a forma federativa sob a qual está constituído o país.

A Constituição Federal, da maneira como foi concebida pelo poder constituinte originário, aceita reformas (*poder constituinte reformador)* que se limitem a alterar apenas cláusulas "não pétreas", através de Emendas Constitucionais. Além disso, é necessário que as propostas sejam discutidas em dois turnos por ambas as casas do Congresso Nacional (Senado Federal e Câmara dos Deputados), considerando-se aprovadas quando obtiverem, em todos os casos, três quintos dos votos dos membros das respectivas casas.

As cláusulas pétreas são normativos e princípios contidos na Constituição Federal que não podem ser alterados, por estarem diretamente ligados à estabilidade do país. Sua previsão está no citado artigo 60 da Constituição Federal.

O caráter de cláusula pétrea que a Constituição Federal dá para a estrutura de federação do país garante a supremacia dessa norma sobre qualquer outra vindoura. Ainda, a estrutura de federação garante, sustenta, todos os demais regramentos e princípios descritos na CF/1988 sob os quais o Estado foi fundado. A Magna Carta atribuiu a cada ente a capacidade de se auto-organizar, autogovernar, legislar, de modo que tomar qualquer medida que impacte na alteração dessas capacidades fere a cláusula pétrea em análise. Sendo os princípios alicerces, qualquer tentativa de alteração pode impactar negativamente em toda a ordem política e organizacional existente.

É necessário compreender como se estrutura a federação, já que a competência tributária está intimamente ligada a esse conceito. A Constituição Federal delegou para cada ente federativo a competência para instituir tributos e, por consequência, isso reflete na impossibilidade de esse mesmo ente instituir tributos para os quais não houve menção expressa na CF/1988.

7.2.2 Sistema Tributário Nacional — competência tributária

Uma das consequências da forma sob a qual o país está estruturado é a autonomia dos Estados, em especial no tocante à autonomia administrativa e tributária. Ocorre que a Constituição Federal delimita exatamente quais tributos e por qual maneira cada ente poderá instituí-los, aumentá-los e administrá-los: a chamada competência tributária.

A competência tributária é um dos princípios que norteiam o sistema tributário brasileiro. Por ele, cada ente federativo poderia instituir somente os tributos elencados pela Constituição Federal como sendo de sua competência. Isso quer dizer que a União não poderá instituir um tributo cuja competência foi instituída pela CF/1988 para que o Estado o faça, por exemplo.

Como salienta José Eduardo Soares de Melo (2008, p. 148), "a competência tributária é a aptidão para criar os tributos, legalmente e de forma abstrata, indicando todos os elementos da hipótese de incidência, compreendendo o aspecto pessoal (sujeitos ativos e passivos), a materialidade, base de cálculo e alíquota".

Isso significa que, caso um ente institua tributo para o qual não tenha competência, referido ato traduz-se de nulidade e grave ofensa ao princípio federativo sob o qual o sistema de direito nacional está subordinado (artigo 1º da Constituição Federal).

Os artigos 153, 155 e 156 da Constituição Federal elencam quais os tributos que a União, aos Estados e os Municípios poderão instituir.

Ora, ao delimitar quais tributos cada ente poderá instituir, consequentemente a Constituição Federal vedou a hipótese de um ente invadir a competência de outro, sob pena de nulidade da norma.

Importante mencionar que o "não exercício da competência tributária não a defere a pessoa jurídica de direito público diversa daquela a que a Constituição Federal a tenha atribuído", conforme consta do artigo 8º do Código Tributário Nacional. Um exemplo disso é o Imposto Sobre Grandes Fortunas, de competência da União (artigo 153, inciso VII, CF/1988), que até o presente momento não foi instituído — o que não confere, porém, o direito de Estados ou Municípios fazerem-no. Ainda, a Constituição Federal proíbe a transferência dessa competência de um ente a outro.

Ainda, como já salientado anteriormente, dispôs a Constituição Federal que cabe à lei complementar dispor sobre conflitos de competência, em matéria tributária, entre a União, os Estados, o Distrito Federal e os Municípios (artigo 146, inciso I), bem como regular as limitações constitucionais ao poder de tributar, estabelecer normas gerais em matéria tributária e definir os tributos e de suas espécies (artigo 146, incisos II e III).

Além da divisão das competências tributárias, o Sistema Tributário Nacional é regido por princípios, que devem ser observados pelos entes federativos ao instituírem seus tributos. Temos como exemplo os princípios da federação (princípio federativo, já explicado anteriormente), da legalidade, da anterioridade, da irretroatividade, da igualdade, da capacidade contributiva, da seletividade e da proibição ao confisco.

Também já mencionado, o Convênio ICMS nº 106/2017 suscitou um conflito de competência tributária ao estabelecer a incidência do ICMS em serviços já descritos na Lei Complementar nº 116/2003, atualizada pela Lei Complementar nº 157/2016.

7.2.3 Conceito de tributo

Apenas para elucidar a matéria, cumpre mencionar que o sistema tributário nacional é composto de tributos (gênero), dos quais desdobram-se impostos, taxas e contribuições (espécies), conforme se pode ver do artigo 145, da Constituição Federal, transcrito a seguir:

> *Art. 145. A União, os Estados, o Distrito Federal e os Municípios poderão instituir os seguintes tributos:*
> *I - impostos;*
> *II - taxas, em razão do exercício do poder de polícia ou pela utilização, efetiva ou potencial, de serviços públicos específicos e divisíveis, prestados ao contribuinte ou postos a sua disposição;*
> *III - contribuição de melhoria, decorrente de obras públicas.*

O Código Tributário Nacional dispõe no artigo 3º que tributo é "toda prestação pecuniária compulsória, em moeda ou cujo valor nela se possa exprimir, que não constitua sanção de ato ilícito, instituída em lei e cobrada mediante atividade administrativa plenamente vinculada".

Isso quer dizer que *tributo* é uma *obrigação em dinheiro ou equivalente*, ou seja, independe da *vontade* do agente e decorrente de um ato *lícito*, por não se configurar sanção por descumprimento de nenhuma obrigação, instituída por *lei* (princípio da legalidade, segundo o qual ninguém será obrigado a fazer ou deixar de fazer alguma coisa, senão em virtude de lei, conforme o artigo 5º, II, CF/1988) e *cobrado mediante atividade administrativa plenamente vinculada*, ou seja, o fisco não pode se abster de cobrar um tributo a que está obrigado por força de lei.

Em seu artigo 16, o Código Tributário Nacional conceituou *imposto* como sendo um tributo cuja obrigação tem por fato gerador uma situação independente de qualquer atividade estatal específica, relativa ao contribuinte. Ou seja, o imposto será devido independentemente da ação do ente estatal, senão apenas de ato ou fato executado pelo contribuinte.

Já as taxas são assim conceituadas pelo artigo 77 do CTN como tributos decorrentes do "exercício regular do poder de polícia, ou a utilização, efetiva ou potencial, de serviço público específico e divisível, prestado ao contribuinte ou posto à sua disposição".

Por fim, há as contribuições de melhoria, cuja competência a CF/1988 atribuiu tanto à União, como aos Estados, Distrito Federal e Municípios, no artigo 145, inciso III. Esse tributo será devido sobre a valorização que determinado imóvel sofreu em decorrência de obra pública realizada por qualquer dos entes da federação.

Há ainda outros tipos de obrigações aos quais o contribuinte poderá estar sujeito, tais como empréstimo compulsório (artigo 158, CF/1988) e contribuições sociais, corporativas, de seguridade social e educacional e de intervenção econômica (arts. 7º, III, 149, 149-A, 195, 212, §5º, 239 e 240, da CF/1988).

7.2.4 Bitributação e *bis in idem*

Tema extremamente recorrente no direito tributário atual, bitributação e *bis in idem* são conceitos que impactam o contribuinte de maneira direta e podem acarretar grave ofensa à CF e aos princípios nela contidos, bem como implicar, em último caso, risco de confisco e grave dano econômico.

A bitributação ocorre quando, nas palavras de José Eduardo Soares de Melo (2008, p. 153) há "dupla exigência de tributos, de modo ilegítimo, por parte de duas (ou mais) pessoas de Direito Público".

Cabe salientar que a Constituição Federal traz duas exceções a essa exigência, quais sejam, na iminência ou no caso de guerra externa (artigo 154, inciso II) e em casos em que diferentes países cobram tributos sobre o mesmo fato gerador (auferimento de renda, a depender de regulações internas e externas).

A bitributação não deve ser confundida com o *bis in idem*, este último fenômeno no qual há mais de uma tributação sobre o mesmo fato jurídico (por exemplo, o contribuinte que aufere renda pode estar sujeito à tributação tanto pelo imposto de renda como pela contribuição social sobre o lucro líquido).

Para Fernando Mariz Masagão e Ricardo Mariz de Oliveira (2019, p. X), o *bis in idem:*

> ocorre quando o mesmo contribuinte é onerado, mais de uma vez, sobre uma mesma materialidade, pelo mesmo ente tributante, enquanto a bitributação se dá quando entes tributantes distintos exigem o mesmo tributo, do mesmo contribuinte.

Parte da doutrina entende que, mesmo que pareça injusto ou contraproducente, o *bis in idem* encontra respaldo constitucional e, portanto, é legítimo. Para outros, no entanto, cogitar uma autorização constitucional para o *bis in idem* é ignorar a existência de demais princípios que norteiam todo o sistema tributário nacional, como alertam Fernando Mariz e Ricardo Mariz de Oliveira (2019).

7.2.5 O Imposto sobre Circulação de Mercadorias

O Imposto sobre a Circulação de Mercadorias e Serviços (ICMS) está previsto no artigo 155 da CF/1988, que descreve as suas características e princípios. As normas gerais que regulam esse imposto estão previstas na Lei Complementar nº 87/1996, e em suas respectivas alterações.

É um imposto de competência estadual que, de acordo com a CF, incide sobre: operações relativas à circulação de mercadorias e sobre prestações de serviços de transporte interestadual e intermunicipal e de comunicação, ainda que as operações e as prestações se iniciem no exterior; a entrada de bem ou mercadoria importados do exterior por pessoa física ou jurídica, ainda que não seja contribuinte habitual do imposto, qualquer que seja a sua finalidade, assim como sobre o serviço prestado no exterior, cabendo o imposto ao estado onde estiver situado o domicílio ou o estabelecimento do destinatário da mercadoria, bem ou serviço. Incide, também, sobre o ouro não definido como ativo financeiro ou instrumento cambial.

A Lei Complementar nº 87/1996, ao estabelecer as normas gerais do ICMS, descreve no art. 2º as hipóteses de incidência tributária desse imposto.

> *I - Operações relativas à circulação de mercadorias, inclusive o fornecimento de alimentação e bebidas em bares, restaurantes e estabelecimentos similares;*
> *II - Prestações de serviços de transporte interestadual e intermunicipal, por qualquer via, de pessoas, bens, mercadorias ou valores;*
> *III - prestações onerosas de serviços de comunicação, por qualquer meio, inclusive a geração, a emissão, a recepção, a transmissão, a retransmissão, a repetição e a ampliação de comunicação de qualquer natureza; [...]*

No artigo 3º da citada lei estão descritas as operações sobre as quais não cabem a incidência de ICMS, tais como operações com livros, jornais, periódicos, operações interestaduais relativas à energia elétrica, quando destinados à industrialização ou à comercialização, alienação fiduciária em garantia, entre outras.

É um tributo que está sujeito ao princípio da não cumulatividade e, portanto, permite a geração de créditos para operações posteriores, ou seja, permite o desconto, em operações subsequentes, do imposto pago em operações anteriores.

7.2.6 O Imposto Sobre Serviços

O Imposto Sobre Serviços de Qualquer Natureza (ISS) tem previsão constitucional no artigo 156. A Lei Complementar nº 116/2003 e suas respectivas atualizações estabelecem as normas gerais desse imposto. Assim, de competência dos municípios, o ISS incide sobre os demais serviços não tributados pelo ICMS e coube à respectiva lei complementar estabelecer a lista de serviços tributáveis por esse imposto. É uma lista de serviços ampla uma vez que o imposto incide sobre os demais serviços não tributados por ICMS.

Devido às características desse imposto, ele não está sujeito ao princípio da não cumulatividade, como acontece com o ICMS. Além disso, a decisão do STF de que os serviços de fornecimento de *software* estão sujeitos ao ISS, e não ao ICMS, provoca impactos econômicos diferentes para as pessoas jurídicas que efetuam operações dessa natureza, bem como para o consumidor final.

Assim, por exemplo, a operação de fornecimento de *software* pode comportar a comercialização posterior dele. A título de exemplo, será utilizado o fornecimento de videogames.

Se esse fornecimento estivesse sujeito ao ICMS, a operação econômica com a venda de videogames seria tributada da forma apresentada na Tabela 1:

Tabela 1: tributação pelo ICMS

AQUISIÇÃO DE SOFTWARE PELA PJ A	REVENDA DO SOFTWARE DA PJ A PARA A PJ B	PJ B REVENDA PARA O CONSUMIDOR FINAL	CONSUMIDOR FINAL
Valor da operação R$ 100,00	Valor da operação R$ 140,00	Valor da Operação R$ 200,00	Compra R$ 200,00
ICMS 7,9% (Em São Paulo)	ICMS 7,9%	ICMS 7,9%	ICMS 7,9%
ICMS na composição do valor da operação R$ 7,90	ICMS R$ 11,06	ICMS R$ 15,80	ICMS repassado no valor R$ 15,80
ICMS a recuperar R$ 7,90		ICMS a recuperar R$ 11,06	
ICMS a recolher R$ 3,16		ICMS a recolher R$ 4,74	

Fonte: elaborada pelas autoras

A esse respeito, o Convênio ICMS nº 107/2017 estabelecia a alíquota de 5% para as operações com *software*. Em janeiro de 2021 o estado de São Paulo aumentou de 5% para 7,9% a alíquota do ICMS. Em maio de 2021, o STF estabeleceu que a competência para tributar *softwares* de prateleira (comercialização física) ou virtuais é dos municípios. Sendo assim, tem-se a respectiva carga tributária pelo ISS demonstrada na Tabela 2 a seguir:

Tabela 2: tributação pelo ISS

AQUISIÇÃO DE SOFTWARE PELA PJ A	REVENDA DO SOFTWARE DA PJ A PARA A PJ B	PJ B REVENDA PARA O CONSUMIDOR FINAL	CONSUMIDOR FINAL
Valor da operação R$ 100,00	Valor da operação R$ 140,00	Valor da Operação R$ 200,00	Compra R$ 200,00
ISS máximo 5%	ISS 5%	ISS 5%	ISS 5%
ISS na composição do valor da operação R$ 5,00	ISS R$ 7,00	ISS R$ 10,00	ISS repassado para o consumidor final
Não há ISS a recuperar		Não há ISS a recuperar	
Total do ISS em ambas as operações R$ 12,00		ISS sobre o total das operações R$ 22,00	

Fonte: elaborada pelas autoras

7.3 METODOLOGIA

Trata-se de uma pesquisa descritiva qualitativa que buscou orientar os contribuintes sobre como proceder diante da decisão do Supremo Tribunal Federal acerca do conflito de competência existente na tributação de serviços na internet. Partindo do conflito existente, fez-se uma análise teórica da legislação vigente, da literatura produzida por autores e juristas relevantes, dos serviços de valor adicionado e de comunicação e, por fim, do conceito de competência tributária para, em seguida, apresentar algumas possíveis alternativas para regularizar a situação fiscal do contribuinte.

7.4 MECANISMOS DE DEFESA DO CONTRIBUINTE, DECISÕES DO STF, REPERCUSSÃO GERAL E MODULAÇÃO DOS EFEITOS

Um dos aspectos importantes na gestão de tributos consiste no conhecimento, por parte do devedor ou sujeito passivo da obrigação tributária, dos mecanismos de defesa do contribuinte previstos no sistema jurídico nacional.

O conhecimento desses mecanismos, seja utilizando-se dos meios inerentes à suspensão ou extinção do crédito tributário, seja declarando a inexistência de relação jurídico tributária ou a repetição do indébito tributário, permite uma adequada gestão tributária, uma vez que se caracteriza como economia lícita de tributos.

Dessa forma, o sujeito passivo pode valer-se de mecanismos como a consulta administrativa, o processo administrativo fiscal, a concessão de liminar em mandado de segurança e medidas cautelares, o depósito judicial para discutir um crédito que considera indevido, a ação anulatória de débito fiscal, bem como a ação de repetição do indébito tributário.

7.4.1 Repercussão geral

Tendo em vista a complexidade da legislação tributária, que muitas vezes leva o contribuinte a recorrer ao Poder Judiciário, o número acumulado de casos novos de 2014 a 2020, segundo o Conselho Nacional de Justiça, totalizou 30.699.487.

Em muitos casos, o instituto da repercussão geral, previsto no Código de Processo Civil, pode conferir celeridade aos julgamentos, pelo STF, nas demandas em que o instituto se aplica.

No âmbito processual, o STF tem a competência para considerar a existência de repercussão geral quando, a pedido do recorrente, uma questão constitucional suscitada em um recurso extraordinário envolver teses relevantes do ponto de vista econômico, político, social ou jurídico que ultrapassem os interesses subjetivos da causa. Também poderá ser declarada a repercussão geral nos recursos que tenham como objetivo impugnar decisão contrária, súmula ou jurisprudência do STF, conforme dispõe o artigo 543-A do CPC/2015.

Assim, nesses casos, a decisão proferida será aplicada às demais ações ajuizadas com os mesmos pedidos que serão sobrestados (ações suspensas) até a decisão final do STF.

7.4.2 Modulação dos efeitos

Uma vez que há necessidade de os tribunais assegurarem que a jurisprudência seja estável, íntegra e coerente (artigos 926 e 927 do Código de Processo Civil), a modulação dos efeitos das decisões do STF é um instituto estabelecido no parágrafo 3º do artigo 927 do referido Código e cujo objetivo é regular os efeitos de uma decisão que altera a jurisprudência dominante ou oriunda de casos repetitivos, no interesse social e da segurança jurídica.

Essa modulação demonstra que o Tribunal irá estabelecer uma data a partir da qual a sua decisão passará a produzir efeitos e respectivas consequências desse ato. Ela ainda visa evitar que a insegurança e a ausência de limites temporais decorrentes da produção de efeitos de uma decisão judicial venham a causar uma desordem no sistema jurídico.

Na concepção da ministra Cármen Lúcia, citada por Velloso Filho (2018, grifo nosso):

> a ideia de modular efeitos deve ter alguns parâmetros que a jurisprudência, ao longo do tempo, haverá de fixar. Penso que haverá de ser demonstrada a *excepcionalidade da situação*, a possibilidade de insegurança jurídica, quando se encaminhava a sociedade a acreditar numa jurisprudência num determinado sentido.

7.4.3 A Modulação de efeitos no Recurso Especial das Ações Declaratórias de Inconstitucionalidade nº 1.945 (MT) e nº 5.659

No julgamento das Ações Declaratórias de Inconstitucionalidade nº 1.945 (MT) e nº 5.659, o STF decidiu o conflito de competência para a tributação de *softwares*, estabelecendo como critério diferenciador, para a incidência de ICMS ou ISS, o tipo de serviço prestado — serviço de valor adicionado (ISS) e serviço de comunicação (ICMS) — e aplicando a Lei Complementar nº 116/2003, que regula o serviço de fornecimento de *softwares*.

Essas decisões afastaram definitivamente a incidência de ICMS sobre o serviço de fornecimento de *softwares* (físicos ou virtuais). Entre outros argumentos, para a Corte, todos são objeto de contrato de licença e resultado de trabalho intelectual. Além disso, o acesso aos programas disponibilizados pelo fornecedor na internet e que permanecem on-line por tempo integral (nuvem) estão na relação de serviços tributáveis por meio de ISS:

> *ADI 1945 / MT - MATO GROSSO*
> *EMENTA: Ação direta de inconstitucionalidade. Direito Tributário. Lei nº 7.098, de 30 de dezembro de 1998, do Estado de Mato Grosso. ICMS-comunicação. Atividades-meio. Não incidência. Critério para definição de margem de valor agregado. Necessidade de lei. Operações com programa de computador*

> *(software). Critério objetivo. Subitem 1.05 da lista anexa à LC nº 116/03. Incidência do ISS. Aquisição por meio físico ou por meio eletrônico (download, streaming etc). Distinção entre software sob encomenda e padronizado. Irrelevância. Contrato de licenciamento de uso de programas de computador. Relevância do trabalho humano desenvolvido. Contrato complexo ou híbrido. Dicotomia entre obrigação de dar e obrigação de fazer. Insuficiência. Modulação dos efeitos da decisão. 1. Consoante a jurisprudência da Corte, o ICMS-comunicação "apenas pode incidir sobre a atividade-fim, que é o serviço de comunicação, e não sobre a atividade-meio ou intermediária como são aquelas constantes na Cláusula Primeira do Convênio ICMS nº 69/98" (RE nº 570.020/DF, Tribunal Pleno, Rel. Min. Luiz Fux). 2. Os critérios para a fixação da margem de valor agregado para efeito de cálculo do ICMS em regime de substituição tributária progressiva devem ser disciplinados por lei estadual, em sentido formal e material, não sendo possível a delegação em branco dessa matéria a ato normativo infralegal, sob pena de ofensa ao princípio da legalidade tributária. 3. A tradicional distinção entre software de prateleira (padronizado) e por encomenda (personalizado) não é mais suficiente para a definição da competência para tributação dos negócios jurídicos que envolvam programas de computador em suas diversas modalidades.*
> *[...]*
> *8. Modulam-se os efeitos da decisão nos termos da ata do julgamento*

Essa decisão, em uma ADI de repercussão geral, requer a modulação dos efeitos para determinar a lapso temporal que envolve: a) repetição de indébito de ICMS para quem recolheu esse imposto; b) cobrança de ISS relativa aos fatos geradores anteriores à decisão; c) cobrança de ICMS pelos estados; d) declaração de inconstitucionalidade com efeitos "ex nunc" (a partir da publicação da ata da decisão) ou "ex tunc" (desde o início da ação).

A ata da decisão foi publicada em 3 de março de 2021, e seus efeitos são os seguintes:

7.4.3.1 Repetição do Indébito

Para os contribuintes que recolheram o ICMS até a véspera da publicação da ata de julgamento (isto é, até 2 de março de 2021), não há possibilidade de ajuizar ação de repetição do indébito, exceto nos casos em que já existam ações judiciais em curso, antes da publicação da ata. Incluem-se, nesses casos, as ações de execução fiscal e repetição do indébito que discutem a incidência do ICMS. Também é possível a repetição do indébito nos casos em que o contribuinte tenha recolhido ambos os impostos (bitributação). Para esses casos, as decisões judiciais deverão seguir a decisão do STF e negar a incidência de ICMS.

7.4.3.2 Cobrança de ISS

Os municípios poderão instituir a cobrança de ISS somente a partir da publicação da ata de julgamento (3 de março de 2021), respeitado o princípio da anterioridade. O STF vetou a instituição do ISS sobre os mesmos fatos geradores que ensejaram, anteriormente, a cobrança de ICMS (ou seja, contribuintes que recolheram ICMS até 2 de março de 2021). A exceção aplica-se aos casos em que o contribuinte não tenha recolhido ICMS ou ISS. Embora seja discutível a questão do princípio da irretroatividade da lei, o contribuinte que não recolheu nenhum tributo sobre os serviços está inadimplente e, nessa hipótese, deverá recolher o ISS (respeitada a caducidade do crédito tributário), pois o STF fixou a sua incidência até a véspera da publicação da ata de julgamento (até 2 de março de 2021). Dessa forma, os contribuintes que não recolheram nenhum dos dois tributos estarão sujeitos à cobrança em relação aos fatos geradores (uso dos serviços) ocorridos a partir de 1º de janeiro de 2017, uma vez que o prazo para a autoridade administrativa lançar o tributo inicia-se a partir de 1º de janeiro do exercício seguinte ao que o lançamento deveria ter sido efetuado. Os tributos cujos fatos geradores ocorreram em janeiro de 2016 foram objeto de decadência em 1º de janeiro de 2021.

7.4.3.3 Cobrança de ICMS

Os estados não poderão cobrar ICMS não recolhido pelos contribuintes em relação aos fatos geradores ocorridos até a véspera da publicação da ata do julgamento (2 de março de 2021).

7.4.3.4 Declaração de Inconstitucionalidade

Embora a inconstitucionalidade tenha seus efeitos desde o início da ADI, no que se refere às expressões legais que ensejaram a cobrança de ICMS na ADI nº 1.945, os seus efeitos serão *ex nunc*, ou seja, a partir da publicação da ata de julgamento do mérito da ação (3 de março de 2021).

As expressões legais às quais se refere a modulação são as seguintes: “adesão, acesso, disponibilização, ativação, habilitação, assinatura” e “ainda que preparatórios” para o uso dos serviços de *softwares*.

Ressalte-se ainda que, nos processos administrativos fiscais em andamento (defesa e consulta administrativa), a autoridade pública deverá aplicar a decisão do STF.

7.4.3.5 Parcelamentos

O contribuinte também poderá considerar parcelamento do débito do ICMS, a depender de dispositivo legislativo válido para o caso.

CONSIDERAÇÕES FINAIS

O objetivo deste estudo, como salientado antes, após explicitar o conflito de competência que existia até recentemente na tributação de *software* (conflito que o Supremo Tribunal Federal dirimiu ao definir que cabe ISS, ao invés de ICMS, nessas prestações de serviço, por se tratar de serviços de valor adicionado), foi apresentar possíveis ajustes para regularizar a situação fiscal e financeira do contribuinte depois da decisão emanada pelo STF, pertinente ao conflito de competência em tela.

Ainda, parte importante deste estudo foi trazer ao conhecimento do leitor as consequências de referida decisão e auxiliá-lo a definir estratégias em casos práticos com os quais se pode deparar.

Importante, ainda, salientar que o conflito de competência ora em estudo poderá ocorrer, como ocorre, em diversas outras situações — tanto entre ICMS e ISS, como ISS e IPI, por exemplo. Novas atividades tecnológicas surgem todos os dias, e o legislador não consegue atuar com a mesma velocidade na instituição de tributos, arrecadação e fiscalização.

Sabe-se que tramitam no Congresso Nacional diversas propostas de Reformas Tributárias, de autoria de diversos entes e membros da sociedade civil. O objetivo não é tecer comentários específicos sobre a viabilidade ou não dessas propostas ou mesmo discutir se elas poderão ou não corrigir inúmeros problemas que atualmente o sistema tributário nacional possui, como injustiças fiscais e alta carga tributária. A ideia é apenas salientar que a instituição de um imposto único para tributar bens e serviços, como propõem dois dos projetos em discussão, poderá implicar a abolição dos conflitos de competência e a simplificação da apuração dos tributos.

A unificação de tributos e a simplificação da fiscalização e das obrigações acessórias às quais o contribuinte está obrigado a entregar poderão garantir maior transparência, justiça fiscal, obediência aos princípios da capacidade contributiva, bem como, espera-se, fim aos conflitos de competência ora existentes.

Saliente-se novamente a necessidade de cada profissional avaliar o caso prático à luz da decisão do STF para garantir a acuracidade de seus procedimentos e a correta tributação, evitando-se, assim, prejuízos econômicos ao contribuinte, como já demonstrado anteriormente (possibilidade de parcelamento de débitos e pedidos de restituição de indébito tributário, como exemplos).

Por fim, importante mencionar que esta pesquisa não esgota todas as possiblidades do contribuinte para a regularização de sua situação fiscal/financeira no caso em tela; ela apenas se propõe a apresentar aquelas que podem ser aplicáveis para a maioria dos casos.

BRASIL. [Constituição (1988)]. **Constituição da República Federativa do Brasil de 1988**. Brasília, 1988. Disponível em: http://www.planalto.gov.br/ccivil_03/constituicao/constituicao.htm. Acesso em: 14 nov. 2021.

BRASIL. **Lei nº 5.172, de 25 de outubro de 1966**. Código Tributário Nacional. Dispõe sobre o Sistema Tributário Nacional e institui normas gerais de direito tributário aplicáveis à União, Estados e Municípios. Brasília, 1966. Disponível em: http://www.planalto.gov.br/ccivil_03/leis/l5172compilado.htm. Acesso em: 14 nov. 2021.

BRASIL. **Lei Complementar nº 87, de 13 de setembro de 1996**. Lei Kandir. Dispõe sobre o imposto dos Estados e do Distrito Federal sobre operações relativas à circulação de mercadorias e sobre prestações de serviços de transporte interestadual e intermunicipal e de comunicação, e dá outras providências. Brasília, 1996. Disponível em: http://www.planalto.gov.br/ccivil_03/leis/lcp/lcp87.htm. Acesso em: 14 nov. 2021.

BRASIL. **Lei nº 9.472, de 16 de julho de 1997**. Lei Geral das Telecomunicações. Dispõe sobre a organização dos serviços de telecomunicações, a criação e funcionamento de um órgão regulador e outros aspectos institucionais, nos termos da Emenda Constitucional nº 8, de 1995. Brasília, 1997. Disponível em: http://www.planalto.gov.br/ccivil_03/leis/l9472.htm. Acesso em: 14 nov. 2021.

BRASIL. **Lei Complementar nº 116, de 31 de julho de 2003.** Dispõe sobre o Imposto Sobre Serviços de Qualquer Natureza, de competência dos Municípios e do Distrito Federal, e dá outras providências. Brasília, 2003.

Disponível em: http://www.planalto.gov.br/ccivil_03/leis/lcp/lcp116.htm. Acesso em: 14 nov. 2021.

BRASIL. **Lei nº 12.965, de 23 de abril de 2014**. Marco Civil da Internet. Estabelece princípios, garantias, direitos e deveres para o uso da Internet no Brasil. Brasília-DF. 2014. Disponível em: http://www.planalto.gov.br/ccivil_03/_ato2011-2014/2014/lei/l12965.htm. Acesso em: 14 nov. 2021

BRASIL. **Lei nº 13.105, de 16 de março de 2015**. Institui o Código de Processo Civil. Brasília, 2015. Disponível em: http://www.planalto.gov.br/ccivil_03/_ato2015-2018/2015/lei/l13105.htm. Acesso em: 14 nov. 2021.

BRASIL. **Lei Complementar nº 157, de 29 de dezembro de 2016**. Altera a Lei Complementar no 116, de 31 de julho de 2003, que dispõe sobre o Imposto Sobre Serviços de Qualquer Natureza, a Lei nº 8.429, de 2 de junho de 1992 (Lei de Improbidade Administrativa), e a Lei Complementar no 63, de 11 de janeiro de 1990, que "dispõe sobre critérios e prazos de crédito das parcelas do produto da arrecadação de impostos de competência dos Estados e de transferências por estes recebidos, pertencentes aos Municípios, e dá outras providências. Brasília, 2016. Disponível em: http://www.planalto.gov.br/ccivil_03/leis/lcp/lcp157.htm. Acesso em: 14 nov. 2021.

BRASIL. Agência Nacional de Telecomunicações (ANATEL). **Norma nº 4, de 1995**. Uso de Meios da Rede Pública de Telecomunicações para Acesso à Internet. Brasília, 1995. Disponível em: https://www.anatel.gov.br/hotsites/Direito_Telecomunicacoes/TextoIntegral/ANE/prt/minicom_19950531_148.pdf. Acesso em: 15 nov. 2021.

BRASIL. Agência Nacional de Telecomunicações (ANATEL). **Resultados da Consulta Pública nº 372**. Resultados Relevantes para o Uso de Serviços e de Redes de Telecomunicações nos Serviços de Acesso a Internet. Brasília, 2002. Disponível em: https://www.yumpu.com/pt/document/read/12493703/resultados-da-consulta-publica-cp-n-372-anatel. Acesso em: 17 nov. 2021.

BRASIL. Conselho Nacional de Política Fazendária (CONFAZ). **Convênio ICMS nº 106, de 29 de setembro de 2017**. Disciplina os procedimentos de cobrança do ICMS incidente nas operações com bens e mercadorias digitais comercializadas por meio de transferência eletrônica de dados e concede isenção nas saídas anteriores à saída destinada ao consumidor final. Brasília. 2017. Disponível em: https://www.confaz.fazenda.gov.br/legislacao/convenios/2017/CV106_17. Acesso em: 14 nov. 2021.

BRASIL. Superior Tribunal de Justiça. **Súmula nº 334**. O ICMS não incide no serviço dos provedores de acesso à Internet. Diário da Justiça. Brasília, 14 de fevereiro de 2007.

BRASIL. Conselho Nacional de Política Fazendária (CONFAZ). **Convênio ICMS nº 107, de 29 de setembro de 2017**. Altera o Convênio ICMS 128/12, que autoriza os Estados e o Distrito Federal a adotar os procedimentos relativos à emissão, escrituração, manutenção e prestação das informações dos documentos fiscais emitidos em via única por sistema eletrônico de processamento de dados para contribuintes concessionários de serviço público de distribuição de gás canalizado. Brasília, 2017. Disponível em: https://www.confaz.fazenda.gov.br/legislacao/convenios/2017/CV107_17. Acesso em: 14 nov. 2021.

BRASIL. Supremo Tribunal Federal. Tribunal Pleno. **Ação Direta de Inconstitucionalidade ADI nº 1.945**. Ação direta de inconstitucionalidade. Direito Tributário. Lei nº 7.098, de 30 de dezembro de 1998, do Estado de Mato Grosso. ICMS-comunicação. Atividades-meio. Não incidência. Critério para definição de margem de valor agregado. Necessidade de lei. Operações com programa de computador (software). Critério objetivo. Requerente: Partido do Movimento Democrático Brasileiro – PMDB. Relatora: Ministra Carmen Lúcia. 20 de maio de 2021. Lex: jurisprudência do Supremo Tribunal Federal. Disponível em: https://jurisprudencia.stf.jus.br/pages/search/sjur446556/false. Acesso em: 14 nov. 2021.

BRASIL. Supremo Tribunal Federal. Primeira Turma. **Recurso Extraordinário RE nº 176.626-3**. I - Recurso Extraordinário: prequestionamento mediante embargos de declaração (Súm. 356). II – RE: questão constitucional. III - Programa de computador ("software"): tratamento tributário: distinção necessária. Recorrente: Estado de São Paulo. Brasília, 10 de novembro de 1998. Relator: Ministro Sepúlveda Pertence. Lex: jurisprudência do Supremo Tribunal Federal. Disponível em: https://redir.stf.jus.br/paginadorpub/paginador.jsp?docTP=AC&docID=222535. Acesso em: 14 nov. 2021.

BRASIL. Supremo Tribunal Federal. Plenário. **Recurso Extraordinário RE nº 572.020**. Recurso Extraordinário. Tributário. ICMS. Habilitação de Aparelhos Celulares. A Lei Geral de Telecomunicações (art 60, § 1º, da Lei nº. 9.472/97) não prevê o serviço de habilitação de telefonia móvel como atividade-fim, mas atividade-meio para o serviço de comunicação. Recorrente: Distrito Federal. Relator: Ministro Luiz Fux. Brasília, 5 de outubro de 2011. Lex: jurisprudência do Supremo Tribunal Federal. Disponível em: https://redir.stf.jus.br/paginadorpub/paginador.jsp?docTP=TP&docID=6930260. Acesso em: 14 nov. 2021.

BRASIL. Supremo Tribunal Federal. Plenário. **Ação Direta de Inconstitucionalidade ADI 5.659**. Ação direta de inconstitucionalidade. Direito Tributário. Lei nº 6.763/1975-MG e Lei Complementar Federal nº 87/96. Operações com programa de computador (software). Critério objetivo. Requerente: Confederação Nacional de Serviços – CNS. Relator: Ministro Dias Toffoli. Brasília, 24 de fevereiro de 2021. Disponível em: https://www.lexml.gov.br/urn/urn:lex:br:supremo.tribunal.federal;plenario:acordao;adi:2021-02-24;5659-5132886. Acesso em: 14 nov. 2021.

BRASIL. Supremo Tribunal Federal. Plenário. **Ação Direta de Inconstitucionalidade ADI nº 5.835**. Ação direta de inconstitucionalidade. Direito Tributário. Lei nº 7.098, de 30 de dezembro de 1998, do Estado de Mato Grosso. ICMS - comunicação. Atividades-meio. Não incidência. Critério para definição de margem de valor agregado. Necessidade de lei. Operações com programa de computador (software). Critério objetivo. Subitem

1.05 da lista anexa à LC nº 116/03. Incidência do ISS. Aquisição por meio físico ou por meio eletrônico (download, streaming etc). Distinção entre software sob encomenda e padronizado. Irrelevância. Contrato de licenciamento de uso de programas de computador. Relevância do trabalho humano desenvolvido. Contrato complexo ou híbrido. Dicotomia entre obrigação de dar e obrigação de fazer. Insuficiência. Modulação dos efeitos da decisão. Requerente: Partido do Movimento democrático Brasileiro-PMDB. Relatora: Ministra Cármen Lúcia. Brasília, 24 de fevereiro de 2021. Disponível em: https://redir.stf.jus.br/paginadorpub/paginador.jsp?docTP=TP&docID=755910765. Acesso em: 25 nov. 2021.

CNJ. Conselho Nacional de Justiça. Estatísticas. **CNJ**, Brasília, [2022]. Disponível em: https://www.cnj.jus.br/programas-e-acoes/estatistica/. Acesso em: 14 nov. 2021.

CALMON, Eliana. A Tributação dos Serviços Prestados pelas Provedoras da Internet. **Informativo Jurídico da Biblioteca Ministro Oscar Saraiva**, v. 15, n. 2, p. 137-265, 2003. Disponível em: https://www.stj.jus.br/publicacaoinstitucional/index.php/informativo/article/view/425/383. Acesso em: 15 nov. 2021.

CARVALHO, Paulo de Barros. **Curso de direito tributário**. 29. ed. São Paulo: Saraiva, 2018.

FALCÃO, Amílcar de Araújo. **Fato gerador da obrigação tributária.** 5. ed. Rio de Janeiro: Forense, 1994.

FELICIO, Raphael Maleque; MARTINEZ, Antônio Lopo. Sistema Tributário Brasileiro: Análise da Percepção dos Tributaristas à Luz dos Conceitos de Eficiência e Justiça Fiscal. XVII USP International Conference in Accounting. [**Anais**]. São Paulo, 2018. Disponível em: https://congressousp.fipecafi.org/anais/18UspInternational/ArtigosDownload/662.pdf. Acesso em: 17 out. 2021.

GHIRALDI, Victoria. Mais um titã na guerra. **Isto é**, n. 1.248, São Paulo, 21 maio 2021. Disponível em: https://www.istoedinheiro.com.br/mais-um-tita-na-guerra/. Acesso em: 14 nov. 2021.

HARADA, Kiyoshi. Nome do artigo, p. X-XX. *In:* MARTINS, Ives Gandra da Silva (coord.). **Tributação na Internet**. São Paulo: Revista dos Tribunais, 2001.

LEME, Delvani Alves. Tributação dos provedores da Internet: ICMS ou ISSQN, p. 297-319. *In:* CARVALHO, Cristiano. **Direito Tributário Atual**. Curitiba: Juruá 2001.

MASAGÃO, Fernando Mariz; OLIVEIRA, Ricardo Mariz. A Vedação ao Bis In Idem e à Bitributação no Exercício das Competências Residuais (e das Privativas). **Revista Fórum de Direito Tributário**, São Paulo, n. 100, 2019, p. 53-72. Disponível em https://www.marizadvogados.com.br/wp-content/uploads/2019/09/Art.12-2019.pdf. Acesso em: 17 out. 2021.

MELO, José Eduardo Soares de. **Curso de Direito Tributário**. 8. ed. São Paulo: Dialética, 2008.

SILVA, José Afonso da. **Curso de Direito Constitucional Positivo**. 24. ed. rev. atual. São Paulo: Malheiros, 2004.

VELLOSO FILHO, Carlos Mário. Modulação dos efeitos das decisões do STF e do STJ. **Migalhas**, [*S.l.*], 19 fevereiro 2018. Disponível em: https://www.migalhas.com.br/depeso/274538/modulacao-dos-efeitos-das-decisoes-do-stf-e-do-stj. Acesso em: 14 nov. 2021.

WAKKA, Wagner. Netflix | Brasil é 3º maior mercado e 2º em número de assinantes. **Canal Tech**, [*S.l.*], 16 junho 2020. Disponível em: https://canaltech.com.br/resultados-financeiros/netflix-brasil-e-3o-maior-mercado-e-2o-em-numero-de-assinantes-166515/. Acesso em: 14 nov. 2021.

CAPÍTULO **OITO**

Avaliação histórica PBL em IEs para cursos de graduação em Ciências Contábeis: um levantamento nacional e internacional

Resumo

O presente estudo versa sobre a metodologia Problem-Based Learning (PBL) aplicada à contabilidade e trouxe, de forma didática, uma pesquisa bibliográfica fundamentada no estado da arte da temática PBL e do ensino de contabilidade. Para dar robustez ao estudo, foi realizada pesquisa exploratória, predominantemente qualitativa, com fonte secundária de dados. A separação do estudo deu-se me três fases principais, sendo a primeira documental, em uma amostra predefinida das seguintes plataformas de pesquisa: Redalyc, Dialnet, Academia.edu, Scielo, Springer Link, Eric Institute of Education Sciences, Base Bielefeld Academic Serch Engine e HighBeam Research; a segunda, investigativa com avaliação minuciosa dos dados, e a terceira, qualitativa e quantitativa, com aplicação da plataforma Nvivo no auxílio interpretativo dos dados. Para melhor estratificação dos dados amostrais, foi excluída a base indexadora Google Acadêmico por ela não possuir a triagem dos materiais acadêmicos, comprometendo, assim, a confiabilidade da listagem e, por consequência, da pesquisa. Já em relação ao lapso temporal abordado, adotou-se o período dos últimos 11 anos, de 2010 a 2021, mantendo-se o corte transversal em artigos científicos com estudo de PBL e cursos de graduação em contabilidade, nivelamento nacional e internacional. Para a preparação dos dados internacionais, realizou-se a tradução individual para o português, com o intuito de fazer a comparação das informações levantadas. Quanto aos resultados obtidos, estes são consistentes ao estudo e apontam para um ganho significativo ao aplicar a PBL no ensino de contabilidade, somados às pesquisas nacionais em quantidade de publicações e correlação estatisticamente fraca entre as pesquisas nacionais e internacionais.

Palavras-chave: *PBL. Problem Based Learning. Contabilidade.*

8

Avaliação histórica PBL em IEs para cursos de graduação em Ciências Contábeis: um levantamento nacional e internacional

Marcelo Eloy Fernandes
Thaís Benassi Billegas Carareto
Luiz Teruo Kawamoto Júnior

INTRODUÇÃO

É inevitável que a educação, nas mais diversas áreas do conhecimento, vem passando por inúmeras transformações quanto à forma de aprender e educar. Tal condição é presenciada nos vários cursos superiores de instituições de ensino e, nesse contexto, um dos campos que vem sofrendo com uma grande transformação é o relacionado à formação do profissional contabilista.

Por ser a contabilidade um campo de conhecimento que exige conhecimentos e habilidades analíticas e gerenciais, metodologias como a *Problem-Based Learning* (PBL) vêm proporcionar cada vez mais técnicas e realismo ao futuro profissional dos cursos de contabilidade no Brasil e no mundo.

Nesse contexto, o PBL, associado às melhores práticas profissionais e às novas tecnologias da comunicação e informação, irão aproximar os futuros profissionais de um pensamento colaborativo, na busca de soluções que integram o dia a dia da profissão contábil. Dessa forma, o PBL traz consigo a possibilidade de tornar o aluno o ator principal do aprendizado, pois, ao trabalhar em grupo de forma cooperativa na busca por soluções reais, ele estará praticando o saber e o fazer da profissão (DUCH; GROH; ALLEN, 2001).

É sobre esse cenário aqui apresentado que este trabalho buscará se debruçar, trazendo a discussão em torno da temática da aplicação da metodologia da PBL no ensino de contabilidade no Brasil. Para tal, será realizado um estudo bibliográfico que analise e cruze PBL e contabilidade nas diversas bases de dados indexadas à disposição dos pesquisadores.

8.1 REFERENCIAL TEÓRICO

Para dar robustez ao estudo, a partir de agora, será apresentado o referencial teórico, que assenta o estado da arte relacionado ao tema PBL e ensino de contabilidade no Brasil e exterior.

8.1.1 Artigos nacionais

Ferreira, Xavier e Assunção (2010) apresentam uma pesquisa com o intuito de investigar um método inovador PBL à disciplina de contabilidade de custos em instituições de ensino do RN em um estudo descritivo, bibliográfico e documental, sendo a população composta por 24 docentes de 15 instituições de ensino superior do RN que possuem graduação na modalidade presencial em ciências contábeis compostos no banco de dados do Ministério da Educação e Cultura do Brasil.

Na pesquisa, os autores aplicaram um questionário composto por 15 perguntas objetivas, a partir do qual obteve-se a amostra de 17 professores de 10 IEs. 47% dos respondentes compõem a rede pública de ensino e 53%, a rede particular. No que tange à titulação dos docentes pesquisados, 53% possuem titulação de mestre, 41% de especialistas e 6% de graduados, sendo que 41% do total encontra-se na modalidade de dedicação exclusiva. Ainda em se tratando da perfilação dos professores custeados no RN, 70% possuem menos de 40 anos de idade e 59% possuem menos que 5 anos de atividade na docência na disciplina de custos.

Quanto à implementação PBL, 59% dos respondentes apontaram acreditar na substituição parcial ou integral da metodologia ao ensino tradicional e 29% responderam talvez à pergunta. 35% dos avaliados desconhecem a metodologia PBL, 33,33% possuem incentivo da instituição de ensino para implementação de novos métodos de ensino e a totalidade dos docentes se apresentaram abertos à possibilidade e interessados na implantação da metodologia. Além disso, 94% dos respondentes se colocaram dispostos ao método PBL centrado no aluno, modalidade na qual atribui-se a este a iniciativa de buscar informações, e 81% aplicariam isso na disciplina de contabilidade de custos.

88% dos docentes acreditam que o método iniciado pela apresentação de um problema é aplicável à disciplina de custos, e 93% desses professores disseram que efetivamente o aplicariam. Assim, em suma, 71% dos respondentes aplicariam PBL em mais de 50% da carga horária da disciplina, 76% aplicariam um método centrado no aluno e 82% aplicariam um método baseado em problema, o que demonstra que a amostra coletada pela pesquisa possui simpatia pelo método PBL.

Rodrigues e Araújo (2007) tratam de uma pesquisa em IEs particulares no estado de São Paulo aplicada a dois conjuntos de alunos de disciplinas distintas, contabilidade geral e contabilidade gerencial, sendo os grupos compostos de 8 a 10 alunos, além de um docente tutor, um coordenador, um secretário e um porta-voz. A aplicação do PBL é dividida em leitura do problema, identificação dos problemas propostos, formulação de hipóteses explicativas, fundamentação teórica das hipóteses, formulação dos objetivos de aprendizagem, estudo individual, retomada ao grupo para discussão e apresentação dos grupos da solução do problema. Tais passos são divididos em quatro sessões de duas horas-aulas cada e posterior aplicação de questionário aos alunos. Nele, 70% do grupo 1 e 93% do grupo 2 dos alunos não conheciam a metodologia PBL, todavia houve aceitação positiva ao método, principalmente no que tange o seu dinamismo.

Os alunos de contabilidade geral apresentaram maior dificuldade do que os alunos de contabilidade gerenciais ao concordarem que o método apresenta obstáculos difíceis de se vencer. A maior parte dos alunos dos dois grupos concordam que o dinamismo da metodologia PBL proporciona entusiasmo na busca de novos conhecimentos e que o aluno absorve mais conhecimentos mediante o PBL. Já na comparação das metodologias de ensino PBL e tradicional, a maior parcela dos dois grupos mostrou-se indiferente, embora ambos tenham respondido que o PBL facilitou a aprendizagem positivamente. De todo modo, quanto à preferência de metodologia de ensino, as respostas foram variadas, sendo uma pequena parcela dos dois grupos superior no posicionamento “indiferente”.

No contexto da PBL, são de grande relevância as contribuições de Pinheiro, Sarrico e Santigo (2011), que buscaram estudar o ensino de contabilidade e analisar as estratégias praticadas pelos professores com o olhar deles e foco na experiência fora de sala de aula, relacionando a PBL com disciplinas de simulação empresarial. Os autores concluíram que os estudantes, não previamente identificados com metodologias que reforcem o seu envolvimento na produção do conhecimento, ainda presumem e esperam respostas preformatadas dos docentes.

Pinheiro, Sarrico e Santiago (2011) trazem uma discussão teórica à luz da metodologia PBL ao entendimento de quatro questões pontuais: que papéis são os docentes chamados a desempenhar; que estratégias específicas são suscetíveis de serem modificadas nas práticas docentes; até que ponto experiências profissionais fora das IEs contribuem para desempenhos dissimilares nas atividades pedagógicas dos docentes; e se é razoável a identificação de todos os docentes com métodos emergentes de ensino dentro de um estudo de caso de uma instituição de ensino mediante a aplicação de uma plataforma de ensino a distância em modelo *e-learning*. Os resultados foram levantados com a aplicação de questionários fechados e entrevistas e verificaram primeiramente a heterogeneidade entre discentes na solução de problemas, demonstrando, ainda, a necessidade de exposições tradicionais, além da expectativa dos discentes em respostas preformatadas dos docentes e uma mudança de paradigmas do corpo docente e a consequente validação de um modelo interdisciplinar para uma relação curricular direta entre disciplinas.

Em outro estudo, Pinheiro, Sarrico e Santiago (2011c) trazem uma comparação entre as competências pessoais dos alunos expostos ao modelo PBL dos demais discentes para a construção do perfil profissional, mediante um estudo de caso e uma aplicação de questionários e entrevistas com docentes, discentes, entidades empregadoras e graduados. Como resultado, a pesquisa traz a sustentação da aplicabilidade de metodologias PBL, dada a contribuição de competências pessoais na construção de conhecimento e utilização de recursos, além da motivação a lógicas de empreendedorismo.

A amostra foi composta de 14 docentes, 132 discentes e 423 graduados. Como resultado, obteve-se dos discentes uma forte tendência ao aumento de habilidades pessoais, tais quais a comunicação oral e escrita, a análise crítica, a criatividade, a organização pessoal e o dinamismo, tudo isso vinculado à metodologia PBL. Os docentes, por sua vez, avaliaram o forte viés de pensamento crítico e de perspectivas construtivas aliado ao PBL, além de terem identificado, como ponto de opiniões diversificadas, o desenvolvimento de capacidade analítica as atividades dos alunos. Aos graduados, a opinião se manteve razoavelmente dividida entre não alteração e tendência de aumento dos itens analisados, demonstrando, ainda, um leve índice superior à tendência de aumento na maior parte dos quesitos, tais quais a comunicação escrita, a capacidade de síntese e a comunicação oral. A perspectiva das entidades empregadoras, por meio da aplicação de entrevistas, colocou-se positiva em relação à simulação empresarial balizada por conceitos teóricos e aspectos práticos vivenciados.

Borochovicius e Tortella (2014) pesquisaram o PBL no curso de administração de uma universidade do estado de São Paulo, nas disciplinas de finanças, que envolvem conceitos teóricos e matemáticos. A validação realizada por eles utilizou quatro instrumentos na coleta de dados: análise documental; entrevistas com professores, ex-diretores e o diretor em exercício; questionário com alunos; e observação. Os resultados indicam que é necessário o aprimoramento na prática docente, pois é importante que os professores conheçam os fundamentos pedagógicos e filosóficos do método para que não o desenvolvam sem o conhecimento profundo da relação existente entre cada ferramenta utilizada ao longo do processo com as práticas pedagógicas, considerando-as desde a estratégia de formação dos grupos e a criação das situações-problema até o desenvolvimento dos relatórios e avaliações.

Martins, Espejo e Frezatti (2015) pesquisam a operacionalização do método PBL em uma disciplina no curso de Ciências Contábeis de uma Instituição de Ensino Superior brasileira. A técnica de pesquisa utilizada foi o estudo de caso que envolveu uma abordagem descritiva das aulas de PBL. A coleta de dados foi proveniente das entrevistas realizadas com professores, da observação participante e da análise documental. Constataram, tanto na observação participante quanto na análise documental, marcas da necessidade do aluno de ter aulas expositivas (com conteúdo ou teoria ministrados pelo professor) e de assumir uma posição mais passiva perante a própria aquisição e construção do conhecimento. Ficou evidenciada a valorização, por parte dos alunos, do papel desenvolvido pelos professores e pela pesquisadora como um fator importante que contribuiu no processo de aquisição de conhecimento e no desenvolvimento das habilidades e das atitudes propostas.

Frezatti e Martins (2016) trouxeram, em sua pesquisa, a avaliação do melhor formato para implantar o PBL. Para isso, fizeram uma avaliação qualitativa, interpretativista e documental da análise de discursos reflexivos e técnicas alternativas de customização nos cursos de ciências contábeis em disciplinas de controle gerencial da graduação e da pós-graduação *lato sensu* em uma instituição privada. Com estudo de casos múltiplos e utilizando a vertente PBL *Case-Based Learning*, a pesquisa avaliou o ponto de vista de cada unidade da amostra. A efetiva aplicação se deu na divisão das aulas, das quais as quatro primeiras eram expositivas, com trabalho em grupo, contextualização do problema, geração de hipóteses e divisão de tarefas. Na quinta aula, os grupos apresentaram à turma os problemas para discussão, dando andamento, na sexta, a tutorias com discussões e debates subsequentes acerca dos resultados obtidos. A avaliação do método se deu mediante provas aplicadas à amostra. Nelas, verificou-se a resistência dos alunos em aderir ao PBL, por já estarem habituados às metodologias tradicionais de aulas expositivas, mesmo que, em contrapartida, os conhecimentos adquiridos tivessem sido aprofundados pela aliança entre teoria e prática profissional.

Guimarães *et al.* (2016) verificaram os reflexos no processo de aprendizagem dos estudantes mediante o uso de metodologias ativas no ensino da contabilidade de custos. Um dos pesquisadores foi o responsável pela condução da aplicação da metodologia ativa na disciplina em duas turmas, uma com 48 alunos de uma turma que teve aulas invertidas e 54 de outra turma, com aulas convencionais. Os resultados apontam que a metodologia ativa contribuiu positivamente para o processo de ensino-aprendizagem, uma vez que os estudantes envolvidos nessa experiência mostraram maior interesse pela construção do conhecimento por meio da leitura, aplicação e discussão de conceitos ainda não vistos em sala de aula, o que fortalece a autonomia discente. Porém, o emprego de metodologias ativas merece cuidados para evitar sobrecarga de atividades aos professores e estudantes. Entretanto, em relação às notas das avaliações realizadas, a metodologia utilizada, ativa ou tradicional, não apresentou diferenças em termos quantitativos.

Silva, Azevedo e Araújo (2018) concluíram, em uma pesquisa qualitativa, descritiva na forma de estudo de caso, que o PBL pode ser aplicável a diversas disciplinas do curso de vcontabilidade, possibilitando a aquisição de conhecimentos interdisciplinares e da prática de mercado, além de habilidades relacionadas à solução de problemas, à análise crítica, ao estudo independente, ao trabalho autorregulado, à comunicação e a atitudes de cooperação.

Frezatti, Martins e Mucci (2018) fizeram uma pesquisa em que o PBL foi aplicado como uma disciplina integradora de conteúdo. A inovação está em aproveitar o conhecimento prático e o contexto dos alunos para expandir o potencial do PBL, incluindo a identificação e o desenho de um problema, bem como a solução apoiada pela literatura. Não foi feita avaliação dos resultados do ensino pelo método do PBL nos alunos, mas, pela percepção dos pesquisadores, o professor precisa ter a maturidade para equilibrar seu envolvimento com os alunos a fim de evitar resolver todos os problemas dos casos dos discentes, ao mesmo tempo que também deve saber se distanciar nos momentos em que essa é a única possibilidade para o estudante vivenciar a lição no contexto de forma individual.

Nagib e Silva (2020) pesquisaram a relação entre a adoção de metodologias ativas, o ciclo de vida e a qualificação docente no ensino de graduação em contabilidade. O instrumento de pesquisa foi um questionário constituído de duas partes. Na primeira, as questões visaram a caracterizar o docente quanto à idade, ao sexo, à área de formação e às variáveis que compõem o ciclo de vida e a qualificação docente. Na segunda parte do questionário, apresentaram-se treze situações hipotéticas em sala de aula na graduação em ciências contábeis. O docente deveria apontar se adotaria ou não a metodologia demonstrada, por meio de uma nota, considerando uma escala de 0 a 10. Notas mais próximas de 0 representaram menor grau de utilização da metodologia e notas mais próximas de 10 representaram maior grau de utilização da metodologia. Cada uma das situações hipotéticas refletiu as metodologias ativas, e uma delas correspondeu à aula expositiva tradicional. O questionário foi enviado por e-mail para professores de contabilidade e as respostas analisadas estatisticamente. O método *Problem based learning* teve a média de 4,44, evidenciando baixa aplicação. Também foi percebido que, quanto mais avançado no ciclo de vida docente, mais o professor tende a adotar métodos ativos. Em contrapartida, rejeita-se que, quanto mais titulado o professor é e maior o tempo que ele dedica à docência, maior se faz a adoção de métodos ativos. No que tange às qualificações profissionais, quanto maior a experiência acadêmica e profissional, mais o professor tende a adotar métodos ativos. Tal conclusão não é válida quando analisada a certificação profissional. Por fim, tem-se que a formação pedagógica do professor está relacionada à adoção de métodos ativos, ao passo que o professor que apresenta alguma formação nesse campo tende a adotar mais metodologias ativas.

Urrutia-Heinz, Costa-Quintana e Capuano-da Cruz (2020) buscaram verificar como uma metodologia ativa, especificamente a aprendizagem baseada em problemas, pode auxiliar na assimilação do conteúdo, contribuindo com a construção do conhecimento. Para tanto, foi realizada uma pesquisa qualitativa através de um estudo de caso, com estudantes do quatro semestre de Ciências Contábeis, matriculados na disciplina Estrutura das Demonstrações Contábeis, em uma Instituição de Ensino

Superior Federal. A técnica da aprendizagem baseada em problemas foi utilizada no processo de ensino-aprendizagem do conteúdo Demonstração do Valor Adicionado (DVA). Os resultados apontam que, de forma geral, o uso da aprendizagem baseada em problemas colabora positivamente para a assimilação do conteúdo. Na primeira avaliação realizada, após a aula expositiva seguida de resolução de exercício, constatou-se que 58,62%, dos estudantes assimilaram o conteúdo e, após a aplicação da técnica, a assimilação passou para 95,23%. Isso revela que o uso dessa técnica de aprendizagem baseada em problemas é impactante para a construção do conhecimento, além de proporcionar benefícios como trocas de experiências, simulação de uma situação real e desenvolvimento de habilidades como procurar soluções.

8.1.2 Artigos internacionais

Em uma avaliação qualitativa, Manaf *et al.* (2011) estudaram 1.148 alunos de princípios de contabilidade financeira na Malásia que cursavam o primeiro semestre em 2006 e 2007. Sua pesquisa consistiu em uma avaliação comparativa de desempenho acadêmico aos alunos PBL (267 estudantes) aos de metodologias tradicionais não PBL (881), por meio de questionário em escala likert, pergunta aberta apresentando *feedback*, avaliação das notas e desempenho. Em seu resultado, evidenciou-se a aplicabilidade da metodologia PBL, com superioridade significativa perante habilidades paralelas como trabalho em grupo, utilização de TI, liderança, apresentação e comunicação. Entretanto, a limitação identificada foi o fato de o sucesso do PBL partir da premissa de que o aluno já possui conhecimentos contábeis básicos. Para a aplicação da pesquisa, utilizou-se uma série de problemas na rotina de trabalho em uma empresa de fabricação de alimentos. Através dos registros contábeis, observaram-se habilidades de gestão entre os estudantes, todavia, com a utilização do mesmo programa aplicado às aulas não PBL, a descrição minuciosa do artigo apontou que os problemas foram apresentados em cada aula conforme o conteúdo programático.

Segundo Stanley e Marsden (2012), a aprendizagem baseada em problemas (PBL) tem sido usada com sucesso em disciplinas como medicina, enfermagem, direito e engenharia, porém uma revisão da literatura mostra que tem havido pouco uso dessa abordagem para o aprendizado em contabilidade. Então, os autores fizeram uma pesquisa em educação contábil, relatando os resultados de um estudo de caso do desenvolvimento e implementação de PBL na Queensland University of Technology (QUT). Com base em dados quantitativos e qualitativos coletados em questionários de alunos ao longo de sete semestres, descobriu-se que, em geral, os alunos percebiam o PBL como eficaz, especialmente em termos de desenvolvimento de habilidades de questionamento, trabalho em equipe e solução de problemas. Não houve mensuração de resultados nas notas dos alunos.

Segundo Carrasco-Galego *et al.* (2015), existem numerosas pesquisas em docência da contabilidade que relacionam metodologias de participação ativa com desenvolvimento de competências técnicas e não técnicas e fazem validação com questionários para sustentar as constatações obtidas neles. Não é realizado, porém, um processo de validação dos questionários, então os autores fizeram uma pesquisa na Colômbia, com o objetivo de validar um questionário que sirva para medir a efetividade das metodologias de participação ativa de acordo com a Aprendizagem Baseada em Projetos. A amostra utilizada foi composta por alunos do curso de administração que cursaram as disciplinas de Contabilidade Avançada e Análise Contábil, e o período de observação foi de quatro anos acadêmicos. A pesquisa analisou a estrutura fatorial do Questionário de Efetividade do Uso de Metodologias de Participação Ativa (QEMPA) por meio de uma análise fatorial exploratória e confirmatória. Os resultados obtidos revelaram que a estrutura do questionário é válida e adequada para medir a percepção que os alunos têm sobre as habilidades e capacidades adquiridas pela metodologia de participação ativa.

A pesquisa de Suryanti (2016) comparou a eficácia do Modelo de Aprendizagem Baseada em Problemas (PBL) com o modelo convencional na disciplina de Contabilidade Financeira em quatro turmas de alunos de Educação Contábil nos anos de 2014/2015 na Faculdade de Ciências da Educação e Ensino da Universidade Islâmica de Riau (UIR). Os dados foram coletados por meio de entrevista, observação e testes (pré-teste e pós-teste). Além disso, os dados foram analisados por meio de teste de amostra independente. Os resultados mostraram que não há qualquer diferença nos resultados de aprendizagem entre os alunos que aprenderam modelo de aprendizagem baseada em problemas (PBL) e pelo modelo convencional em Contabilidade Financeira.

Já Wang *et al.* (2018) trazem uma pesquisa qualitativa e quantitativa com 100 alunos de dois cursos distintos de graduação em contabilidade e finanças no Reino Unido. Para isso, atribuíram a ferramenta de planejador A3 de aprendizado como ferramenta para gerenciar o grupo anteriormente inserido na metodologia PBL, em uma pesquisa investigativa com dados coletados via questionário e grupos focais. Os grupos focais foram divididos entre alunos e tutores, já os questionários se mantiveram tão somente aos alunos e tiveram o intuito de captar as percepções discentes quanto ao uso do planejador A3 como gerenciamento de atribuições do PBL. O questionário possuía 11 questões *Likert* e 3 dicotômicas semifechadas. O foco do *Likert* trabalhou compreensão de tarefas, gerenciamento de projetos, gerenciamento de tempo e melhoria contínua e foi posteriormente processados por estatística inferencial nos modelos alfa de *Cronbach* e *ANOVA*. No grupo focal realizado com 8 discentes, observa-se que se explanou a aplicabilidade do planejador A3 à metodologia PBL, com perguntas a fim de estimular tal discussão. Para o grupo focal realizado com os três tutores, foi discutida a experiência da gestão do grupo PBL antes e depois do planejador A3, e a avaliação para essa etapa da pesquisa se deu de forma exclusivamente qualitativa. Quanto ao grupo focal, concluiu-se que a implementação do planejador A3 no PBL vem como um esforço de incentivo a uma visão mais abrangente do projeto, obtendo, assim, melhor compreensão. Resultado semelhante foi identificado entre os alunos, que consideraram a atribuição positiva do planejador A3 como parte de um PBL abrangente que visa a incentivar a melhoria dos projetos por ser um planejador responsável por visualizar a tomada de decisão, promovendo um planejamento futuro dentre o processo de organização e sendo os pontos-chave do resultado a percepção de compreensão e o planejamento dos projetos.

Moutinho, Soares e Alves (2019) desenvolveram uma pesquisa com aplicação de informática de um simulador empresarial "SimEmp – Contabilidade de aplicação web" e utilização de metodologia PBL na scola Superior de Tecnologia e Gestão do Instituto Politécnico de Bragança, descrevendo, assim, o uso e a parametrização do sistema SimEmp e suas funcionalidades e trazendo conceitos cadastrais, contábeis, financeiros, fiscais e tributários aos discentes.

8.2 METODOLOGIA

A pesquisa exploratória, predominantemente qualitativa, com fonte secundária de dados, dividiu-se em três fases principais, sendo a primeira documental, em uma amostra predefinida nas plataformas de pesquisa científica; a segunda investigativa com avaliação minuciosa dos dados, e a terceira qualitativa e quantitativa, com aplicação da plataforma *Nvivo* no auxílio interpretativo dos dados.

Para o levantamento da amostra, foi excluída a base indexadora Google Acadêmico por não possuir triagem na listagem dos materiais acadêmicos, o que comprometia a confiabilidade da pesquisa.

Quanto ao lapso temporal abordado, adotou-se o período dos últimos 11 anos, de 2010 a 2021, mantendo o corte transversal em artigos científicos com estudo de PBL à cursos de graduação em contabilidade, nivelamento nacional e internacional.

Para a preparação dos dados internacionais, realizou-se a tradução individual para o português, com o intuito de garantir a comparação das informações levantadas.

Após a exclusão das publicações que não haviam sido realizadas em revistas científicas ou anais de congressos nacionais e internacionais, bem como pesquisas que não tratavam de graduação em ciências contábeis (desconsiderando, inclusive, aquelas relacionadas ao nível técnico), a amostra final foi composta de 19 artigos científicos, sendo 13 nacionais e 6 internacionais, distribuídos entre Malásia, Espanha, Portugal, Reino Unido, Indonésia e Austrália.

Já com o levantamento dos dados secundários externos de fontes indexadoras, realizou-se pesquisa exploratória documental realizada por todos os autores com o intuito de mitigar a pessoalidade do pesquisador, apresentando, assim, um levantamento de cada um dos artigos compostos na amostra.

Assim, a terceira fase da pesquisa vem para confrontar os dados levantados, com a avaliação qualitativa e quantitativa, na qual todos os artigos foram codificados por título, resumo, introdução e conclusão e categorizados entre nacionais e internacionais.

Aos códigos foi aplicado frequência e nuvens de palavras, já a comparabilidade de todo material foi realizada por estatística inferencial de Conglomerado de Cluster e correlação de Pearson. A análise do conglomerado se deu ao associar amostras pareadas com forte grau de correlação (MALHOTRA, 2002).

É nesse contexto que, sem esgotar a temática, esta revisão bibliográfica se baseou. No próximo tópico, buscar-se-á, apresentar os resultados que foram o alicerce do estudo, apresentando os resultados da pesquisa.

8.3 RESULTADOS

Observa-se, a partir do Quadro 1, que 68,42% dos artigos relacionados ao PBL em graduação nos cursos de ciências contábeis são nacionais, dos quais 21,05% oram publicados em 2011 e 21,05% em 2016, ou seja, em 10 anos de pesquisa, 42,10% das publicações se concentraram em dois anos distintos.

Quadro 1: Amostra levantada

Classificação	Nome	Ano	Título
1°	Internacional 2011_1	2011	Aplicação de aprendizagem baseada em problemas (PBL) em um curso sobre princípios de contabilidade financeira
2°	Internacional 2011_2	2011	Projeto e validação de um questionário que mede a percepção de eficácia do uso de metodologias de participação ativa (CEMPA). O caso da aprendizagem baseada em projetos (ABPrj) no ensino de contabilidade

Classificação	Nome	Ano	Título
3°	Internacional 2012	2012	Aprendizagem baseada em problemas: a contabilidade precisa disso?
4°	Internacional 2016	2016	A eficácia da aprendizagem baseada em problemas (PBL) no intermediário assunto de contabilidade financeira
5°	Internacional 2018	2018	Percepções dos benefícios do planejador A3 facilitando a aprendizagem baseada em projetos na educação em contabilidade
6°	Internacional 2020	2020	O uso de aprendizagem baseada em problemas na construção de conhecimentos em ciências contábeis
7°	Nacional 2006	2006	O ensino da contabilidade: aplicação método PBL nas disciplinas de contabilidade em uma instituição de ensino superior particular
8°	Nacional 2010_1	2010	Aplicabilidade do método PBL no ensino da contabilidade de custos: uma perspectiva dos professores do RN
9°	Nacional 2010_2	2010	SimEmp-Aplicação da metodologia PBL ao ensino da contabilidade
10°	Nacional 2011_1	2011	Competências de auto-desenvolvimento e metodologias PBL num curso de contabilidade: Perspectiva de alunos, docentes, diplomados e empregados.
11°	Nacional 2011_2	2011	Como os acadêmicos de adaptam a um ensino baseado em PBL numa licenciatura tradicional em contabilidade
12°	Nacional 2014	2014	Aprendizagem baseada em problemas: um método de ensino-aprendizagem e suas práticas educativas.
13°	Nacional 2015_1	2015	Problem-based learning no ensino de contabilidade gerencial: relato de uma experiência brasileira
14°	Nacional 2015_2	2015	Problem-based learning no ensino em contabilidade gerencial: experiência numa instituição de ensino superior
15°	Nacional 2016_1	2016	Reflexos do uso de metodologias ativas no ensino da contabilidade de custos
16°	Nacional 2016_2	2016	PBL ou PBLs: a customização do mecanismo de aprendizagem baseada em problemas na educação contábil

Classificação	Nome	Ano	Título
17°	Nacional 2016_3	2016	A metodologia PBL como facilitadora na obtenção de competências dos licenciados em contabilidade
18°	Nacional 2018	2018	Ampliando os benefícios do PBL: um "bom" problema
19°	Nacional 2019	2019	Adoção de metodologias ativas e suas relações com o ciclo de vida e a qualificação docente no ensino de graduação em ciências contábeis

Fonte: Elaborado pelos autores com base em levantamento bibliográfico.

Gráfico 1: Análise conglomerado de Cluster por frequência de palavras

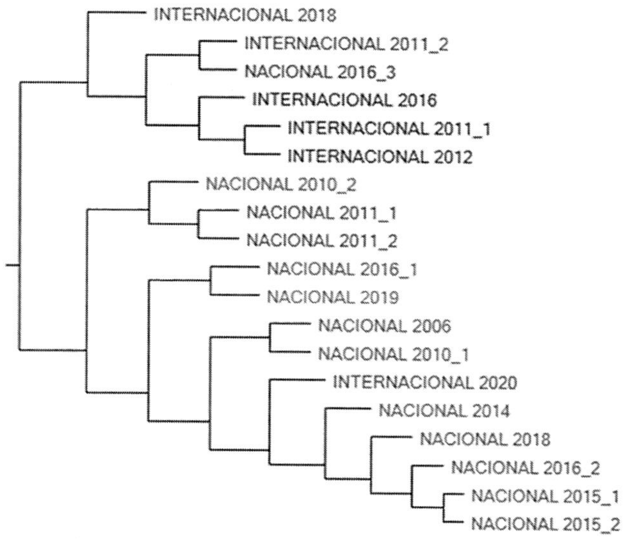

Fonte: Elaborado pelos autores com base em Nvivo.

Observa-se claramente, a partir da Figura 1, que os artigos internacionais possuem similaridade de palavras desassociadas aos artigos nacionais, em uma maioria significativa. Com isso, sugere-se que a contextualização nacional da aplicabilidade do PBL aos cursos de graduação em ciências contábeis é isolada do contexto internacional.

Com o intuito de corroborar à avaliação conglomerada de frequência de palavras e correlação entre os artigos científicos, realizou-se o teste inferencial Pearson, apresentado na Tabela 1:

Tabela 1: Análise de Correlação de Pearson entre os artigos científicos

Período antes da crise (base)	Período durante a crise (índice)	AH (%)*
Arquivos\\NACIONAL 2015_2	Arquivos\\NACIONAL 2015_1	0,918559
Arquivos\\NACIONAL 2016_2	Arquivos\\NACIONAL 2015_1	0,771486
Arquivos\\NACIONAL 2016_2	Arquivos\\NACIONAL 2015_2	0,766221
Arquivos\\INTERNACIONAL 2012	Arquivos\\INTERNACIONAL 2011_1	0,705014
Arquivos\\NACIONAL 2018	Arquivos\\NACIONAL 2015_1	0,702586
Arquivos\\NACIONAL 2015_1	Arquivos\\INTERNACIONAL 2012	0,679755
Arquivos\\NACIONAL 2015_2	Arquivos\\INTERNACIONAL 2012	0,679698
Arquivos\\NACIONAL 2016_3	Arquivos\\INTERNACIONAL 2011_2	0,671385
Arquivos\\NACIONAL 2018	Arquivos\\NACIONAL 2015_2	0,658079
Arquivos\\NACIONAL 2015_1	Arquivos\\NACIONAL 2006	0,655366
Arquivos\\NACIONAL 2015_2	Arquivos\\NACIONAL 2006	0,647604
Arquivos\\NACIONAL 2018	Arquivos\\NACIONAL 2016_2	0,635913
Arquivos\\NACIONAL 2010_1	Arquivos\\NACIONAL 2006	0,63027
Arquivos\\NACIONAL 2011_2	Arquivos\\NACIONAL 2011_1	0,629861
Arquivos\\INTERNACIONAL 2016	Arquivos\\INTERNACIONAL 2012	0,6279
Arquivos\\NACIONAL 2018	Arquivos\\INTERNACIONAL 2012	0,62156
Arquivos\\NACIONAL 2015_1	Arquivos\\NACIONAL 2014	0,612144
Arquivos\\NACIONAL 2015_2	Arquivos\\INTERNACIONAL 2011_1	0,604576
Arquivos\\NACIONAL 2006	Arquivos\\INTERNACIONAL 2012	0,598872
Arquivos\\NACIONAL 2016_2	Arquivos\\NACIONAL 2006	0,596231
Arquivos\\NACIONAL 2015_1	Arquivos\\INTERNACIONAL 2011_1	0,591408
Arquivos\\INTERNACIONAL 2018	Arquivos\\INTERNACIONAL 2012	0,588233
Arquivos\\NACIONAL 2015_2	Arquivos\\NACIONAL 2014	0,584317
Arquivos\\NACIONAL 2016_2	Arquivos\\NACIONAL 2010_2	0,583707
Arquivos\\NACIONAL 2016_2	Arquivos\\NACIONAL 2014	0,579841
Arquivos\\NACIONAL 2014	Arquivos\\NACIONAL 2006	0,578355
Arquivos\\NACIONAL 2016_2	Arquivos\\INTERNACIONAL 2012	0,575757
Arquivos\\NACIONAL 2018	Arquivos\\NACIONAL 2014	0,571004

Período antes da crise (base)	Período durante a crise (índice)	AH (%)*
Arquivos\\NACIONAL 2016_3	Arquivos\\NACIONAL 2011_1	0,569903
Arquivos\\NACIONAL 2015_2	Arquivos\\NACIONAL 2011_2	0,569305
Arquivos\\NACIONAL 2015_1	Arquivos\\NACIONAL 2011_2	0,567939
Arquivos\\NACIONAL 2015_1	Arquivos\\NACIONAL 2010_2	0,567724
Arquivos\\NACIONAL 2015_1	Arquivos\\NACIONAL 2010_1	0,560103
Arquivos\\INTERNACIONAL 2016	Arquivos\\INTERNACIONAL 2011_1	0,557944
Arquivos\\NACIONAL 2010_2	Arquivos\\NACIONAL 2006	0,556874
Arquivos\\NACIONAL 2014	Arquivos\\INTERNACIONAL 2012	0,555914
Arquivos\\NACIONAL 2016_3	Arquivos\\INTERNACIONAL 2011_1	0,553632
Arquivos\\NACIONAL 2016_3	Arquivos\\INTERNACIONAL 2012	0,553363
Arquivos\\NACIONAL 2015_2	Arquivos\\NACIONAL 2010_2	0,551326
Arquivos\\NACIONAL 2011_1	Arquivos\\NACIONAL 2010_2	0,543876
Arquivos\\NACIONAL 2016_3	Arquivos\\NACIONAL 2010_2	0,542783
Arquivos\\NACIONAL 2006	Arquivos\\INTERNACIONAL 2011_1	0,54257
Arquivos\\NACIONAL 2010_2	Arquivos\\INTERNACIONAL 2012	0,541111
Arquivos\\NACIONAL 2015_2	Arquivos\\NACIONAL 2011_1	0,534909
Arquivos\\NACIONAL 2014	Arquivos\\NACIONAL 2010_1	0,534502
Arquivos\\NACIONAL 2015_1	Arquivos\\NACIONAL 2011_1	0,533235
Arquivos\\NACIONAL 2011_1	Arquivos\\INTERNACIONAL 2012	0,532657
Arquivos\\NACIONAL 2016_2	Arquivos\\NACIONAL 2011_2	0,526854
Arquivos\\NACIONAL 2019	Arquivos\\NACIONAL 2016_1	0,521212
Arquivos\\NACIONAL 2016_3	Arquivos\\NACIONAL 2015_1	0,519057
Arquivos\\NACIONAL 2015_2	Arquivos\\NACIONAL 2010_1	0,516387
Arquivos\\NACIONAL 2011_2	Arquivos\\NACIONAL 2010_2	0,512292
Arquivos\\NACIONAL 2016_3	Arquivos\\NACIONAL 2015_2	0,512105
Arquivos\\NACIONAL 2016_2	Arquivos\\INTERNACIONAL 2011_1	0,50889
Arquivos\\NACIONAL 2015_1	Arquivos\\INTERNACIONAL 2016	0,508667
Arquivos\\NACIONAL 2011_2	Arquivos\\INTERNACIONAL 2012	0,508148
Arquivos\\INTERNACIONAL 2020	Arquivos\\INTERNACIONAL 2012	0,507907
Arquivos\\NACIONAL 2015_2	Arquivos\\INTERNACIONAL 2016	0,506936
Arquivos\\NACIONAL 2014	Arquivos\\NACIONAL 2011_2	0,506113
Arquivos\\NACIONAL 2016_1	Arquivos\\NACIONAL 2015_1	0,504419
Arquivos\\NACIONAL 2018	Arquivos\\NACIONAL 2006	0,503922
Arquivos\\NACIONAL 2016_1	Arquivos\\NACIONAL 2010_1	0,501821

Período antes da crise (base)	Período durante a crise (índice)	AH (%)*
Arquivos\\NACIONAL 2014	Arquivos\\INTERNACIONAL 2016	0,501578
Arquivos\\INTERNACIONAL 2016	Arquivos\\INTERNACIONAL 2011_2	0,499902
Arquivos\\NACIONAL 2016_3	Arquivos\\NACIONAL 2016_2	0,498869
Arquivos\\NACIONAL 2011_2	Arquivos\\NACIONAL 2006	0,49824
Arquivos\\NACIONAL 2018	Arquivos\\INTERNACIONAL 2011_1	0,496427
Arquivos\\INTERNACIONAL 2012	Arquivos\\INTERNACIONAL 2011_2	0,494948
Arquivos\\INTERNACIONAL 2018	Arquivos\\INTERNACIONAL 2011_1	0,491261
Arquivos\\NACIONAL 2016_2	Arquivos\\NACIONAL 2011_1	0,491042
Arquivos\\NACIONAL 2018	Arquivos\\INTERNACIONAL 2016	0,490933
Arquivos\\NACIONAL 2014	Arquivos\\INTERNACIONAL 2020	0,490839
Arquivos\\NACIONAL 2010_2	Arquivos\\INTERNACIONAL 2011_1	0,48646
Arquivos\\NACIONAL 2016_3	Arquivos\\INTERNACIONAL 2016	0,485051
Arquivos\\NACIONAL 2006	Arquivos\\INTERNACIONAL 2016	0,485028
Arquivos\\NACIONAL 2011_1	Arquivos\\NACIONAL 2006	0,483744
Arquivos\\NACIONAL 2016_1	Arquivos\\NACIONAL 2014	0,482867
Arquivos\\NACIONAL 2016_2	Arquivos\\INTERNACIONAL 2016	0,482358
Arquivos\\NACIONAL 2015_2	Arquivos\\INTERNACIONAL 2020	0,476574
Arquivos\\NACIONAL 2015_1	Arquivos\\INTERNACIONAL 2020	0,472696
Arquivos\\NACIONAL 2016_2	Arquivos\\NACIONAL 2010_1	0,471969
Arquivos\\INTERNACIONAL 2020	Arquivos\\INTERNACIONAL 2016	0,47179
Arquivos\\NACIONAL 2019	Arquivos\\NACIONAL 2014	0,468123
Arquivos\\NACIONAL 2018	Arquivos\\NACIONAL 2016_3	0,465059
Arquivos\\NACIONAL 2014	Arquivos\\NACIONAL 2011_1	0,461031
Arquivos\\INTERNACIONAL 2011_2	Arquivos\\INTERNACIONAL 2011_1	0,459325
Arquivos\\NACIONAL 2019	Arquivos\\NACIONAL 2011_2	0,458983
Arquivos\\NACIONAL 2015_1	Arquivos\\INTERNACIONAL 2018	0,457695
Arquivos\\NACIONAL 2016_1	Arquivos\\NACIONAL 2015_2	0,456466
Arquivos\\NACIONAL 2006	Arquivos\\INTERNACIONAL 2018	0,454526
Arquivos\\NACIONAL 2016_3	Arquivos\\NACIONAL 2011_2	0,454243
Arquivos\\NACIONAL 2018	Arquivos\\NACIONAL 2011_2	0,452505
Arquivos\\NACIONAL 2016_2	Arquivos\\NACIONAL 2016_1	0,451242
Arquivos\\INTERNACIONAL 2018	Arquivos\\INTERNACIONAL 2016	0,449227
Arquivos\\NACIONAL 2015_2	Arquivos\\INTERNACIONAL 2018	0,449202
Arquivos\\NACIONAL 2016_1	Arquivos\\NACIONAL 2011_2	0,448651

Período antes da crise (base)	Período durante a crise (índice)	AH (%)*
Arquivos\\NACIONAL 2011_2	Arquivos\\INTERNACIONAL 2011_1	0,447633
Arquivos\\NACIONAL 2019	Arquivos\\NACIONAL 2016_3	0,446492
Arquivos\\NACIONAL 2016_3	Arquivos\\NACIONAL 2006	0,443742
Arquivos\\NACIONAL 2010_1	Arquivos\\INTERNACIONAL 2012	0,443002
Arquivos\\NACIONAL 2018	Arquivos\\NACIONAL 2011_1	0,440873
Arquivos\\NACIONAL 2018	Arquivos\\NACIONAL 2010_2	0,438635
Arquivos\\NACIONAL 2011_1	Arquivos\\INTERNACIONAL 2011_1	0,437751
Arquivos\\NACIONAL 2019	Arquivos\\NACIONAL 2015_1	0,435967
Arquivos\\NACIONAL 2016_3	Arquivos\\NACIONAL 2014	0,43342
Arquivos\\NACIONAL 2019	Arquivos\\INTERNACIONAL 2011_2	0,43272
Arquivos\\NACIONAL 2016_2	Arquivos\\INTERNACIONAL 2020	0,427834
Arquivos\\NACIONAL 2018	Arquivos\\INTERNACIONAL 2020	0,424986
Arquivos\\NACIONAL 2016_3	Arquivos\\NACIONAL 2010_1	0,422137
Arquivos\\NACIONAL 2014	Arquivos\\NACIONAL 2010_2	0,421254
Arquivos\\NACIONAL 2011_1	Arquivos\\INTERNACIONAL 2011_2	0,419829
Arquivos\\NACIONAL 2019	Arquivos\\NACIONAL 2010_1	0,417637
Arquivos\\NACIONAL 2011_1	Arquivos\\INTERNACIONAL 2016	0,412991
Arquivos\\NACIONAL 2018	Arquivos\\INTERNACIONAL 2018	0,410059
Arquivos\\NACIONAL 2011_2	Arquivos\\NACIONAL 2010_1	0,406768
Arquivos\\NACIONAL 2016_2	Arquivos\\INTERNACIONAL 2018	0,403827
Arquivos\\NACIONAL 2018	Arquivos\\NACIONAL 2016_1	0,403656
Arquivos\\NACIONAL 2010_1	Arquivos\\INTERNACIONAL 2011_1	0,403568
Arquivos\\NACIONAL 2010_2	Arquivos\\INTERNACIONAL 2016	0,403313
Arquivos\\NACIONAL 2010_2	Arquivos\\INTERNACIONAL 2018	0,40247
Arquivos\\NACIONAL 2016_1	Arquivos\\INTERNACIONAL 2012	0,401494
Arquivos\\NACIONAL 2016_3	Arquivos\\INTERNACIONAL 2018	0,401473
Arquivos\\NACIONAL 2016_3	Arquivos\\NACIONAL 2016_1	0,399898
Arquivos\\NACIONAL 2010_1	Arquivos\\INTERNACIONAL 2016	0,397993
Arquivos\\NACIONAL 2019	Arquivos\\NACIONAL 2011_1	0,396545
Arquivos\\NACIONAL 2014	Arquivos\\INTERNACIONAL 2011_1	0,395246
Arquivos\\NACIONAL 2015_1	Arquivos\\INTERNACIONAL 2011_2	0,394732
Arquivos\\NACIONAL 2014	Arquivos\\INTERNACIONAL 2011_2	0,394471
Arquivos\\NACIONAL 2016_1	Arquivos\\INTERNACIONAL 2020	0,393558
Arquivos\\NACIONAL 2006	Arquivos\\INTERNACIONAL 2020	0,39139

Período antes da crise (base)	Período durante a crise (índice)	AH (%)*
Arquivos\\NACIONAL 2018	Arquivos\\NACIONAL 2010_1	0,389465
Arquivos\\INTERNACIONAL 2020	Arquivos\\INTERNACIONAL 2011_1	0,389006
Arquivos\\NACIONAL 2019	Arquivos\\NACIONAL 2015_2	0,388604
Arquivos\\NACIONAL 2016_1	Arquivos\\NACIONAL 2006	0,387621
Arquivos\\NACIONAL 2018	Arquivos\\INTERNACIONAL 2011_2	0,387186
Arquivos\\NACIONAL 2019	Arquivos\\NACIONAL 2016_2	0,384477
Arquivos\\NACIONAL 2014	Arquivos\\INTERNACIONAL 2018	0,37887
Arquivos\\NACIONAL 2016_1	Arquivos\\NACIONAL 2010_2	0,378774
Arquivos\\NACIONAL 2019	Arquivos\\INTERNACIONAL 2012	0,377321
Arquivos\\NACIONAL 2016_1	Arquivos\\INTERNACIONAL 2011_2	0,373814
Arquivos\\NACIONAL 2010_1	Arquivos\\INTERNACIONAL 2020	0,373684
Arquivos\\NACIONAL 2011_2	Arquivos\\INTERNACIONAL 2016	0,373407
Arquivos\\NACIONAL 2011_1	Arquivos\\INTERNACIONAL 2020	0,372668
Arquivos\\NACIONAL 2019	Arquivos\\NACIONAL 2006	0,369325
Arquivos\\NACIONAL 2011_1	Arquivos\\NACIONAL 2010_1	0,367617
Arquivos\\NACIONAL 2010_2	Arquivos\\NACIONAL 2010_1	0,367507
Arquivos\\NACIONAL 2015_2	Arquivos\\INTERNACIONAL 2011_2	0,367156
Arquivos\\INTERNACIONAL 2018	Arquivos\\INTERNACIONAL 2011_2	0,365415
Arquivos\\NACIONAL 2019	Arquivos\\NACIONAL 2018	0,365328
Arquivos\\NACIONAL 2010_1	Arquivos\\INTERNACIONAL 2011_2	0,36383
Arquivos\\NACIONAL 2016_1	Arquivos\\NACIONAL 2011_1	0,36149
Arquivos\\NACIONAL 2011_1	Arquivos\\INTERNACIONAL 2018	0,359868
Arquivos\\INTERNACIONAL 2020	Arquivos\\INTERNACIONAL 2011_2	0,359002
Arquivos\\NACIONAL 2016_1	Arquivos\\INTERNACIONAL 2016	0,355317
Arquivos\\NACIONAL 2011_2	Arquivos\\INTERNACIONAL 2020	0,353955
Arquivos\\NACIONAL 2016_3	Arquivos\\INTERNACIONAL 2020	0,350174
Arquivos\\INTERNACIONAL 2020	Arquivos\\INTERNACIONAL 2018	0,345847
Arquivos\\NACIONAL 2019	Arquivos\\INTERNACIONAL 2016	0,342384
Arquivos\\NACIONAL 2016_2	Arquivos\\INTERNACIONAL 2011_2	0,341991
Arquivos\\NACIONAL 2019	Arquivos\\INTERNACIONAL 2020	0,335485
Arquivos\\NACIONAL 2011_2	Arquivos\\INTERNACIONAL 2018	0,326301
Arquivos\\NACIONAL 2006	Arquivos\\INTERNACIONAL 2011_2	0,325769
Arquivos\\NACIONAL 2010_2	Arquivos\\INTERNACIONAL 2020	0,319629
Arquivos\\NACIONAL 2010_2	Arquivos\\INTERNACIONAL 2011_2	0,318513

Período antes da crise (base)	Período durante a crise (índice)	AH (%)*
Arquivos\\NACIONAL 2016_1	Arquivos\\INTERNACIONAL 2011_1	0,317426
Arquivos\\NACIONAL 2019	Arquivos\\NACIONAL 2010_2	0,316626
Arquivos\\NACIONAL 2011_2	Arquivos\\INTERNACIONAL 2011_2	0,310264
Arquivos\\NACIONAL 2010_1	Arquivos\\INTERNACIONAL 2018	0,308694
Arquivos\\NACIONAL 2019	Arquivos\\INTERNACIONAL 2011_1	0,293935
Arquivos\\NACIONAL 2016_1	Arquivos\\INTERNACIONAL 2018	0,289589
Arquivos\\NACIONAL 2019	Arquivos\\INTERNACIONAL 2018	0,25116

Fonte: Elaborado pelos autores com base nos dados Nvivo.

Observa-se que, dentre as 77 correlações entre artigos nacionais e internacionais, 6,49% apresentam correlação significativa, 16,88% correlação moderada e 76,62% fraca correlação entre a similaridade de palavras dos artigos.

Quanto à correlação dos artigos internacionais, observa-se que são totalizadas 15 correlações, sendo 13,33% fortes, 20% moderadas e 66,67% fracas.

Já em relação às correlações nacionais, totalizam-se 79 itens, dos quais 46,83% apresentam fraca correlação, 39,24% moderada e 13,92% forte correlação. Assim, o grupo com menor incidência de correlação significativa se deu no grupo internacional x nacional.

Figura 1: Nuvem de palavras codificação Título

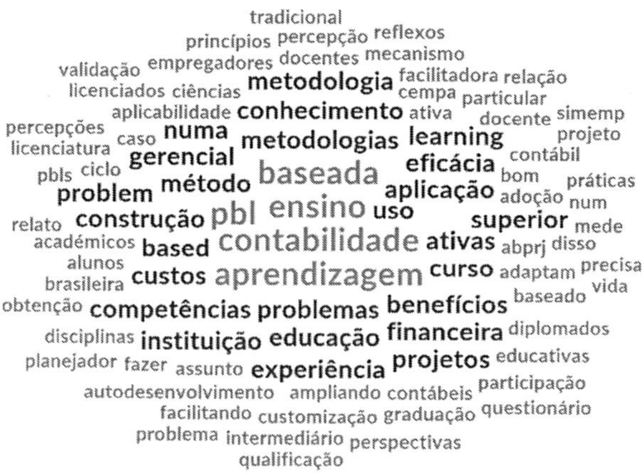

Fonte: Elaborado pelos autores com base em Nvivo.

Conforme demonstrado na Figura 1, as palavras aprendizagem, ensino, contabilidade e baseada se apresentaram em maior frequência nas titulações dos artigos dentro da amostra, corroborando as Figuras 2 e 3 demonstradas a seguir — a primeira está codificada pelo resumo dos artigos e a segunda, pela introdução dos artigos:

Figura 2: Nuvem de palavras codificação Resumo

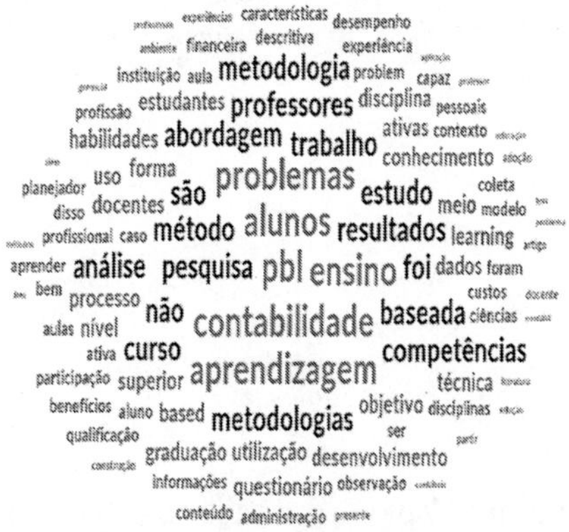

Fonte: Elaborado pelos autores com base em Nvivo.

Figura 3: Nuvem de palavras codificação Introdução

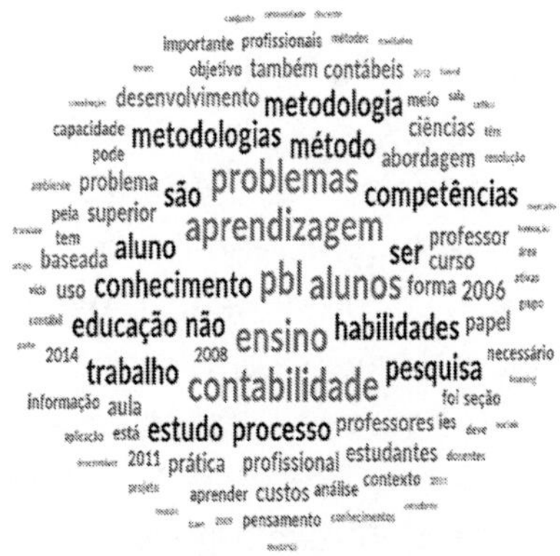

Fonte: Elaborado pelos autores.

Observa-se forte similaridade entre a nuvem de palavras presente entre as duas figuras, demonstrando, assim, frequência significativa das palavras "alunos, problemas, aprendizagem, PBL, ensino e contabilidade", tanto no resumo quanto na introdução de toda a amostra.

Já na conclusão, apresentada na Figura 4 a seguir, verifica-se a substituição do termo "ensino" por "estudo", bem como a exclusão do termo "contabilidade" e a inclusão do termo "metodologias".

Figura 4: Nuvem de palavras codificação Conclusão

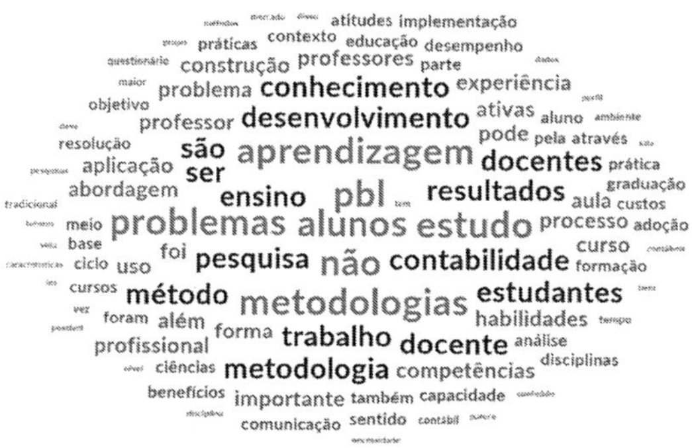

Fonte: Elaborado pelos autores com base em Nvivo.

CONSIDERAÇÕES FINAIS

Neste estudo, buscou-se explorar, de forma consistente, a aplicação da PBL no ensino de contabilidade e seu reflexo na formação profissional exigida para esse profissional. Não foi intenção desta pesquisa generalizar os resultados aqui apresentados, mas, sim, identificar os padrões aplicados como melhores práticas no ensino de contabilidade com o uso da PBL. De forma argumentativa e bem-fundamentada na metodologia, percebe-se que as metodologias PBL requerem uma atenção pedagógica séria da comunidade educativa do ensino superior, pois as melhores e mais frequentes práticas em PBL podem depender das respostas do nível de envolvimento de todos os atores envolvidos no processo de ensino e aprendizagem.

De forma colaborativa, notou-se que a temática que envolve o *Problem-Based Learning* deve ser operacionalizada de modo a envolver todos os mecanismos e técnicas pedagógicas e profissional, a fim de que os objetivos educacionais do saber-fazer possam ser atingidos no ensino das ciências contábeis.

Vale destacar também que a aplicação da metodologia PBL envolve uma mudança de paradigma em relação à postura do professore e do aluno, pois, ao trazerem-se novas práticas pedagógicas para a sala de aula, é necessário que todos tenham a mente aberta para construir o conhecimento na essência.

Diversos estudos apresentados demonstram a testagem do PBL nos cursos de contabilidade das IEs, porém poucos desenvolvem técnicas comparativas para que se obtenha maior ganho na aprendizagem de tal metodologia de ensino.

No que tange à avaliação comparativa de desenvolvimento de pesquisas para a formação em ciências contábeis no mundo, verifica-se que o Brasil possui, em números absolutos, uma quantidade significativa superior aos outros países do mundo, sendo que o maior volume de produção nacional do tema desenvolveu-se em 2016, enquanto a maior quantidade de produção internacional ocorreu em 2011.

Quanto à avaliação de conglomerados e correlações de Pearson, observou-se que as pesquisas desenvolvidas no Brasil não possuem semelhança estatística com as publicadas por outros países. Obteve-se, entretanto, correlação moderada entre as pesquisas desenvolvidas nacionalmente, fator que não ocorre no grupo das pesquisas internacionais, as quais possuem fraca correlação entre si.

De forma conclusiva, percebe-se um ganho nos estudos apontados de tal forma que se torna inevitável a condução das metodologias ativas, na contabilidade e nas áreas correlatas do saber contábil, bem como o ganho significativo para o futuro profissional da contabilidade no Brasil e no mundo.

REFERÊNCIAS

BOROCHOVICIUS, Eli; TORTELLA, Jussara Cristina Barboza. Aprendizagem Baseada em Problemas: um método de ensino-aprendizagem e suas práticas educativas. **Avaliação e Políticas Públicas em Educação**, v. 22, n. 83, 2014.

CARRASCO GALLEGO, Amalia et al. Diseño y validación de un cuestionario que mide la percepción de efectividad del uso de metodologías de participación activa (CEMPA): el caso del Aprendizaje Basado en Proyectos (ABPrj) en la docencia de la contabilidad. **Innovar**, Bogotá, v. 25, n. 58, p. 125-141, 2015.

DUCH, Barbara; GROH, Susan; ALLEN, Deborah. Why problem-based learning? A case study of institutional change in undergraduate education, p. 3-12. *In:* DUCH, Barbara; GROH, Susan; ALLEN, Deborah. **The power of problem-based learning**: a practical "how to" for teaching undergraduate courses in any discipline. Virginia: Stylus Publishing, 2001.

FERREIRA, Erivaldo Matias; XAVIER, Antonio Erivando Junior; ASSUNÇÃO, Amanda Borges de Albuquerque. Aplicabilidade do método PBL no ensino da contabilidade de custos: XVII Congresso Brasileiro de Custos (ABC). [**Anais**], *[S. l.]*, p. 1-15, 2010.

FREZATTI, Fábio; MARTINS, Daiana Bragueto. PBL ou PBLs: a Customização do Mecanismo de Aprendizagem Baseada em Problemas na Educação Contábil. **Revista de Graduação USP**, São Paulo, v. 1, n. 1, p. 25-34, 2016. DOI: 10.11606/issn.2525-376X.v1i1p25-34. Disponível em: https://www.revistas.usp.br/gradmais/article/view/117721. Acesso em: 2 nov. 2021.

FREZATTI, Fábio; MARTINS, Daiana Bragueto; MUCCI, Daniel Magalhães. Ampliando os Benefícios do PBL: um "bom" problema. **Revista de Educação e Pesquisa em Contabilidade (REPeC)**, Brasília, v. 12, n. 2, 2018.

GUIMARÃES, Milla Lúcia Ferreira; CITTADIN, Andréia; GIASSI, Dourival; GUIMARÃES FILHO, Leopoldo Pedro Guimarães Filho; BRISTOT, Vilson Menegon. Reflexos do uso de metodologias ativas no ensino da contabilidade de custos. **Associação Brasileira de Custos (ABCustos)**, São Leopoldo, v. 11, n. 3, p. 62-87, 2016.

MANAF, Nor Aziah Abdul; ISHAK, Zuaini; HUSSIN, Wan Nordin Wan. Application of Problem Based Learning (PBL) in a Course on Financial Accounting Principles. **Malaysian Journal of Learning and Instruction**, [*S.l.*], v. 8, p. 21-47, 2021. Disponível em: https://files.eric.ed.gov/fulltext/EJ1137300.pdf. Acesso em: 1º nov. 2021.

MALHOTRA, Naresh. **Pesquisa de marketing**: uma orientação aplicada. 3. ed. Porto Alegre: Bookman, 2002.

MARTINS, Daiana Bragueto; ESPEJO, Márcia Maria dos Santos Bortolocci; FREZATTI, Fábio. Problem-Based Learning no Ensino de Contabilidade Gerencial: relato de uma Experiência Brasileira. **Revista de Educação e Pesquisa em Contabilidade (REPeC)**, Brasília, v. 9, n. 4, p. 430-452, 2015.

MOUTINHO, Nuno Filipe Lopes; SOARES, Ricardo David Boaventura; ALVES, Jorge Manuel Afonso. SimEmp: a aplicação da metodologia PBL ao ensino da contabilidade. **XIV Iberian Conference on Information Systems and Technologies (CISTI)**, Coimbra, p. 1-6, 2019. Disponível em: https://bibliotecadigital.ipb.pt/bitstream/10198/21394/1/SimEmp%20%E2%80%93%20A%20Aplica%C3%A7%C3%A3o%20da%20Metodologia%20PBL%20ao%20Ensino%20da%20Contabilidade.pdf. Acesso em: 2 nov. 2021.

NAGIB, Leonardo de Rezende Costa; SILVA, Denise Mendes. Adoção de metodologias ativas e sua relação com o ciclo de vida e a qualificação docente no ensino de graduação em ciências contábeis. **Revista contabilidade e finanças**, São Paulo, v. 31, n. 82, p. 145-164, 2020.

PINHEIRO, Margarida; SARRICO, Cláudia; SANTIAGO, Rui. Motivação e desempenho num curso de Simulação Empresarial. **Revista Portuguesa de Educação**. v. 24, n. 1, p. 145-191, 2011a. https://doi.org/10.21814/rpe.3044. Acesso em: 2 nov. 2021.

PINHEIRO, Margarida; SARRICO, Cláudia; SANTIAGO, Rui. Competências de autodesenvolvimento e metodologias PBL num curso de contabilidade: perspectivas de alunos, docentes, diplomados e empregadores. **Revista Lusófona de Educação**, Lisboa, v. 17, p. 147-166, 2011b. Disponível em: https://www.researchgate.net/publication/233993280_Competencias_de_auto-desenvolvimento_e_metodologias_PBL_num_curso_de_contabilidade_perspectivas_de_alunos_docentes_diplomados_e_empregadores. Acesso em: 2 nov. 2021.

PINHEIRO, Margarida; SARRICO, Cláudia; SANTIAGO, Rui. Como os acadêmicos se adaptam a um ensino baseado em PBL numa licenciatura tradicional em contabilidade. **Revista de Contabilidade e Organizações**, [*S. l.*], v. 5, n. 13, p. 109-131, 2011c. Disponível em: https://www.revistas.usp.br/rco/article/view/34807. Acesso em: 2 nov. 2021.

RODRIGUES, Edna de Almeida; ARAUJO, Adriana Maria Procópio de. O ensino da contabilidade: aplicação do método PBL nas disciplinas de contabilidade em uma Instituição de Ensino Superior particular. **Revista de educação**, Londrina, v. 10, n. 10, 2007.

SILVA, Francisco Felipe da; AZEVEDO, Yuri Gomes Paiva; ARAÚJO, Aneide Oliveira. O ensino contábil na perspectiva da aprendizagem baseada em problemas. **Revista Contemporânea de Contabilidade**, Florianópolis, v. 15, n. 36, p. 188-210, 2018. https://doi.org/10.5007/2175-8069.2018v15n36p188. Acesso em: 2 nov. 2021.

STANLEY, Trevor; MARSDEN, Stephen. Problem-based learning: Does accounting education need it?. **Journal of Accounting Education**, [*S.l.*], v. 30, n. 3-4, p. 267-289, 2012.

SURYANTI, Nunuk. The Effectiveness of Problem Based Learning (PBL) on Intermediate Financial Accounting Subject. **Dinamika Pendidikan**, Jawa Tengah, v. 11, n. 2, p. 94-101, 2016.

URRUTIA-HEINZ, Michele; COSTA-QUINTANA, Alexandre; CRUZ, Ana Paula Capuano-da. El uso del aprendizaje basado en problemas en la construcción del conocimiento en ciencias contables. **Educare**, Heredia, v. 24, n. 2, p. 388-410, 2020.

WANG, Jing; TSILIGIRIS, Vangelis; HARTLEY, Robert. Perceptions of the benefits of the A3 planner in facilitating project-based learning in accounting education. **Accounting Education**, [*S.l.*], v. 28, n. 3, p. 221-238, 2018. DOI: 10.1080/09639284.2018.1516151. Disponível em: https://www.tandfonline.com/doi/full/10.1080/09639284.2018.1516151. Acesso em: 2 nov. 2021.